O PODER LEGISLATIVO MUNICIPAL

Aportes Teóricos e Práticos para a Compreensão e o Exercício da Função Parlamentar nas Câmaras de Vereadores

Giovani da Silva Corralo

O PODER LEGISLATIVO MUNICIPAL

*Aportes Teóricos e Práticos para a Compreensão
e o Exercício da Função Parlamentar
nas Câmaras de Vereadores*

O PODER LEGISLATIVO MUNICIPAL
Aportes Teóricos e Práticos para a Compreensão e o Exercício da Função Parlamentar nas Câmaras de Vereadores

© GIOVANI DA SILVA CORRALO

ISBN 978-85-7420-893-0

Direitos reservados desta edição por
MALHEIROS EDITORES LTDA.
Rua Paes de Araújo, 29, conjunto 171
CEP 04531-940 — São Paulo — SP
Tel.: (11) 3078-7205 Fax: (11) 3168-5495
URL: www.malheiroseditores.com.br
e-mail: malheiroseditores@terra.com.br

Composição
PC Editorial Ltda.

Capa:
Criação: Vânia Lúcia Amato
Arte: PC Editorial Ltda.

Impresso no Brasil
Printed in Brazil
08.2008

SUMÁRIO

Prefácio 7
Introdução 9
1. Evolução Histórica 11
2. A Autonomia Municipal e o Poder Legislativo 24
3. As Funções das Câmaras de Vereadores 28
   3.1   Função administrativa 30
   3.2   Função legislativa 36
   3.3   Função fiscalizadora e controle externo 37
   3.4   Função de julgamento 42
   3.5   Função de assessoramento 43
4. O Processo e a Técnica Legislativa Municipal 44
   4.1   A lei, o Estado Democrático de Direito e os direitos fundamentais 45
   4.2   A repartição de competências 49
   4.3   Princípios informadores 55
   4.4   As espécies legislativas 69
   4.5   Processo legislativo ordinário 81
        4.5.1   Iniciativa 81
        4.5.2   Discussão 94
        4.5.3   Votação 96
        4.5.4   Sanção e veto 99
        4.5.5   Promulgação c publicação 102
        4.5.6   Prazos, controle e o abuso do poder de legislar 103
        4.5.7   Urgência 107

6   O PODER LEGISLATIVO MUNICIPAL

 4.6 Processo legislativo especial 109
   4.6.1 Leis orçamentárias 109
   4.6.2 Lei orgânica 114
   4.6.3 Regimento interno 115
 4.7 Emendas 116
 4.8 Técnica legislativa municipal 122
5. Limites para a Construção e Revisão das Leis Orgânicas 128
6. O Regime Jurídico do Vereador 143
 6.1 Prerrogativas 145
 6.2 Incompatibilidades, extinção e cassação de mandato 157
 6.3 Suplência e filiação partidária 167
7. Os Limites de Gastos das Câmaras Municipais e o Repasse de
  Recursos pelo Executivo 169
8. O Regimento Interno e o Princípio Democrático 175
 8.1 As sessões legislativas e as sessões da Câmara 177
 8.2 As comissões legislativas 180
   8.2.1 As comissões permanentes 181
   8.2.2 As comissões temporárias 182
 8.3 A Mesa Diretora 189

Bibliografia 193

PREFÁCIO

Como tudo e todos têm uma história, quando pertinente, esta deve ser retratada. A presente obra surge diante de dois contextos, diferenciados porém interdependentes.

O primeiro corresponde à minha experiência de vida, uma vez que exerci a função de Vereador por 8 anos no Município de Passo Fundo. Nessa etapa da minha existência – dos 18 aos 25 anos – pude apreender, com intensidade máxima, a dimensão e a importância da atividade parlamentar local para a vida dos Municípios e da Federação Brasileira. Não foi fruto do acaso a realização de uma especialização, do Mestrado e do Doutorado, na área do Direito do Estado.

O segundo, fruto de uma parceria com a Associação de Vereadores da Região Nordeste do Estado do Rio Grande do Sul/AVENOR, com a qual tenho realizado diversas ações na capacitação dos agentes políticos locais. No mês de outubro/2007, nos espaços da Faculdade de Direito da Universidade de Passo Fundo, em conversa com seu Presidente, vereador Antônio Fagundes Filho, do Município de Sananduva, discorremos sobre a necessidade de uma obra que abrangesse, de forma bastante ampla e aprofundada, o exercício da função parlamentar nas Câmaras de Vereadores.

Como conseqüência, senti-me compromissado a condensar numa obra aportes tanto teóricos quanto práticos, reunindo a minha experiência pessoal com os aprofundamentos teóricos que tenho obtido no decorrer desses últimos 16 anos de vida pública e acadêmica. Eis aqui o resultado destes 6 meses de estudos.

GIOVANI DA SILVA CORRALO

INTRODUÇÃO

Estudar as Câmaras de Vereadores denota adentrar o âmago da mais tradicional instituição de exercício do poder em território brasileiro; significa remontar aos tempos do Brasil-Colônia, num desenvolvimento histórico que vai encontrar seu auge com a Constituição de 1988 e a respectiva consideração do Município como ente integrante da Federação; enfim, discorrer sobre o Parlamento local significa compreender o plexo de autonomias consignadas aos Municípios pela Constituição Federal, dependentes da atuação do Parlamento.

Em razão disso é que essa obra inicia com a evolução histórica das Câmaras de Vereadores, com fulcro nas Ordenações do Reino, até os dias atuais. Avança-se, como condição de compreensão da importância do Parlamento local, na correlação da autonomia municipal com as atividades parlamentares. Assim, possibilita-se o estudo minucioso das funções do Legislativo, verdadeiros deveres-poderes de exercício obrigatório pelos vereadores: funções administrativa, legislativa, de julgamento, de assessoramento e fiscalizadora e controle externo.

A fim de permitir uma análise meticulosa da função legiferante, perpassam-se a importância da lei no Estado Democrático de Direito e as competências dos entes federados, conduzindo ao estudo do processo e da técnica legislativa, seus princípios, fases e particularidades relevantes. Compreendem-se as espécies legislativas no sistema normativo local, a possibilidade de medidas provisórias, o abuso do poder de legislar, a convalidação de leis e as emendas ao orçamento, ressalvando-se o papel e o relevo da lei orgânica municipal, especialmente diante dos processos de alteração e revisão.

Em seqüência, apresenta-se o estatuto jurídico do vereador, ou, melhor, o regime jurídico aplicável aos representantes do povo em nível local, suas prerrogativas e incompatibilidades. Analisam-se os subsídios, as diárias, a inviolabilidade, as licenças, a cassação, a perda do mandato – dentre outras questões pertinentes.

Por fim, o regimento interno é analisado, abrangendo as sessões legislativas, as sessões da Câmara, as comissões permanentes, as comissões temporárias e a Mesa Diretora. Centra-se, com maior ênfase, nos trabalhos das comissões parlamentares de inquérito, o mais eficaz instrumento de averiguação de eventuais irregularidades na Administração direta e indireta.

Este livro abrange um estudo permeado pelo direito municipal e suas respectivas imbricações: teoria do estado, direito constitucional e direito administrativo. Mais que isso, esta obra conjuga tanto aportes teóricos quanto práticos, aliados aos mais diversos posicionamentos dos Tribunais Judiciais e dos Tribunais de Contas, a fim de possibilitar a melhor compreensão possível das atividades desenvolvidas pelos vereadores nas Câmaras Municipais.

1
EVOLUÇÃO HISTÓRICA

O estudo das Câmaras Municipais requer sua contextualização histórica.

Significa lidar com o tempo, não no sentido em que é feito na Física, como fator possibilitador de determinação quantitativa e matemática dos movimentos, mas numa compreensão qualitativa do tempo, ressaltando sua dimensão histórica.[1]

Analisa-se esta importante construção do espírito humano – Câmaras de Vereadores – com fulcro nas normatizações legais a seu respeito, possibilitando uma ligação com o passado histórico. A fonte de estudos são as normas legais incidentes nas Câmaras desde o Brasil-Colônia até os dias atuais.

A Câmara Municipal é o mais antigo, tradicional e reconhecido instrumento de expressão do poder político no Brasil. É a instituição que mais se encontra incrustada no desenvolvimento político da nacionalidade brasileira, dos primórdios do Brasil-Colônia até os dias atuais.

A organização público-estatal do poder local, no início da colonização brasileira, seguiu os moldes das Ordenações da Coroa Portugue-

1. "Los tiempos de la historia se distinguen cualitativamente. Las 'tendencias directrices' (Ranke) de una época dan la base para la delimitación de esta época de otra. El concepto de tiempo en la ciencia histórica no posee el carácter homogéneo del concepto de tiempo científico natural. El tiempo histórico no puede por eso ser expresado tampoco matemáticamente por medio de una serie (Reihe), ya que no hay ninguna ley que determine cómo se suceden las épocas. Los momentos temporales del tiempo físico se distinguen sólo por su posición en la serie. Los tiempos históricos también se suceden, por cierto (si no, no serían tiempos), pero cada uno es, en la estructura de su contenido, diferente" (Martin Heidegger, "O conceito de tempo histórico", disponível em http://www.heideggeriana.com.ar/textos/concepto_tiempo_historico.htm).

sa, mais especificamente as Ordenações Afonsinas (1446), Manoelinas (1521) e Filipinas (1603), cabendo a esta última a normatização do poder local pelo maior período de tempo, já que manteve sua vigência até as primeiras décadas do século XIX – mais especificamente, até a Independência e a conseqüente construção de um sistema jurídico nacional.[2]

Tais Ordenações foram o resultado de um grande esforço de compilação dos mais diversos textos legais, como um grande mosaico jurídico, levado a cabo nos séculos XVI e XVII, sem a sistematização que é comum observar nos códigos contemporâneos. As Ordenações Manoelinas compilaram os textos de séculos anteriores; as Ordenações Afonsinas, por sua vez, as atualizaram; o que também foi feito pelas Ordenações Filipinas quase um século depois.

Tal trabalho sistematizador, entretanto, ficou longe da delimitação de liberdades individuais para o pleno desenvolvimento individual e das atividades econômicas. Ao contrário, o Estado assume o papel central de condutor e interventor em todas as atividades da sociedade, especialmente as econômicas, deixando de disciplinar as relações jurídicas individuais, concebidas como relações secundárias. A centralização crescente do poder nas mãos do soberano, a partir do século XIV, remete para a construção de um Direito forjado em normas gerais e abstratas, serviçal da organização política da Coroa Portuguesa. O Direito construído deveria servir ao Estado e ao seu respectivo estamento, relegando ao indivíduo uma submissão a esta ordem, que em tudo intervinha a partir de um prisma político-estatal. O poder local era concebido como um empecilho ao desenvolvimento dessa centralização política e administrativa. Eis o caráter das Ordenações Afonsinas, Manoelinas e Filipinas.[3]

Mesmo diante das particularidades do contexto histórico da época, é inegável a influência do Direito Romano nas instituições jurídicas e políticas do Continente Europeu;[4] o que também se reflete nas normas das Ordenações pertinentes à organização e funcionamento das Câmaras de Vereadores e do próprio poder local. Não é possível desgarrar-se das

---

2. Ressaltem-se as eventuais alterações no seu texto, que ocorreram através de provisões, alvarás e outros instrumentos jurídicos.
3. Raymundo Faoro, *Os Donos do Poder*, 1º vol., pp. 59-68.
4. Sobre esta marcante influência do Direito Romano – que, por sua vez, foi fortemente influenciado pelos Direitos Egípcio, Grego e Cuneiforme – nas instituições políticas e jurídicas do Continente Europeu, v. a obra de John Gilissen, *Introdução Histórica ao Direito*, editada pela Fundação Calouste Gulbenkian.

EVOLUÇÃO HISTÓRICA

influências históricas, mesmo diante das transmutações que os institutos jurídicos sofrem no decorrer dos tempos.[5]

Assim, pode-se apontar não somente a forte influência da Religião no surgimento das primeiras cidades, como também a origem do Município durante o crescimento dos domínios de Roma, que o utilizou como um dos mais importantes instrumentos para a manutenção e manejo das novas conquistas. Foi através da concessão de autonomia para certos povos, especialmente para o governo dos assuntos meramente locais, que Roma conseguiu manter os novos territórios sob seu jugo. A fim de uniformizar esta nova organização do poder local, calcada na autonomia do ente denominado "Município", Roma constituiu a *Lex Julia Municipalis*, expedida no primeiro século anterior à era cristã. A organização municipal foi calcada na cúria, formada pelos decuriões, eleitos ou investidos por herança, de exercício obrigatório, responsáveis pelo governo local, que, por sua vez, escolhiam outros magistrados com funções mais específicas, como os edis, responsáveis pela fiscalização e pelos serviços municipais. Tal forma de organização municipal, mesmo diante do seu enfraquecimento nos séculos posteriores, veio a influenciar fortemente a organização do poder local na Península Ibérica.[6]

As Ordenações Filipinas – que vigoraram por maior tempo – foram dividas em cinco livros, constando, especificamente no primeiro livro, Título LXVI, normas referentes aos vereadores, além de outros títulos acerca das funções pertinentes às localidades, como os juízes ordinários, os juízes de fora, os almotacés, o procurador do conselho, o tesoureiro do conselho, o escrivão da Câmara e da Almotaçaria, os quadrilheiros, os alcaides-mores e os alcaides-pequenos.[7]

---

5. Esta identificação da Municipalidade Portuguesa com as cúrias romanas e, conseqüentemente, dos decuriões com os vereadores encontra-se na glosa às Ordenações Filipinas, no início do Título LXVI, constante no *site* da Universidade de Coimbra: "A Municipalidade Portugueza foi modelada na Romana, denominada Cúria. Os Decuriões passárão a ser Vereadores, ainda que com funcções e jurisdicção mais limitadas. (...). Tanto a Cúria Romana como o Concelho ou Camara Portugueza tinhão funcções judiciárias e administrativas, bem que as segundas exerceasem as judiciarias quando presididas pelo Presidente, que na maxima parte era o Juiz de Fóra".

6. Fustel de Coulanges, *A Cidade Antiga*, 2001; Ivo D'Aquino, *O Município: sua Conceituação Histórica e Jurídico-Constitucional*, 1940; Giovani da Silva Corralo, *Município: Autonomia na Federação Brasileira*, 2006.

7. Os juízes ordinários eram escolhidos da mesma forma que os vereadores, procurador e outros oficiais, e tinham como atribuição aplicar a lei conforme os costumes, independentemente da Realeza; os juízes de fora, por sua vez, eram letrados, com formação jurídica inspirada no Direito Romano, e indicados pela Realeza;

A etimologia da palavra "vereador" remete ao verbo "verear", uma contração do verbo "verificar", indicando a idéia de vigília, de cuidado, de fiscalização da coisa pública. O vereador é membro da Câmara ou Assembléia Municipal que administra e zela o ente denominado comuna ou conselho.[8]

Eis as principais normas contidas no Título LXVI do Livro I das Ordenações Filipinas para os vereadores: (a) freqüência das idas à vereança de duas vezes por semana, nas quartas e sábados, salvo o costume de maior freqüência, não podendo o vereador se escusar de participar sem justificativa; (b) zelo pelos bens do conselho, fazendo-os serem bem aproveitados, bem como os reparando, a fim de que não se danifiquem; (c) jurisdição conjunta com os juízes acerca das injúrias verbais e furtos pequenos; (d) regulação de diversas atividades econômicas, incluindo os respectivos lucros, como os estabelecimentos que vendem gêneros alimentícios, sob pena até mesmo de degredo para a África. Esta regulação inclui a fixação de preços dos produtos que se comprarem e venderem, com exceção do vinho, pão e azeite; (e) obrigatoriedade de as correspondências oficiais serem redigidas e assinadas na Câmara, com a presença dos juízes, vereadores, procurador e homens bons;[9] (f) fiscalização sobre os privilégios, a fim de que estes não sejam extrapolados; (g) responsabilidade pela arrecadação das dívidas; (h) limites de gastos quando

os almotacés tinham jurisdição especialmente sobre a observância das posturas definidas pelo conselho, cujas decisões eram passíveis de recurso aos juízes; o procurador do conselho, eleito, tinha a função de fiscalizar as rendas, requerer obras de manutenção em bens públicos e defender o conselho; o tesoureiro do conselho era quem recebia todas as rendas e efetuava as despesas conforme determinavam os vereadores; o escrivão da Câmara, nomeado pela própria corporação, era responsável pela contabilidade e pela secretaria; o escrivão da Almotaçaria atuava como secretário dos almotacés; os quadrilheiros eram constituídos pela Câmara para a manutenção da ordem, como oficiais de justiça; os alcaides-mores tinham a função de defesa militar; os alcaides-pequenos das cidades e vilas, com a atribuição de oficiais de justiça, carregavam consigo uma vara que simbolizava a autoridade pública na defesa da autoridade judicial, eram indicados pelos alcaides-mores aos vereadores e juízes, que os escolhiam.

8. As denominações variavam, tanto que algumas Câmaras, como a de Lisboa, receberam a denominação de "senado". Segundo Eduardo de Hinojosa (*Historia General del Derecho Español*, p. 251), o regime municipal espanhol foi muito influenciado pela dominação romana – o mesmo fenômeno ocorrido em Portugal; razão pela qual os conselhos municipais recebiam a denominação de senado ou de cúria, com uma organização análoga ao Senado Romano.

9. A expressão "homem bom" assume várias conotações, ora significando os que já passaram pelo exercício de ofícios, ora expressando aqueles que tenham condições econômicas para tomar parte nos negócios locais.

em viagem para outros locais; (i) alienação de bens somente através de pregão; (j) proibição de perdoar as multas de quem as deva ao conselho; (l) guarda dos documentos relevantes em uma arca, juntamente com o escrivão; (m) providenciar a ocupação dos espaços baldios, até mesmo com a imposição de multa; (n) definição das posturas locais, com a participação obrigatória dos juízes e homens bons, zelando pela sua observância por todos, mesmo os poderosos; (o) vereações sem a participação e intromissão das pessoas poderosas, alcaides-mores e senhores da terra, sob pena de multa; (p) efetivar os gastos dos conselhos conforme as ordenações e provisões, sem extrapolá-las, com o devido registro; (q) obrigatoriedade de pregão público para a contratação de obra pública, salvo as de pequeno valor, a ser feita por empreitada, pelo menor preço e melhor qualidade; (r) necessidade de autorização do corregedor da comarca para a instituição de coletas para as despesas locais, buscando-se sempre a menor opressão possível do povo, observando-se as pessoas que são isentas de tal pagamento; (s) obrigatoriedade de organização das procissões da Visitação de Nossa Senhora, de comemoração do Anjo da Guarda e ao Corpo de Deus, vedando representações profanas e máscaras de quaisquer tipos; (t) escolha anual pelos juízes, vereadores e procurador dos quatro recebedores dos direitos da Fazenda; (u) escolha dos vereadores juntamente com os almotacés e demais oficiais do conselho, em dezembro, pelos homens bons, sob a condução do juiz mais idoso, que requererá a nomeação secreta – consignada pelo escrivão – dos seis eleitores que farão as respectivas escolhas por três anos.

Diante de um regramento minuciosamente construído para disciplinar as localidades, deve-se registrar a grande autonomia desfrutada pelos Municípios nos dois primeiros séculos da dominação portuguesa, chegando-se até mesmo ao desconhecimento das Ordenações e da própria equiparação do poder local ao poder dos governadores, como um verdadeiro poder paralelo às Províncias. Tal autonomia foi conseqüência do descaso de Portugal com os domínios na América nos primeiros dois séculos da dominação. Houve Municípios que chegaram a se constituir sem o conhecimento prévio da Coroa, não obstante a presença marcante do pelourinho, que simbolizava a submissão ao poder central. Entretanto, no final do século XVII, em virtude da mudança de postura de Portugal em relação ao Brasil, que passou a ser o alvo principal da cobiça colonizadora, foram baixadas cartas régias externando a necessária submissão das Câmaras aos governadores.[10]

10. Giovani da Silva Corralo, *Município: Autonomia na Federação Brasileira*, pp. 53-64.

No Brasil-Colônia o poder estatal local foi protagonizado pelas Câmaras Municipais, que exerciam funções executivas, legislativas e até mesmo judiciais, compostas por vereadores e outros oficiais, a maior parte eleitos dentre os chamados "homens bons", ou seja, dentre a elite detentora do poder econômico. A elite rural detinha o comando da maior parte dos Municípios da época, já que a base da economia era o setor primário. A Câmara Municipal constituiu-se no foco local de emanação do poder estatal. Independentemente da parca autonomia dos entes locais, especialmente após o segundo século da dominação portuguesa, é inquestionável esta posição hegemônica das Câmaras Municipais nas relações locais de poder.[11]

Foram estas as normas que tiveram vigência até o advento da Lei de 1.10.1828, construída após o processo de Independência, com o respectivo corte do "cordão umbilical" que mantinha os conselhos atrelados às normatizações das Ordenações Filipinas. Foi a partir de 1828 que se iniciou um processo autônomo de constituição de normas nacionais disciplinadoras do poder local, nos limites bastantes amplos consignados pela Constituição de 1824. É o início da história brasileira de regramento dos Municípios e respectivas Câmaras Municipais.[12]

Esta Lei de 1828 definiu o número de sete vereadores para as Câmaras das vilas e 9 para as Câmaras das cidades, com eleição quadrienal realizada no dia 7 de setembro, onde se realizava conjuntamente a escolha do juiz de paz e do suplente do distrito. O voto era obrigatório, como também era vedado se escusar da função de vereador, já que todos podiam votar em todos que estivessem aptos para o exercício do cargo.[13]

11. Pode-se questionar, após o findar do século XVII, a precária autonomia política, administrativa e financeira dos Municípios do Brasil-Colônia, especialmente quanto a submissão às Províncias. Entretanto, não há como desconsiderar a centralidade do Parlamento local na condução dos negócios municipais no âmbito do Executivo, Legislativo ou Judiciário, todos exercidos pelos vereadores e demais oficiais.

12. Constituição de 1824:

"Art. 167. Em todas as Cidades e Villas ora existentes e nas mais, que para o futuro se crearem, haverá Câmaras, às quaes compete o Governo econômico e Municipal das mesmas Cidades e Villas.

"Art. 168. As Câmaras são electivas, e compostas do número de Vereadores que a Lei designar, e o que obtiver o maior número de votos será Presidente.

"Art. 169. O exercício de suas funções municipais, formação das suas Posturas policiais, aplicação das suas rendas, e todas as suas particulares e úteis atribuições serão decretadas por uma Lei regulamentar."

13. Somente na reeleição imediata, nos casos de enfermidade e diante de emprego incompatível com o exercício da função de vereador é que o cidadão poderia

No caso de empate, o critério decisório era o sorteio. Conforme a Constituição de 1824, assumia a presidência aquele que recebesse o maior número de votos, com a importante atribuição de presidir os trabalhos do colegiado e fazer cumprir o decoro parlamentar, além do voto qualitativo de desempate.[14] A Câmara era concebida como um órgão eminentemente administrativo, desconsiderando-se seu caráter político – o que era conseqüência da concepção de Município que se tinha à época.

As funções jurisdicionais foram excluídas das atribuições da Câmara Municipal. Entretanto, esta continuava acumulando o exercício das funções do Executivo e do Legislativo. As sessões, que eram públicas, deveriam ocorrer minimamente quatro vezes ao ano, de três em três meses, com duração não inferior a seis dias, vedando-se a ausência injustificada do parlamentar, sob pena de multa. As licenças tinham de ser aprovadas pelos vereadores e a abstenção em certas votações era possível somente naquelas situações onde flagrantemente estivesse presente o interesse particular ou de parentes ou em que existissem suspeições.

Dentre as principais funções desempenhadas pela Câmara, podem ser citadas: (a) cuidado dos bens públicos e obras municipais, onde se ressalvam as estradas; (b) prestação de contas anual ao Conselho-Geral, com a devida publicação; (c) contratação de obras, através de pregão; (d) guarda das receitas municipais; (e) dividir a localidade em distritos e nomear seus oficiais; (f) fiscalização das prisões, estabelecimentos de caridade, escolas e orfanatos, estimulando o crescimento do número destes dois últimos; (g) dever de peticionar ao presidente da Província ou ao Conselho-Geral acerca do descumprimento da Constituição do Império e de maus-tratos aos escravos; (h) tudo o que disser respeito à polícia e economia locais, ressaltando-se as normas urbanísticas, os cemitérios, a salubridade atmosférica, o lixão, os matadouros, o cuidado com as ruínas e os incêndios, a cautela com os loucos e embriagados, a moral pública e o silêncio, os animais danosos, a plantação de árvores em vias públicas, a proteção dos criadores de gado, a fiscalização de matadouros, as feiras públicas, os pesos e medidas, o controle dos explosivos, os

---

se escusar do seu exercício. Ademais, incorria em impedimento o vínculo parental até o segundo grau – incluindo os cunhados –, devendo-se preferir o que tivesse obtido o maior número de votos. Eis nesta disposição uma demonstração da influência das cúrias romanas, onde tal regramento incidia igualmente para os decuriões.

14. Isto porque o presidente sempre votava por último, e no caso de desempate tinha o voto qualitativo de desempate.

espetáculos públicos e o estímulo ao desenvolvimento tecnológico na agricultura e indústria.[15]

A alienação de bens, além da necessidade de aprovação nas Províncias e na Corte, somente podia ser feita por leilão. À Câmara cabia manter os documentos organizados em arquivo, numerados e rubricados pelo presidente, como, também, publicar todas as suas resoluções.

Quanto às receitas, cabia à Câmara deliberar seu destino, priorizando-se, devido às limitações de recursos, a aplicação nas questões mais urgentes, como nas casas de misericórdia e na educação das pessoas mais pobres. A instituição de meios para aumentar a arrecadação deveria obter a aquiescência do Conselho-Geral da Província.

Além dos vereadores, tinham grande importância o secretário, o procurador, o porteiro e os fiscais. O secretário era nomeado e tinha a responsabilidade de manter a escrituração e os documentos da Câmara Municipal. Já o procurador era nomeado por quatro anos com o fim de arrecadar e aplicar as receitas da Câmara, demandar perante os juízes de paz a execução das posturas municipais, defender a Câmara e prestar contas da sua atuação. O secretário era remunerado através de uma gratificação anual, e o procurador recebia 6% de tudo o que arrecadasse – podendo, entretanto, tal valor ser diminuído quando fosse muito superior ao seu trabalho. O porteiro e seus auxiliares, como ainda os fiscais e suplentes, também recebiam gratificação definida pela Câmara. Aos fiscais, que respondiam pela sua negligência, competia fiscalizar a execução das posturas municipais, representar ao procurador e executar as ordens da Câmara. Os juízes de paz, por sua vez, tinham por missão julgar as multas e contravenções às posturas da Câmara, a pedido do procurador ou de interessados.

Ressalta-se que tal texto normativo de 1828, que vigorou até o advento da República, não previa a distinção entre as funções legislativas e executivas, que eram cumulativamente exercidas pela Câmara Municipal.[16] Já as funções jurisdicionais foram excluídas do âmbito local pelo próprio texto constitucional de 1824. De grande importância neste período histórico foi a criação da figura do prefeito, em 1835, na Província de São Paulo, cujo decreto da regência de Feijó recomendou que fosse adotado em todas as Províncias. A partir deste fato histórico pode-

---

15. O art. 66 da Lei de 1.10.1828 dispunha expressamente acerca das posturas municipais, explicitando-as em 12 parágrafos. Tais posturas podiam prever, além da aplicação de multa, a pena de prisão diante do seu descumprimento.

16. A Lei 105/1840 em nada alterou o regime municipal.

se falar numa diferenciação entre as funções executiva e legislativa nas Municipalidades, a primeira concentrada na figura do prefeito e a segunda na Câmara de Vereadores – observando-se, porém, os ditames da referida Lei de 1828.[17]

Sob a perspectiva da autonomia do Município, pode-se afirmar que as Municipalidades se encontravam reduzidas a uma mera condição de corporações administrativas, a que muitos estudiosos chamaram de "doutrina da tutela", devido à submissão das Câmaras às Províncias e ao poder centralizador do Império.[18] Havia, assim, uma limitadíssima autonomia política, administrativa e financeira, já que a escolha dos integrantes da Câmara ocorria pelos homens bons, integrantes, por sua vez, da elite dominante da época. As principais decisões administrativas faticamente estavam sujeitas à Província e ao Imperador; os recursos financeiros eram parcos e insuficientes para uma forte atuação do poder público-estatal local.[19] A própria centralidade da Câmara Municipal passa a ser dividida com o prefeito, além da exclusão do exercício de função jurisdicional.

Com a República houve o advento, inicialmente, da Constituição Provisória instituída com o Decreto 510/1890, substituída pelo Decreto 914A, do mesmo ano, que, por sua vez, deu lugar ao texto final da Constituição de 1891. Os decretos buscavam resguardar uma efetiva autonomia política aos Municípios, definindo a obrigatoriedade da eleição dos governantes locais; o que foi silenciado na Constituição promulgada em 1891.[20] Dessa forma, pode-se apontar um plexo de autonomias bastante restrito às células estatais locais, pouco diferenciado da Constituição de

17. "Em 1835, a Província de São Paulo, pela Lei n. 18 de 11 de abril, instituiu os prefeitos de nomeação do Presidente da Província. Data dessa lei a criação dos prefeitos no Brasil com o caráter de delegados do Executivo provincial. Estávamos sob o Ato Adicional; e a Regência, pelo órgão de Feijó e por via do Decreto de 9.12.1835, recomendou a inovação paulista como digna de ser imitada pelas demais Províncias" (José de Castro Nunes, *Do Estado Federado e sua Organização Municipal*, 1920).
18. As amarras ao exercício do poder municipal, não obstante os termos da Lei de 1.10.1828, ocorreram com a Lei 16/1834, que amordaçou a autonomia fixada em 1828 às Assembléias Legislativas Provinciais, que passaram a ter um controle praticamente absoluto sobre as atividades locais.
19. V. as obras de Tavares Bastos, José Castro Nunes e Giovani Corralo. Esta autonomia não sofreu grandes transformações se comparada com o período histórico anterior, do Brasil-Colônia, a não ser pelo surgimento da figura do prefeito e pela vedação do exercício de função jurisdicional.
20. Redação da Constituição de 1891, pertinente aos Municípios: "Art. 68. Os Estados organizar-se-ão de forma a que fique assegurada a autonomia dos Municípios em tudo quanto respeite ao seu peculiar interesse".

1824. A grande diferença consistiu na nova organização do Estado Brasileiro, que passou a se consubstanciar enquanto uma República Federativa, com forte autonomia aos Estados Federados. Por conseqüência, cabia aos Estados especificar o grau de autonomia dos Municípios na sua circunscrição territorial, o que variou de Estado para Estado, sendo normal a edição de leis orgânicas-padrão para todos os entes locais.[21]

A reforma constitucional de 1926, de Arthur Bernardes, buscou fortaleceu os Municípios, especialmente ao erigir a autonomia municipal a um princípio constitucional cuja inobservância conduziria à intervenção nos Estados.

Porém, em 1930, em virtude da vitória do movimento revolucionário capitaneado por Getúlio Vargas, dois decretos passaram a disciplinar a vida de todos os entes estatais brasileiros: o Decreto 19.398/1930 e o Decreto 20.348/1931. De acordo com estas disposições, competia ao interventor em cada Estado nomear os prefeitos, que concentravam as funções executiva e legislativa, além de controlar suas decisões, podendo, até mesmo, revê-las. Além disso, foram criados os Conselhos Consultivos Municipais, a critério do interventor, que nomeava seus membros, cujas atribuições consistiam no controle dos atos do Prefeito. Paradoxalmente, o forte controle das contas municipais difundiu técnicas de contabilidade pública e de elaboração e acompanhamento dos orçamentos públicos.[22] Essa conjuntura significou um estreitamento da já limitada autonomia política, em virtude da não-eletividade dos governantes locais, como também a manutenção das limitadíssimas autonomias administrativa e financeira. Conforme já afirmado em outro trabalho: "Esse período, marcado por um Governo Provisório, reduziu o Município a uma esfera desprovida de autonomia e sob um controle quase-absoluto. Não é possível vislumbrar espaços para o desenvolvimento de quaisquer autonomias municipais, já que o Município era um joguete nas mãos do Governo Provisório e seus interventores".[23]

21. Houve Estados que mantiveram o sistema de prefeitos nomeados para todos os seus Municípios. Entretanto, pode-se citar o exemplo gaúcho, que desde 1891 permitiu aos Municípios construírem por si sua lei orgânica, não obstante a existência de mecanismos de controle desses instrumentos jurídicos pela Assembléia Legislativa.
22. V. a obra de Eugênio Franco Montoro, *O Município na Constituição Brasileira*, 1945.
23. Giovani da Silva Corralo, *Município: Autonomia na Federação Brasileira*, p. 80.

EVOLUÇÃO HISTÓRICA   21

Essa foi a saga dos Municípios nos primeiros quatro anos após o movimento revolucionário de 1930. As Câmaras Municipais desapareceram enquanto instituição, já que os prefeitos nomeados assumiram as funções parlamentares. Tal quadro veio a mudar substancialmente com a Constituição de 1934, que conferiu às Municipalidades uma consistente autonomia política, legislativa, administrativa e financeira, garantindo-se a eletividade dos vereadores e do prefeito (salvo nas capitais e estâncias hidrominerais), a decretação e a arrecadação de tributos, a decisão da aplicação das suas receitas, a organização dos serviços locais no que tange ao peculiar interesse e a intervenção nos Estados quando estes não respeitarem este plexo de autonomias.[24] Pela primeira vez houve a discriminação constitucional das rendas dos Municípios. A estas garantias aos entes locais somou-se o fortalecimento das Câmaras Municipais, já que o exercício dessas autonomias se encontrava dependente da sua aquiescência.

O grande percalço na Constituição de 1934 esteve na sua precariedade: durou aproximadamente três anos. Em 1937 eclodiram o golpe e o estabelecimento do período ditatorial denominado *Estado Novo*, que significou um período de trevas para o municipalismo pátrio. O Presidente

---

24. A Constituição de 1934 trouxe a seguinte redação:
"Art. 13. Os Municípios serão organizados de forma que lhes fique assegurada a autonomia em tudo quanto respeite ao seu peculiar interesse; e especialmente: I – a eletividade do prefeito e dos vereadores da Câmara Municipal, podendo aquele ser eleito por essa; II – a decretação dos seus impostos e taxas, a arrecadação e aplicação das suas rendas; III – a organização dos serviços de sua competência.
"§ 1º. O prefeito poderá ser de nomeação do governo do Estado no Município da Capital e nas estâncias hidrominerais.
"§ 2º. Além daqueles de que participam, *ex vi* dos arts. 8º, § 2º, e 10, parágrafo único, e dos que lhes forem transferidos pelo Estado, pertencem aos Municípios: I – o imposto de licenças; II – os impostos predial e territorial urbanos, cobrado o primeiro sob a forma de décima ou de cédula de renda; III – o imposto sobre diversões públicas; IV – o imposto cedular sobre a renda de imóveis rurais; V – as taxas sobre serviços municipais.
"§ 3º. É facultado ao Estado a criação de um órgão de assistência técnica à Administração Municipal e fiscalização das suas finanças.
"§ 4º. Também lhe é permitido intervir nos Municípios a fim de lhes regularizar as finanças, quando se verificar impontualidade nos serviços de empréstimos garantidos pelos Estados, ou pela falta de pagamento da sua dívida fundada 2 (por) dois anos consecutivos, observadas, naquilo em que forem aplicáveis, as normas do art. 12."
O art. 7º, I, "d", manteve a autonomia municipal enquanto princípio de observância obrigatória pelos Estados da Federação e previu a intervenção quando do seu descumprimento no art. 12, V.

da República nomeava o interventor (governador) e os integrantes do Departamento Administrativo (depois passou a ser chamado de Conselho Administrativo). O interventor, por sua vez, nomeava o prefeito, que, juntamente com o Departamento Administrativo, legislava as questões de competência local. As Câmaras não foram constituídas, somando-se, assim, à "inexistente" autonomia local o desaparecimento do Legislativo Municipal. O Município, tal qual no período de 1930-1934, deparou-se com sua insignificância jurídico-política, passível de comparação com sua posição no Brasil-Império (após a Lei 16/1834) e no Brasil-Colônia após o final do século XVII.

Foi com a Constituição de 1946 que a dignidade do poder estatal local foi reconstituída, resgatando-se os avanços efetivados na Constituição de 1934, restituindo, assim, a autonomia política, legislativa, administrativa e financeira dos entes locais.[25] As Câmaras Municipais, por sua vez, voltaram a concentrar as precípuas funções legislativas, como também de fiscalização e controle do Executivo Municipal. Os novos ares da democracia também foram ares de fortalecimento do poder estatal local.

Além disso, a autonomia municipal voltou a ser um princípio constitucional cuja inobservância poderia conduzir à intervenção da União

25. A Constituição de 1946 trouxe a seguinte redação:
"Art. 28. A autonomia dos Municípios será assegurada: I – pela eleição do prefeito e dos vereadores; II – pela administração própria, no que concerne ao seu peculiar interesse e, especialmente: a) à decretação e arrecadação dos tributos de sua competência e à aplicação das suas rendas; b) à organização dos serviços públicos locais.
"§ 1º. Poderão ser nomeados pelos governadores dos Estados ou dos Territórios os prefeitos das capitais, bem como os dos Municípios onde houver estâncias hidrominerais naturais, quando beneficiadas pelo Estado ou pela União.
"§ 2º. Serão nomeados pelos governadores dos Estados ou dos Territórios os prefeitos dos Municípios que a lei federal, mediante parecer do Conselho de Segurança Nacional, declarar bases ou portos militares de excepcional importância para a defesa externa do país.
"Art. 29. Além da renda que lhes é atribuída por força dos §§ 2º e 4º do art. 15, e dos impostos que, no todo ou em parte, lhes forem transferidos pelo Estado, pertencem aos Municípios os impostos: I – predial e territorial, urbano; II – de licença; III – de indústrias e profissões; IV – sobre diversões públicas; V – sobre atos de sua economia ou assuntos de sua competência."
O art. 7º previa a intervenção nos Estados para assegurar o princípio da autonomia municipal e trouxe, restritamente, a possibilidade de intervenção dos Estados nos Municípios quando houvesse impontualidade no pagamento de empréstimos garantidos pelo Estado e quando a dívida fundada não fosse paga por dois anos consecutivos, conforme especificações do art. 23. Também o art. 33 vedou a contração de empréstimos internacionais sem a aprovação prévia do Senado.

nos Estados, definindo-se também as situações taxativas de intervenção dos Estados nos Municípios: não-pagamento dos empréstimos garantidos pelo Estado ou não-pagamento, por dois anos consecutivos, da dívida fundada. Estas disposições da Constituição de 1946 foram de crucial importância, pois definiram enfaticamente a posição de relevo do Município no ordenamento constitucional brasileiro. Por fim, esta nova Constituição aumentou as receitas locais, especialmente oriundas da repartição das receitas federais e estaduais. Por tudo isso, vários estudiosos consideraram essa Constituição como a mais municipalista das Constituições brasileiras, avançando em relação à Constituição de 1934 e alçando o Município a uma posição ainda desconhecida no ordenamento constitucional pátrio.[26] Ao Parlamento local coube, por conseqüência, papel central na efetivação da autonomia municipal, resgatando a dignidade outrora perdida.

A Constituição de 1946 perdurou efetivamente menos de 20 anos, pois em 1964 houve o Golpe Militar, que eliminou a incipiente atmosfera democrática da sociedade brasileira. Como resultado, em 1967 foi outorgada uma nova Constituição, que eliminou direitos políticos essenciais a qualquer regime democrático.[27] Os Municípios, tal qual todos os entes federados, encontraram-se amordaçados em virtude das gigantescas restrições à sua autonomia política, que, indubitavelmente, refletiam na autonomia administrativa e legislativa. A autonomia financeira, por sua vez, manteve-se, salvo a possibilidade de a União limitar o poder tributário dos Estados e Municípios. As Câmaras Municipais, dependentes dos ares democráticos para bem representar a coletividade, padeceram sob as trevas da Ditadura, não obstante tenham existido formalmente para a validação da autonomia administrativa, financeira e legislativa definida pelas Constituições paridas pelo militarismo reinante.

Foi com a Constituição de 1988 que se estabeleceu uma nova ordem constitucional, garantidora da autonomia política, auto-organizatória, administrativa, legislativa e financeira dos Municípios brasileiros, alçando-os à condição de entes integrantes da Federação – particularidade, essa, somente existente na Constituição brasileira.

26. Esta posição é respaldada por juristas como Hely Lopes Meirelles, Franco Montoro e Orestes Dissesa.
27. A Constituição de 1967 e respectivas alterações mantiveram a repartição constitucional de competências, a repartição de receitas, a possibilidade de intervenção da União nos Estados pela inobservância do princípio da autonomia municipal e dos Estados nos Municípios, a repartição de competências e a discriminação de receitas.

2
A AUTONOMIA MUNICIPAL E O PODER LEGISLATIVO

Ao se discorrer sobre a autonomia municipal consignada pela Constituição Federal de 1988 há condições para apontar a correlação e a interdependência entre a autonomia dos Municípios e as Câmaras de Vereadores. Não há o exercício desse plexo de autonomias sem o Legislativo Municipal.

Inicialmente, deve-se destacar que o Estado Brasileiro é uma Federação, ou seja, um Estado composto formado por um conjunto de outros Estados, autônomos, nos termos da Constituição. É assim que se constituiu, em 1889, a República Federativa do Brasil, resultante da superação do Estado Unitário, formado pelas antigas Províncias submetidas ao jugo do governo do Império, pela união de Estados autônomos.[1]

A Federação consiste numa forma de organização do poder estatal onde os Estados partícipes resguardam sua autonomia na Constituição, mediante a definição de competências tanto do novo Estado que surge – a União ou o Estado Federal – como, também, dos Estados Federados ou partícipes da Federação.[2]

1. Lembrar que antes de 1889 os Estados eram chamados Províncias e se encontravam sob o jugo do governo do Império.

2. Eis as principais características dos Estados Federais: (a) Constituição escrita que se encontre no *topos* hermenêutico e defina os direitos fundamentais do cidadão – vinculantes a todos os entes, além de dispor sobre a repartição de competências entre a União e os entes federados, considerando-os numa situação de igualdade jurídica, com a disposição expressa das situações que excepcionalmente possibilitem a utilização do instituto da intervenção, além de definir a soberania como um atributo exclusivo da Federação; (b) pluralidade de ordens jurídicas, sem hierarquização entre os distintos sistemas jurídicos dos entes federados e da União; (c) participação

O Estado Federal Brasileiro é fruto de um processo de evolução não-linear que vem de 1889, marcado por diversos momentos de desnaturamento da forma federal, como se observa nos períodos ditatoriais.[3] É possível, porém, observar um grande amadurecimento institucional na Constituição de 1988, que redefiniu a Federação Brasileira ao alçar o Município à condição de ente integrante dessa Federação. É o que se depreende da hermenêutica dos arts. 1º e 18 do texto constitucional, que é respaldada pela maior parte dos doutrinadores brasileiros que se atêm à matéria. Cotejando as principais características dos Estados Federais, fundamenta essa nova condição municipal: (a) constituição escrita que dispõe sobre as competências municipais, em situação de igualdade com os Estados e a União, além de trazer, taxativamente, as situações ensejadoras de intervenção; (b) resguardo à existência de uma ordem jurídica local e de órgãos governamentais municipais, como se observa com o Executivo e o Legislativo, sem qualquer relação de tutela com os respectivos órgãos em nível estadual e nacional; (c) órgão jurisdicional – STF – responsável pela resolução de litígios constitucionais, onde em via difusa podem acorrer normas municipais, e em via concentrada através da argüição de descumprimento de preceito fundamental; (d) proibição de separação; (e) cidadania local.

É tal *status* jurídico de ente integrante da Federação que coloca o Município em condição de igualdade jurídica com o Estado e com a União. Não há que se falar em superioridade ou prevalência. Cada esfera de poder tem sua autonomia própria, dentro da qual, salvo nos casos expressos definidos na Constituição, a outra não poderá se imiscuir.

dos entes federados na formação da vontade nacional, tanto na criação e alteração da Constituição como, também, no processo legislativo, o que normalmente ocorre através de um órgão com a representação eqüânime dos entes federados – o Senado; (d) diversidade de órgãos governamentais autônomos nas três funções estatais – legislativa, executiva e judiciária –, sem relação de tutela ou controle de um nível federado em relação ao outro, atuando sob a égide da não-centralização ou policentrismo; (e) órgão jurisdicional com o objetivo de defender a Constituição e resolver eventuais litígios entre os entes federados, especialmente com base no pacto federativo; (f) vedação de secessão; (g) pluralidade de cidadanias.

3. Podem ser apontados os seguintes princípios do federalismo, sem os quais o Estado Federal não subsiste: Estado democrático de Direito, República, não-centralização, subsidiariedade, liberdade e pluralismo. Fica fácil antever a incompatibilidade de uma República Federativa com um regime ditatorial. Tal estudo é mais pormenorizado em nosso *A Autonomia Municipal como Norma de Direito Fundamental na Constituição Brasileira*, Tese (Doutorado em Direito), Faculdade de Direito da UFPR, 2006.

A Constituição de 1988 definiu, ainda, um plexo de autonomias às Municipalidades: (a) *autonomia auto-organizatória* – engloba a construção da sua Constituição local, denominada *lei orgânica*, nos termos do art. 29 da CF, observando-se as normas de repetição obrigatória; (b) *autonomia política* – compreende tanto a eletividade do prefeito, do vice-prefeito e dos vereadores pelos cidadãos locais como, também, a organização das funções do Executivo e do Legislativo, além da definição das situações ensejadoras da cassação de mandato dos agentes políticos locais, respectivos procedimentos e incompatibilidades no exercício do mandato eletivo; (c) *autonomia administrativa* – tem como fundamento legal o art. 30 da CF, cabendo ao Município tudo o que diga respeito ao interesse local, onde têm relevo a organização e o funcionamento dos serviços públicos, da polícia administrativa, do fomento ao setor social e econômico e da intervenção direta e indireta na economia e demais setores regulados, além da estruturação da própria Administração Pública a fim de dar cabo dessas atividades administrativas; (d) *autonomia legislativa* – capacidade dos Municípios de construir seu sistema normativo municipal com base na lei orgânica municipal, que se encontra no ápice desse sistema, utilizando-se das espécies legislativas do art. 59 da CF, de acordo com o interesse local disposto nos incisos I e II do art. 30 do texto constitucional; (e) *autonomia financeira* – poder tributário de instituir tributos próprios (impostos, taxas e contribuições), nos termos constitucionais e infraconstitucionais, como, também, de aplicá-los autonomamente, juntamente com as transferências constitucionais, resguardando-se os mínimos constitucionais provenientes de impostos e transferências de 25% em educação e 15% em saúde. Essa autonomia também abrange a construção das leis orçamentárias – plano plurianual, lei de diretrizes orçamentárias e lei orçamentária anual.

O conceito-chave para compreensão da autonomia municipal é o "interesse local", assim definido no art. 30 da CF. É sob o prisma do interesse local que a autonomia municipal, nas suas múltiplas manifestações, deve ser apreendida, ressaltando-se que "*interesse local* não é interesse exclusivo do Município; não é interesse privativo da localidade; não é interesse único dos munícipes. (...). Mesmo porque não há interesse municipal que não o seja reflexamente da União e do Estado-membro, como, também, não há interesse regional ou nacional que não ressoe nos Municípios, como partes integrantes da Federação Brasileira. O que define e caracteriza o 'interesse local', inscrito como dogma constitucional, é a *predominância* do interesse do Município sobre o do Estado ou da União".[4]

4. Hely Lopes Meirelles, *Direito Municipal Brasileiro*, 16ª ed., p. 111.

A efetividade desse plexo de autonomias alicerçado no interesse local depende, necessariamente, das Câmaras Municipais. A quem compete, sem sanção/veto do Executivo, elaborar a lei orgânica e reformá-la? Quem tem o poder de definir as infrações político-administrativas e os casos em que o decoro parlamentar é ofendido, como também os respectivos procedimentos para a cassação dos mandatos dos agentes políticos locais? Quem pode cassar o mandado do prefeito e vereadores? Quem define os limites do exercício da autonomia administrativa, já que o administrador somente pode fazer o que estiver previsto em lei? Quem tem o dever de fiscalizar e controlar a Administração Municipal para que esta observe os princípios e as regras jurídicas estampados no sistema normativo? Quem tem a competência para votar as espécies legislativas previstas no art. 59 da CF? A quem é resguardada a análise, em última instância do processo legislativo, dos vetos do Executivo às proposições legislativas aprovadas pelo Plenário da Câmara? Quem tem a competência para votar as leis orçamentárias, definindo como serão aplicadas as receitas próprias e as transferências constitucionais? E para instituir os tributos próprios?

As respostas a essas questões e a muitas outras que poderiam ser formuladas conduz à Câmara Municipal. Assim, depreende-se facilmente que o exercício da autonomia municipal consagrada pela Constituição de 1988 depende necessariamente da atuação das Câmaras de Vereadores. Não há autonomia municipal sem a atuação do Parlamento local. Eis a importância do Poder Legislativo para a efetividade do plexo de autonomias constitucionais consagradas aos Municípios e, conseqüentemente, da atuação parlamentar levada a cabo pelos vereadores.

3
AS FUNÇÕES
DAS CÂMARAS DE VEREADORES

3.1 Função administrativa. 3.2 Função legislativa. 3.3 Função fiscalizadora e controle externo. 3.4 Função de julgamento. 3.5 Função de assessoramento.

O poder do Estado é uno, repartindo-se em funções estatais. É o que ocorre em todos os níveis federativos, normalmente dividindo-se no Legislativo, Executivo e Judiciário.[1] Em âmbito local há as funções legislativa e executiva: a primeira pluripessoal, exercida pelos vereadores; a segunda unipessoal, exercida pelo prefeito. Tais funções (poderes) não se encontram numa relação de independência absoluta, nem de subserviência, mas numa relação de interdependência e de complementaridade. É a logicidade do controle mútuo entre as funções estatais que norteia a separação efetuada pelo ordenamento constitucional, conferindo mais especificamente ao Parlamento, constituído de um número plural de representantes da coletividade, a função de fiscalizar e controlar o Executivo, capitaneado pela pessoa do prefeito em nível local.

Quando se discorre acerca das funções das Câmaras Municipais, aponta-se para as competências do Parlamento Municipal. Nesses ter-

---

1. Importante consideração é feita por Marçal Justen Filho: "Mas, no Brasil, é evidente a existência de cinco Poderes, na medida em que nem o Ministério Público nem o Tribunal de Contas podem ser reputados como integrados em um dos outros três Poderes. É correto afirmar que existem, no Brasil, cinco Podres, porque o Ministério Público e o Tribunal de Contas recebem, por parte da Constituição Federal, um tratamento que lhes assegura autonomia estrutural e identidade funcional" (*Curso de Direito Administrativo*, p. 26).

mos, em virtude de os princípios do regime jurídico-administrativo serem aplicados, no que couber, ao Parlamento Municipal e à atividade legislativa, uma vez que seu fundamento repousa na Constituição, pode-se afirmar que tais funções representam verdadeiros deveres aos seus titulares, ou seja, aos vereadores. Não são passíveis de delegação; prevalecem sobre o interesse particular daqueles que os exercem; não são disponíveis. Isso porque trata-se de verdadeiras funções parlamentares. Não podem os vereadores deixar de legislar, de fiscalizar a Administração e o próprio cumprimento das leis municipais, de requisitar informações diante do indício de descumprimento de deveres legais pelo administrador, de se organizar administrativamente para o bom funcionamento da Câmara, de apreciar a legislação orçamentária, de investigar irregularidades através de comissões especiais ou parlamentares de inquérito, de julgar parlamentares ou o prefeito, por falta do decoro parlamentar, ou infração político-administrativa, de apontar sugestões para o melhor funcionamento da máquina administrativa – dentre outras funções.

As funções parlamentares são verdadeiros deveres-poderes, pois consignam poderes aos vereadores para a persecução dos deveres estipulados pelo ordenamento jurídico-constitucional brasileiro, e não para a satisfação de interesses pessoais ou político-partidários.[2] Somente para a busca da efetivação dos deveres previstos no ordenamento jurídico é que os respectivos poderes podem ser exercidos pela Câmara Municipal. Assim, uma comissão parlamentar de inquérito somente pode ser constituída para a averiguação de possíveis irregularidades na Administração Municipal, e não para a satisfação de interesses eleiçoeiros.

Os vereadores encontram-se vinculados na busca do interesse público, que deve ser compreendido sob a perspectiva de interesses coletivos legítimos e conflitantes, já que o interesse público não é unívoco.[3] Além disso, esta concretização dos interesses coletivos, que ocorre em cada caso concreto, deve ter por base a efetivação dos direitos fundamentais, em vista da sua supremacia e indisponibilidade. Tais limites são insuperáveis pelo legislador, individualmente ou em conjunto, tanto que

---

2. Conforme ensinamentos sobre a função administrativa de Celso Antônio Bandeira de Mello: "Existe função quando alguém está investido no *dever* de satisfazer dadas finalidades em prol do *interesse de outrem*, necessitando, para tanto, manejar os poderes requeridos para supri-las. Logo, tais poderes são *instrumentais* ao alcance das sobreditas finalidades. Sem eles, o sujeito investido na função não teria como desincumbir-se do *dever* posto a seu cargo. Donde, quem os titulariza maneja, na verdade, 'deveres-poderes', no *interesse alheio*" (*Curso de Direito Administrativo*, 25ª ed., pp. 71-72).

3. Marçal Justen Filho, *Curso de Direito Administrativo*, pp. 40-47.

sua transposição pode conduzir ao controle jurisdicional e à ineficácia das suas ações.

Toda a atuação parlamentar que não esteja fundamentada nos deveres estipulados pelo ordenamento jurídico brasileiro pode ser eivada de nulidade e representar um abuso do exercício da função parlamentar. Entretanto, a própria natureza política do exercício da vereança conduz a embates onde é inquestionável a legitimidade do parlamentar em discutir e discordar das políticas implementadas pela Administração Municipal.

Assim, há a paradoxal convivência da discricionariedade política no exercício da vereança e o exercício dos poderes-deveres consignados ao Parlamento pelo ordenamento jurídico brasileiro. Ao lado da ampla liberdade de conformação política da atuação parlamentar encontra-se o dever de observar as normas incidentes e vinculantes de tal atuação. Há fins que não se encontram sob a discricionariedade do vereador.[4]

3.1 Função administrativa

Traduz a auto-organização administrativa da Câmara Municipal, a fim de possibilitar ao vereador o exercício pleno das suas atribuições. Significa a organização dos serviços próprios, tanto no que diz respeito aos órgãos administrativos encarregados do desempenho desses serviços como aos servidores necessários para tais tarefas.

Tal estruturação depende das especificidades do Legislativo em questão, o que inclui a análise dos limites orçamentários. Porém, não se devem olvidar os serviços próprios imprescindíveis à autonomia do Legislativo local, onde se destacam as assessorias jurídica e contábil, ambas fundamentais para o desempenho das funções da Câmara Municipal, especialmente as funções legislativas, de fiscalização e de controle da Administração Pública. A autonomia dos vereadores na apreciação da legalidade das proposições encaminhadas pelo Executivo Municipal e no manuseio das informações contábeis e orçamentárias da Municipalidade é condição basilar para o exercício autônomo da atividade parlamentar.[5]

---

4. A título ilustrativo cita-se o art. 37 da CF, que apresenta os princípios informadores de todos os Poderes constituídos: legalidade, impessoalidade, publicidade, moralidade e eficiência. A estes somam-se outros princípios constitucionais, expressos e implícitos.

5. É o que Hely Lopes Meirelles denomina "serviços auxiliares da Câmara de Vereadores", compostos pela secretaria, tesouraria, assessoria técnico-legislativa e outros serviços (*Direito Municipal Brasileiro*, 16ª ed., p. 670). É possível que alguns desses serviços – como contabilidade, tesouraria e folha de pagamento – sejam feitos

AS FUNÇÕES DAS CÂMARAS DE VEREADORES 31

Essa auto-organização pode ocorrer através de resolução do Plenário que defina a organização e o funcionamento dos órgãos administrativos internos e que crie, extinga e transforme cargos, empregos e funções, sem deixar de observar a imprescindível necessidade de lei para a fixação da respectiva remuneração.[6] A resolução aprovada em Plenário, de iniciativa da Mesa Diretora, é o instrumento mais adequado, já que se trata de matéria da competência exclusiva da Câmara Municipal, com efeitos internos.[7] Deve-se cuidar com a instituição de empregos públicos, uma vez que estes não podem ser instituídos indiscriminadamente, mas somente para serviços subalternos, que não comprometam as atividades precípuas do Parlamento, executadas por servidores detentores de cargos públicos.[8]

Entretanto, a fixação da remuneração dos cargos, empregos e funções do Parlamento Municipal somente pode ocorrer através de lei, de

pelo Executivo para o Legislativo; entretanto, não há exoneração de responsabilidade do ordenador de despesa – no caso, o presidente da Câmara. Aos vereadores compete avaliar a adequação e a pertinência desses serviços quando prestados pelo Executivo.

6. É o que se depreende do disposto nos arts. 51, IV, e 52, XIII, da CF, pertinentes à Câmara dos Deputados e ao Senado Federal, que se aplicam às Câmaras Municipais, por se tratar de matéria afeta às relações entre as funções estatais. Como a expressão "remuneração" abrange o vencimento e todas as demais vantagens percebidas pelos servidores, é pacífico que os valores de todas as gratificações e adicionais somente podem ser definidos através de lei, por mais que a instituição possa ocorrer através de resolução.

7. É possível que os parlamentares decidam organizar seus órgãos e respectivos cargos, empregos e funções através de lei, ao mesmo tempo em que fixem sua remuneração. Caso isso ocorra, a simples edição de resolução acerca da matéria (excluída a remuneração) tem o condão de revogar o que lhe for contrário, mesmo que disposto anteriormente em lei. Isso porque se trata de matéria da competência exclusiva da Câmara Municipal de Vereadores. Sobre esta questão importa ressaltar o Parecer 33/2000 do Tribunal de Contas do Estado do Rio Grande do Sul (TCE/RS), de autoria do auditor substituto de conselheiro César Santolim, aprovado pelo Tribunal Pleno por unanimidade. Por fim, há questões que somente podem ser abordadas através de lei de iniciativa da Câmara, como é o caso do vale-transporte, passível de disciplina específica quanto aos critérios para sua concessão, ressalvando-se que pode haver delegação para que resolução da Mesa Diretora normatize a matéria. Sobre esse assunto, consultar a Informação 36/2003 do TCE/RS.

8. V. Celso Antônio Bandeira de Mello, *Curso de Direito Administrativo*, 25ª ed., pp. 245-251. Também se registra a vigência de liminar do STF que declara a inconstitucionalidade do art. 39 da CF, retornando à redação anterior à Emenda Constitucional 19/1998, que remetia ao regime jurídico único. Enquanto a liminar não for cassada pelo STF, ou enquanto o mérito da ação não for julgado no sentido contrário, fica vedada a criação de empregos públicos (ADI 2.135).

iniciativa do Parlamento, nos termos dos arts. 37, X, 51, IV, e 52, XIII, da CF, aportados pela Emenda Constitucional 19/1998.

A organização administrativa do Parlamento Municipal deve observar a incidência dos dispositivos constitucionais delineados nos arts. 37 a 41 da CF, especialmente: (a) princípio do acesso universal aos cargos, empregos e funções, através de concurso, salvo aos cargos em comissão – art. 37, I e II;[9] (b) definição de percentual dos cargos e empregos para as pessoas com deficiência – art. 37, VIII. Tal percentual terá maior ou menor efetividade em decorrência do número de cargos, empregos e funções; (c) definição, em lei de iniciativa da Câmara Municipal, dos casos de contratação por tempo determinado para atender a necessidade temporária de excepcional interesse público do Parlamento, com a definição do número de contratações, respectivo tempo do contrato, processo seletivo simplificado e valor da remuneração – art. 37, IX;[10] (d) observância do limite do subsídio do prefeito municipal em nível local, já que a nenhum agente público é permitido receber mais que o chefe do Executivo – art. 37, XI; (e) vencimentos dos cargos da Câmara Municipal em valores não superiores aos do Executivo, sempre que disserem respeito ao exercício de um mesmo ou análogo cargo, função ou emprego. Tal disposição incide também nos adicionais e gratificações oriundos de eventual regime próprio dos servidores do Legislativo, já que a expressão "vencimentos" se equipara a remuneração, englobando todas as vantagens incidentes no vencimento do servidor.[11] Os princípios da razoabilidade e da proporcionalidade devem servir de critérios para o controle da constitucionalidade de construções legislativas que firam o inciso XII do art. 37 da CF, uma vez que não são admissíveis vantagens ou um regime jurídico que destoe

---

9. Mesmo quanto aos cargos em comissão, estes não podem ser instituídos sem parâmetros (sem correspondência a uma chefia, direção ou assessoramento), em detrimento de um quadro de provimento estatutário, sob pena de inconstitucionalidade. É vedada pelo ordenamento constitucional a instituição destes cargos para funções meramente burocráticas ou operacionais.

10. Ressalta-se que esta menção se refere aos casos em que a contratação emergencial temporária seja imprescindível para o Parlamento Municipal, pois se o interesse for do Executivo competirá a este o encaminhamento do respectivo projeto de lei à Câmara Municipal.

11. Eis as palavras de Diógenes Gasparini: "Vencimento tem acepção estrita e corresponde à retribuição pecuniária a que faz jus o servidor pelo efetivo exercício do cargo. É igual ao padrão ou valor de referência do cargo fixado em lei. (...). Vencimentos tem sentido lato e corresponde à retribuição pecuniária a que tem direito o servidor pelo efetivo exercício do cargo, acrescida pelas vantagens pecuniárias (adicionais e gratificações) que lhe são incidentes. (...) a palavra 'remuneração' é comumente usada em lugar da locução vencimentos" (*Direito Administrativo*, pp. 182-183).

abruptamente do vigente no Executivo Municipal;[12] (f) a possibilidade de servidor da Administração direta, autárquica e fundacional acumular o exercício da vereança, sem prejuízo das remunerações, se houver compatibilidade de horários – art. 38 da CF; (g) constituição do Conselho de Política de Administração e Remuneração de Pessoal, integrado por servidores do Legislativo e do Executivo Municipais, com a missão de uniformizar o quadro de carreiras de ambos os Poderes – art. 39 da CF; (h) possibilidade de definição por lei municipal da relação entre a maior e a menor remuneração dos servidores públicos, observados os limites do inciso XI do art. 37 – art. 39, § 5º, da CF; (i) obrigatoriedade de publicação anual dos valores dos subsídios e vencimentos dos cargos e empregos do Executivo e do Legislativo Municipais; (j) estabilidade dos servidores em cargo de provimento efetivo após exercício efetivo de três anos de estágio probatório, nos termos do art. 41 da CF. Cabe ao Parlamento definir as regras de avaliação periódica de desempenho, o que pode ocorrer através de resolução do Plenário.

Qualquer que seja a tônica de uma reforma administrativa[13] pugnada pela Câmara Municipal de Vereadores que aumente permanentemente a despesa do Legislativo com seu custeio, deve observar o disposto no art. 169 da CF e nos arts. 15, 16 e 17 da Lei de Responsabilidade Fiscal: (a) compatibilidade com a legislação orçamentária – plano plurianual, lei de diretrizes orçamentárias e lei orçamentária anual –, mediante declaração do ordenador de despesa; no caso, o presidente da Câmara; (b) impacto orçamentário-financeiro que abranja o exercício de vigência da reforma e os dois próximos exercícios.

A Câmara Municipal não tem personalidade jurídica própria, porém tem capacidade judiciária. Assim, pode o Parlamento, através da Mesa Diretora e do seu presidente, interpor medidas judiciais na defesa dos seus interesses e prerrogativas ou figurar no pólo passivo de demandas judiciais:[14]

12. Deve-se lembrar que o inciso XIII do art. 37 da CF veda a vinculação ou equiparação remuneratória no serviço público, especialmente quando se tratar de carreiras distintas – o que tem sido reiterado pelos julgados do STF. Neste sentido manifesta-se Alexandre de Moraes, *Direito Constitucional Administrativo*, pp. 178-179. Também é de relevo a Informação 50/200 do TCE/RS.

13. Compreendem-se por *reforma administrativa* quaisquer alterações no funcionamento e organização da Câmara Municipal e respectivos cargos, empregos e funções que modifiquem substancialmente a situação existente, excluídas as meras adequações.

14. Nesse sentido expressam-se os seguintes acórdãos: APC 598008225, de 1998; APC 594038473, de 1994; e AI 70002196897, de 2001 do TJRS – este últi-

"A *capacidade processual da Câmara* para a defesa de suas prerrogativas funcionais é hoje pacificamente reconhecida pela doutrina e pela jurisprudência. Certo é que a Câmara não tem personalidade jurídica, mas tem personalidade judiciária. Pessoa jurídica é o Município. (...).

"(...). "A possibilidade de a Câmara agir judicialmente contra o prefeito decorre de sua autonomia em relação ao Executivo local. (...).

"O que não se admite é que a Câmara ingresse em juízo em nome do Município ou a pretexto de defendê-lo em demandas com terceiros relativas a negócios administrativos da competência privativa do Executivo local. (...)."[15]

O Legislativo Municipal, no exercício da função administrativa, expedirá, através do seu órgão dirigente – Mesa Diretora e presidente –, atos de administração que se equiparam aos atos administrativos emanados pelo Executivo Municipal.

Por fim, importa fazer menção expressa ao controle interno, importante instrumento de autofiscalização municipal – Legislativo e Executivo. O controle interno, tal qual o externo, tem por objeto o controle orçamentário, patrimonial, financeiro, operacional e contábil, sob o aspecto da legalidade, legitimidade e economicidade, aos quais se somam as finalidades previstas no art. 74 da CF.[16] Há responsabilização soli-

---

mo com a seguinte decisão: "Administrativo – Licitação – Sustação – Mandado de segurança contra ato de prefeito – Câmara de Vereadores – Ilegitimidade. É de ser indeferida liminar em mandado de segurança impetrado pela Câmara de Vereadores para sustação de processo de licitação promovido pelo Executivo. É que a capacidade processual da Câmara Municipal se restringe à defesa das suas prerrogativa funcionais e direitos próprios – Agravo provido".

15. Hely Lopes Meirelles, *Direito Municipal Brasileiro*, 16ª ed., pp. 625-626. O autor também distingue as situações em que o presidente da Câmara tem autorização do Plenário para a interposição de determinada medida judicial daquelas em que o presidente ou outro vereador a interpõem sem tal autorização. Em caso de condenação, a inexistência de autorização faz com que os ônus decorrentes sejam suportados pelo autor da demanda.

16. A análise do art. 74 da CF permite apreender a amplitude e a dimensão do controle interno, que extrapola a observância da legalidade para também abranger o controle das metas fixadas pelo Governo e a eficiência e eficácia da gestão pública:

"Art. 74. Os Poderes Legislativo, Executivo e Judiciário manterão, de forma integrada, sistema de controle interno com a finalidade de: I – avaliar o cumprimento das metas previstas no plano plurianual, a execução dos programas de governo e dos orçamentos da União; II – comprovar a legalidade e avaliar os resultados, quanto à

dária dos responsáveis pelo controle interno no caso do conhecimento de irregularidades ou ilegalidades de que não tenham dado ciência ao Tribunal de Contas, nos termos do § 1º do art. 74 da CF, sem conflitar com a possibilidade da representação de qualquer cidadão diretamente ao Tribunal de Contas, consoante o § 2º desse artigo.

A literalidade do art. 31 da CF expressa a competência do Executivo para fiscalizar o Município – ambas as funções estatais –, através de um sistema de controle interno; interpretação, essa, respaldada pelo Tribunal de Contas do Estado do Rio Grande do Sul (TCE/RS), para quem esse sistema deve estar vinculado administrativamente ao Executivo Municipal.[17] Não parece ser o entendimento mais adequado.

A interpretação das normas constitucionais deve ser feita sistemicamente, sob pena de se ter uma hermenêutica equivocada, descontextualizada das demais disposições da Constituição. O art. 31 deve ser interpretado à luz dos arts. 70 e 74 do texto constitucional, como também com base na principiologia estampada nos arts. 2º e 34, IV, da CF, que remetem, inequivocamente, à independência e harmonia entre as funções (Poderes) estatais.

Tais considerações conduzem à constituição de um sistema de controle interno autônomo no âmbito do Legislativo, com a necessária integração com o sistema do Executivo Municipal – posição, essa, que reforça a autonomia da Câmara de Vereadores. Entendimento em sentido contrário poderia conduzir ao controle ou interferência excessiva de um Poder no outro – no caso, do Executivo sobre o Legislativo – em virtude da submissão a um controle dessa magnitude.

A funcionalidade desse sistema encontra-se focada na instituição de um órgão específico para o exercício do controle interno, composto por servidores públicos estatutários detentores de cargos públicos com

---

eficácia e eficiência, da gestão orçamentária, financeira e patrimonial nos órgãos e entidades da Administração Federal, bem como da aplicação de recursos públicos por entidades de direito privado; III – exercer o controle das operações de crédito, avais e garantias, bem como dos direitos e haveres da União; IV – apoiar o controle externo no exercício de sua missão institucional.
"§ 1º. Os responsáveis pelo controle interno, ao tomarem conhecimento de qualquer irregularidade ou ilegalidade, dela darão ciência ao Tribunal de Contas da União, sob pena de responsabilidade solidária.
"§ 2º. Qualquer cidadão, partido político, associação ou sindicato é parte legítima para, na forma da lei, denunciar irregularidades ou ilegalidades perante o Tribunal de Contas da União."
17. V. Informação 44/2003 do TCE/RS.

dedicação suficiente para esse fim.[18] A criação desse órgão, interno à Câmara de Vereadores, poderá ocorrer via resolução aprovada em Plenário.[19] Dependendo da grande complexidade do Legislativo Municipal, poderá haver a criação de um órgão público composto, com servidores com dedicação exclusiva; ao contrário, se a Câmara Municipal for de pequena dimensão, além da criação de um órgão simples, poderão integrar esse órgão servidores que desempenhem concomitantemente outras atribuições. Por mais que o ideal seja uma equipe interdisciplinar, há categorias profissionais imprescindíveis para o desempenho das atribuições de controle – como os contadores e os advogados, sem os quais são inviáveis a instituição de procedimentos e a análise adequada das informações obtidas.

Há a possibilidade da constituição de um único sistema de controle interno cuja gestão esteja vinculada ao Executivo e ao Legislativo, se assim for definido na lei orgânica municipal, uma vez que os Municípios têm autonomia auto-organizatória, administrativa e legislativa em todas as matérias da sua competência, nos termos dos arts. 29, XI, 30, I, e 35 da CF; frisando-se, neste caso, a necessidade de lei que pormenorize a organização e o funcionamento desse controle interno integrado. Seja qual for o caminho adotado, não é possível fazer do controle interno uma forma de interferência indevida do Executivo nas atividades internas do Legislativo, sob pena de inconstitucionalidade.

3.2 Função legislativa

A função legiferante abrange toda a atividade legislativa da Câmara Municipal, com base no processo legislativo e nas espécies definidas no art. 59 da CF sujeitas à manifestação do Plenário. É corolário da autonomia legislativa, que confere às Municipalidades a competência para

18. O ideal é que os servidores que integrem o órgão de controle interno sejam estatutários, detentores de cargo público. Entretanto, há situações em que isso pode não ser possível, o que possibilitará a participação de detentores de cargos em comissão.

19. A Câmara de Vereadores de Passo Fundo, através da Resolução 35/2001, criou a Comissão de Controle Interno do Poder Legislativo, estabelecendo suas atribuições e respectivo funcionamento, nos termos da Constituição Federal e da Lei de Responsabilidade Fiscal. Essa Comissão é composta por três servidores titulares e suplentes, indicados pela Mesa Diretora, cujo exercício não tem estipêndio remuneratório. Podem ser indicados todos e quaisquer servidores, inclusive os detentores de cargo em comissão. A periodicidade das reuniões ordinárias é mensal. Se houver a estipulação de função gratificada, a definição dos seus valores dependerá de lei, conforme já visto.

construir um sistema normativo próprio e autônomo, consoante a repartição constitucional de competências, cuja coluna vertebral encontra-se delineada nos arts. 21 a 30 da CF. O exercício dessa função também se constitui numa forma de controle do Executivo, uma vez que o princípio da legalidade em sentido estrito impera na Administração Pública.[20] Entretanto, tal assunto encontra-se devidamente detalhado no Capítulo 4 desta obra.

3.3 Função fiscalizadora e controle externo

A função fiscalizadora do Legislativo sobre o Executivo Municipal traz a imprescindibilidade do controle, uma vez que a fiscalização não teria sentido sem essa possibilidade; ou seja, a fiscalização seria inócua. O controle e a fiscalização andam juntos, tais quais os elos de uma mesma corrente ou os lados de uma moeda.

É possível afirmar que a Câmara Municipal efetiva tanto um trabalho de fiscalização como de controle da Administração local, conforme as disposições dos arts. 29, XI, e 31 da CF, que definem a competência da lei orgânica municipal para disciplinar a organização das funções legislativas e fiscalizadoras da Câmara. Evidentemente, tais funções devem ser pormenorizadas na legislação ordinária municipal.

Essa atuação fiscalizadora e de controle é denominada de *controle externo*, pois traduz a fiscalização e o controle de um Poder por outro – no caso, do Executivo pelo Legislativo, que ocorre com o auxílio do Tribunal de Contas do Estado.

A amplitude da fiscalização exercida pelo Parlamento sobre a Administração confere grande responsabilidade aos vereadores. É um dever que necessita de amplos poderes – o que é conferido pelo ordenamento jurídico brasileiro, de onde exsurgem as prerrogativas dos parlamentares, especialmente a inviolabilidade.[21]

Como decorrência desta função fiscalizadora, o Parlamento tem deveres-poderes, dos quais elencamos:

(a) Convocar secretários municipais e demais autoridades administrativas de órgãos vinculados diretamente ao prefeito municipal para

---

20. Na Administração Pública o administrador somente pode fazer o que estiver previsto em lei, enquanto na vida privada as pessoas podem fazer tudo aquilo que não estiver vedado em lei. O art. 29, XI, da CF confere à lei orgânica municipal a competência para definir as funções legislativas e fiscalizadoras da Câmara Municipal – o que demonstra a conexão, a importância e a interdependência dessas funções.
21. V. Capítulo 6.

prestarem esclarecimentos sobre assunto previamente determinado, perante comissão parlamentar ou no próprio Plenário, para todos os vereadores.[22] Observa-se que não pode haver a convocação do prefeito municipal, pois tal norma, mesmo que positivada na lei orgânica municipal, significaria uma afronta à separação dos Poderes consagrada na Constituição Federal, traduzindo a submissão do Executivo pelo Legislativo. O prefeito não pode ser compelido a comparecer à Câmara Municipal.[23]

(b) Autorizar a licença do prefeito nos casos previstos pela lei orgânica municipal, que pode estar respaldada nos seguintes motivos: (b.1) saúde – essa licença é remunerada independentemente de disposição na lei orgânica ou da aprovação do Parlamento, desde que devidamente comprovada a impossibilidade do exercício do cargo de prefeito. Constitui-se num direito inerente à dignidade da pessoa humana;[24] (b.2) missão

22. Esta disposição fundamenta-se no art. 50 da CF. É uma norma de imitação; logo, pode ou não ser trazida para a lei orgânica municipal – o que é condição para sua validade. O problema reside na inexistência de penalização específica ao secretário ou demais autoridades administrativas vinculadas diretamente ao prefeito quando não atenderem à convocação parlamentar, já que a Câmara não tem competência para a estipulação de penalidades. Entretanto, pode-se invocar a improbidade administrativa em tais situações, com base no art. 11 da Lei 8.429/1992.

23. V. a ADI 687-PA, julgada em 1995 pelo STF: "A Constituição Estadual não pode impor ao prefeito municipal o dever de comparecimento perante a Câmara de Vereadores, pois semelhante prescrição normativa – além de provocar estado de submissão institucional do chefe do Executivo ao Poder Legislativo Municipal (sem qualquer correspondência com o modelo positivado na Constituição da República), transgredindo, desse modo, o postulado da separação de Poderes – também ofende a autonomia municipal, que se qualifica como pedra angular da organização político-jurídica da Federação Brasileira".

Ademais, vários são os acórdãos do TJRS que fundamentam tal posição, como se depreende da ADI 70012210746, julgada em 2006: "Ação direta de inconstitucionalidade – Lei Orgânica do Município de Uruguaiana – Norma que prevê a possibilidade de a Câmara de Vereadores convocar o prefeito para prestar informações sobre matéria de sua competência – Inexistência de idêntica previsão nas Cartas Federal e Estadual com relação aos chefes do Poder Executivo – Afronta ao princípio da independência entre os Poderes – Inconstitucionalidade que se ostenta – Ofensa aos arts. 10 e 53, XX, da Constituição Estadual". No mesmo sentido citam-se as ADI 596016345, julgada em 1996, e 591119441, julgada em 1992, ambas do TJRS.

24. O pedido de licença-saúde deve ser encaminhado à Câmara Municipal. Nas situações onde a impossibilidade do exercício do cargo de prefeito estiver devidamente comprovada (internação, cirurgia, acidente – dentre outras), mesmo diante da não-aprovação pelo Parlamento o prefeito terá o direito à licença – o que pode ser garantido pela via judicial. Quando tal impossibilidade não estiver demonstrada, caberá ao Parlamento decidir pela concessão, ou não, da licença, registrando-se que moléstias leves não devem conduzir ao ato extremo de concessão de licença, salvo situações excepcionais.

ou representação – licença remunerada para o exercício de determinada incumbência, dependendo da aprovação da Câmara Municipal; (b.3) interesses particulares – licença não-remunerada que também depende da aquiescência do Parlamento Municipal. A concessão de licença ao prefeito pela Câmara Municipal deve observar os limites e procedimentos dispostos na lei orgânica municipal e tem como conseqüência a assunção do cargo pelo substituto legal do prefeito; o que não ocorre com seu simples afastamento,[25] desde que em território nacional.[26]

(c) Sustar os atos normativos do Executivo Municipal que exorbitem do poder regulamentar ou dos limites de delegação legislativa, conforme o art. 49, IV, da CF; o que pode ser feito através de decreto legislativo, comunicando-se expressamente o prefeito municipal de tal deliberação. Tal possibilidade, por se tratar de norma de imitação, depende da sua positivação na lei orgânica municipal para ter eficácia.

(d) Participar da escolha de dirigentes em determinadas funções administrativas, nos termos da lei orgânica, similarmente ao disposto no art. 52, III, da CF.[27]

(e) Sustar contratos, mediante decreto legislativo, nos termos do art. 71, § 1º, da CF, que, por se tratar de norma de imitação, tem eficácia se disposta na lei orgânica municipal.

(f) Constituir comissões especiais ou comissões parlamentares de inquérito – assunto estudado no Capítulo 8 desta obra.

(g) Encaminhar pedidos de informação ao Executivo Municipal, na pessoa do prefeito, ou a outras instâncias administrativas de outros entes

25. Sobre a licença e o afastamento, v. as lições de José Nilo de Castro, *Direito Municipal Positivo*, pp. 188-189.
26. Ao prefeito é possível ausentar-se do Município sem a autorização da Câmara, desde que em território nacional, pelo período de até 15 dias, em consonância com o disposto no art. 49, III, da CF. Assim tem sido a jurisprudência do TJRS, como se observa na Ap. 70000064501, em ação popular de 1999, e nas ações diretas de inconstitucionalidade sobre a questão, como na ADI 70000884585, de 2000, e na ADI 70003424645, de 2002, que tem a seguinte ementa: "Ação direta de inconstitucionalidade – Campos Borges – Lei orgânica que condiciona à prévia licença da Câmara o afastamento do prefeito, por mais de 10 dias, do Município, ou do Estado, por qualquer tempo, se apresenta inconstitucional, pois fere o princípio da simetria, independência e harmonia dos Poderes – Limitação que não encontra eco nas Cartas Federal e Estadual, a par de traduzir dificuldades na sua aplicação – Precedentes jurisprudenciais – Ação julgada procedente".
27. É possível ao Município instituir entes da Administração indireta – como, por exemplo, agências reguladoras – cujos dirigentes necessitem da prévia aprovação da Câmara Municipal, o que será disciplinado na lei de criação da agência reguladora.

da Federação. A lei orgânica deve dispor sobre o prazo para o encaminhamento da resposta à solicitação feita ao Executivo local,[28] cuja inobservância poderá conduzir a infração político-administrativa ou crime de responsabilidade, nos termos dos arts. 4º, III, e 1º, XV, do Decreto-lei 201/1967. O prefeito somente poderá deixar de responder nos casos de solicitações que extrapolem os negócios públicos e adentrem a intimidade ou privacidade do gestor, uma vez que os direitos de personalidade são protegidos enquanto corolários do princípio da dignidade da pessoa humana, que, por sua vez, se constitui em princípio axiologicamente superior aos demais princípios constitucionais, como verdadeiro núcleo fundante e fundador dos direitos fundamentais da pessoa humana. Em respeito à razoabilidade e à proporcionalidade, quando o atendimento de pedidos de informação significar um demasiado esforço ou gasto em vista dos fins perseguidos, é facultado à autoridade administrativa franquear documentos e instalações para o trabalho parlamentar. Ademais, todo e qualquer documento público, como, também, toda e qualquer repartição pública, deve ser franqueado ao trabalho dos vereadores, desde que a respectiva autoridade administrativa seja previamente comunicada.[29] O vereador está incumbido, por mandato popular, do dever de fiscalizar e controlar a Administração Pública. Por essa razão é que se configura como descabida a necessidade de aprovação pelo Plenário da Câmara Municipal dos pedidos de informação, pois sua simples formalização por vereador já é condição necessária para seu atendimento pelo Executivo. Não há óbices a que tal aprovação ocorra; entretanto,

---

28. "Ação direta de inconstitucionalidade. A norma municipal impugnada, ao fixar prazo de 15 dias para que o Prefeito preste informações à Câmara Municipal, não afrontou nenhum princípio constitucional, na medida em que o art. 82, X, da Constituição Estadual, ao fixar o prazo de 30 dias para que o Governador preste informações à Assembléia, apontado como violado, não traz em seu bojo nenhum princípio, mas tão-somente um preceito, que não incide no plano municipal ou situações outras que não a específica do próprio artigo, com destinatário certo – Referências doutrinárias – Ação improcedente" (TJRS, Tribunal Pleno, ADI 595003153, rel. Des. Eliseu Gomes Torres, j. 5.6.1995).

29. É diante de tais circunstâncias que tem sido apontado pela jurisprudência pátria o caminho da disponibilização para a consulta dos documentos solicitados em pedido de informação de um parlamentar quando seu atendimento redundar em número elevado de cópias, sem que se tenha uma fundamentação que justifique o respectivo encaminhamento. Quando o número de cópias não for elevado não há que se falar em negativa da autoridade administrativa. Por fim, deve-se observar que tal argumento não poderá ser utilizado em situações de investigação nos trabalhos realizados por comissões permanentes, especiais, de inquérito, uma vez que se trata de órgãos colegiados, que sintetizam uma vontade que é a do próprio Parlamento, e não de um respectivo parlamentar.

não pode ser vedado ao parlamentar o encaminhamento de um pedido de informações ao Executivo, em nome próprio. Cercear tal atribuição significa afrontar mortalmente os arts. 29, XI, 48 a 51 e art. 70 a 75 da CF.[30] Não olvidar que os direitos de informação e de petição encontram-se consignados nos direitos e garantias individuais da pessoa humana, no art. 5º, XXXIII e XXXIV, do texto constitucional, com eficácia para todos os cidadãos da República; razão pela qual reforça-se o papel do parlamentar, imbuído de um mandato popular no exercício desse mister fiscalizador.

(h) Julgar as contas do chefe do Executivo, observando-se o parecer prévio do Tribunal de Contas, que opinará pela sua aprovação ou reprovação. Para que o Parlamento possa decidir em sentido contrário ao parecer do Tribunal de Contas é preciso que 2/3 dos parlamentares assim decidam, nos termos do art. 31 da CF. A reprovação das contas do prefeito municipal acarreta a suspensão dos seus direitos políticos, segundo a Lei Complementar 64/1990, art. 1º, "g", além do seu encaminhamento ao Ministério Público.[31] No que tange às contas dos dirigentes de entes da Administração indireta e do próprio Parlamento, o julgamento das contas ocorre somente pelo Tribunal de Contas, sem a participação da Câmara Municipal; o mesmo acontecendo com o registro dos atos de admissão de pessoal, aposentadorias e pensões da Administração direta e indireta. Não pode o Parlamento se omitir do julgamento das contas do chefe do Executivo, uma vez que esta é uma atribuição constitucional, imperativa, independentemente das disposições da lei orgânica. O que a lei orgânica e o regimento interno podem dispor – e se recomenda que assim procedam – é acerca dos prazos e trâmites para o julgamento das contas do prefeito municipal. Há um conflituoso debate sobre a

---

30. Os pedidos de informação devem ser bem redigidos, como toda e qualquer manifestação parlamentar, a fim de evitar maiores constrangimentos. Em determinado Município, um parlamentar requereu o quanto fora gasto no "concerto" de determinado ônibus. A resposta do chefe do Executivo foi a de que não se realizavam quaisquer tipos de "concertos" em ônibus municipais... A problemática estava na pergunta formulada, que precisava ser consertada, em razão do seu desconcerto lingüístico!

31. Deve-se tomar cuidado com o pensamento simplista de que a reprovação das contas do prefeito pela Câmara acarreta, irreversivelmente, sua inelegibilidade. Mesmo diante do encaminhamento de tal decisão ao Ministério Público Eleitoral, esta pode ser revista pelo Judiciário, não obstante os limites de tal revisão, que não pode adentrar o mérito analisado pelos legisladores. Entretanto, a razoabilidade e a proporcionalidade são princípios que possibilitam tal controle. Enquanto a matéria estiver *sub judice* poderá o agente político usufruir dos seus direitos políticos na plenitude.

possibilidade de o Tribunal de Contas impor sanções – multas e fixação de débito – aos prefeitos municipais sem a aquiescência do Legislativo Municipal; entretanto, a doutrina e a jurisprudência, majoritariamente, têm se manifestado favoráveis a essa competência, oriunda do art. 71 da CF.[32]

(i) Acesso a órgãos da Administração direta e indireta sem a necessidade de aviso anterior, devendo-se prestar as informações requeridas. O art. 55 da Constituição do Estado do Rio Grande do Sul confere tais prerrogativas aos deputados estaduais, o que também se aplica aos vereadores, uma vez que a condição de fiscalizadores imbuídos de mandato popular confere, naturalmente, tal prerrogativa aos parlamentares, em todos os níveis. Trata-se de dispositivo que contém um importante princípio constitucional.

Por fim, ressalta-se a amplitude do controle externo a ser empreendido pelo Parlamento, através dos instrumentos acima citados, que, nos termos dos arts. 70 a 75 da CF, abrange o controle orçamentário, financeiro, contábil, patrimonial e operacional da Administração direta e indireta, sob os crivos da legalidade, legitimidade e economicidade.[33] Praticamente nada escapa aos olhos do parlamentar atento a essas atribuições demandadas pelo texto constitucional.

3.4 Função de julgamento

A função de julgamento compreende tanto a apreciação das contas do chefe do Executivo como, também, a imposição de sanções aos agentes políticos municipais detentores de mandato eletivo.

No primeiro caso, expõe uma ligação intrínseca com a função fiscalizadora e de controle, uma vez que o controle externo municipal encontra seu ápice no julgamento das contas do prefeito pela Câmara, conforme já mencionado.

No segundo caso, externa o controle popular, através dos seus legítimos representantes – os vereadores –, sobre aqueles que têm o mandato em nível local, ou seja, os próprios vereadores e o chefe do Executivo.

---

32. Não se deve olvidar as conseqüências de posicionamento antagônico, pois haveria a desconstituição, enquanto título executivo, das multas e "glosas" impostas aos prefeitos pelo Tribunal sem a aquiescência da Câmara de Vereadores. Sobre esse assunto v. a AC 700098522120, da 2ª Câmara do TJRS, Município de Carazinho, rel. Des. Roque Joaquim Volkweiss; o MS 70004764221, também do TJRS, e o Parecer 17/2006 do Tribunal de Contas do Estado do Rio Grande do Sul.
33. Cf. nota de rodapé 16 do Capítulo 3.

A cassação de mandato dos vereadores deve observar o disposto em lei municipal específica ou, se for o caso, o disposto no Decreto-lei 201/1967, se houver a remissão na lei orgânica a este dispositivo legal ou diante do silêncio do legislador a respeito dessa matéria. Assim, reiteram-se a autonomia municipal para a definição das situações ensejadoras da cassação do mandato de vereadores e os respectivos procedimentos, incidindo, nos mesmos termos, quanto às infrações político-administrativas do prefeito municipal.

O Município, enquanto partícipe da Federação Brasileira, passou a usufruir de tal competência. Diante da inexistência da devida normatização em nível local, o Decreto-lei 201/1967 deve ser utilizado tanto para as infrações quanto para os procedimentos. Isso porque o controle dos agentes políticos detentores de mandato eletivo é imperativo constitucional decorrente do princípio republicano e das relações de harmonia e controle entre as funções estatais.

3.5 Função de assessoramento

A função de assessoramento reside nas proposições feitas pelos parlamentares em matérias que não se encontram sob sua competência decisória ou executória, mas sob a alçada do Executivo ou de outro ente federado. Essa função justifica-se pela importância do mandato popular, que confere ao vereador a competência de apresentar as mais diversas sugestões nos mais distintos assuntos, seja para autoridades locais da Administração direta ou indireta, seja para autoridades estaduais ou federais.

Para o exercício dessa faculdade é que são utilizados os instrumentos comumente denominados "pedidos de providências" e "indicações". Os primeiros são usados em atuações pontuais, como a requisição da revisão da iluminação de determinada via pública e a pavimentação de determinada rua não-pavimentada. Os segundos são focados em ações de maior vulto, como a realização de determinada obra (construção de uma escola), a criação de nova secretaria, a instituição de novo serviço público – a título exemplificativo. O regimento interno da Câmara de Vereadores deve definir os trâmites dessas proposições, que podem ser levadas à manifestação do Plenário, a fim de externar uma posição do próprio Parlamento, como também podem ser encaminhadas autonomamente, quando propostas por um ou mais parlamentares, sob sua conta e risco político.

4
O PROCESSO
E A TÉCNICA LEGISLATIVA MUNICIPAL

4.1 A lei, o Estado Democrático de Direito e os direitos fundamentais. 4.2 A repartição de competências. 4.3 Princípios informadores. 4.4 As espécies legislativas. 4.5 Processo legislativo ordinário: 4.5.1 Iniciativa – 4.5.2 Discussão – 4.5.3 Votação – 4.5.4 Sanção e veto – 4.5.5 Promulgação e publicação – 4.5.6 Prazos, controle e o abuso do poder de legislar – 4.5.7 Urgência. 4.6 Processo legislativo especial: 4.6.1 Leis orçamentárias – 4.6.2 Lei orgânica – 4.6.3 Regimento interno. 4.7 Emendas. 4.8 Técnica legislativa municipal.

O processo legislativo municipal e sua respectiva técnica são os alicerces da autonomia legislativa dos Municípios, capazes de produzir sistemas normativos locais autônomos, nos termos delineados pelo ordenamento constitucional.

É por essa razão que as normas municipais se diferenciam de Município para Município, uma vez que os condicionantes históricos, políticos, culturais, econômicos e sociais influenciam decisivamente o teor dos textos legislativos. São esses fatores que fundamentam o interesse local como o mais importante critério para estabelecer o alcance da autonomia do poder local e, conseqüentemente, a feição de cada sistema normativo municipal.

O processo legislativo pode ser concebido como o conjunto ordenado e sucessivo de atos que visam à produção de normas jurídicas pelo Parlamento. Tal conceito pressupõe a participação de diversos atores, em órgão colegiado, uma vez que os Parlamentos são entes plurais, formados por representantes da população, eleitos quadrianualmente através do sistema proporcional em sufrágio universal, secreto e direto.

Além disso, muitas normas produzidas através do processo legislativo municipal têm a participação do Executivo, seja através da sanção/ veto (leis ordinárias, complementares e medidas provisórias), seja através da iniciativa exclusiva de leis. Também pode ocorrer a intervenção de sujeitos estranhos ao Legislativo e Executivo, como é o caso da iniciativa popular – situações, essas, que serão analisadas adiante.

Por fim, o processo legislativo pode ser ordinário ou especial. Será ordinário quando suas fases e respectivo regramento assim forem definidos pelo regimento interno, incidindo genericamente para a maior parte das espécies legislativas, especialmente as leis ordinárias, as leis complementares, as resoluções e os decretos legislativos. Já o processo legislativo especial remete a um conjunto de procedimentos específicos a determinadas matérias, como ocorre com as alterações à lei orgânica, leis orçamentárias e os planos diretores.

A técnica legislativa, por sua vez, compreende a elaboração dos textos legislativos, na busca de uma uniformização da linguagem e da técnica utilizadas na construção das espécies legislativas em todo o território nacional. Não se persegue uma linguagem rigorosa, exata, mecânica – pois tal desiderato seria buscar o absurdo –, mas, sim, um método próprio de utilização da linguagem, a fim de possibilitar uma melhor compreensão e interpretação dos textos jurídicos. Este é o intuito da Lei Complementar 95/1998, que dispõe mais especificamente sobre a técnica legislativa.

Para melhor compreensão do processo e da técnica legislativa nas suas minúcias é que se recorrerá, primeiramente, ao estudo da lei no Estado Democrático de Direito, da repartição constitucional de competências e dos seus princípios informadores. A partir disso serão estudadas as espécies legislativas, as fases do processo legislativo ordinário, o processo legislativo especial, as emendas, a técnica legislativa e a participação popular.

4.1 A lei, o Estado Democrático de Direito e os direitos fundamentais

Há uma grande conexão entre os três campos temáticos desta seção: *lei, Estado Democrático de Direito* e *direitos fundamentais*. Isso porque o Estado Brasileiro é um Estado Democrático de Direito, que tem como fundamento a soberania, a cidadania, a dignidade da pessoa humana, os valores sociais do trabalho e da livre iniciativa e o pluralismo político.[1]

1. Art. 1º da CF.

Ter por fundamento a dignidade da pessoa humana significa assumir a defesa dos direitos fundamentais, consignados nos arts. 5º a 11 do ordenamento constitucional, especialmente os direitos fundamentais de primeira, segunda e terceira dimensões.[2] Por sua vez, a lei, em sentido lato – compreendendo todas as espécies consignadas no art. 59 da CF –, não pode ir de encontro nem ao Estado Democrático de Direito, nem ao rol de direitos fundamentais, por decorrência óbvia.

Reafirma-se a condição de *cláusulas pétreas* do rol de direitos fundamentais vinculantes ao Estado Brasileiro, o que significa afirmar sua imposição a todos os entes federados e a todas as funções estatais.[3] Assim, tais disposições não podem ser alteradas nem por emendas à Constituição, conforme o art. 60, § 4º, da Magna Carta. Tal é a importância dos direitos fundamentais, ápice hermenêutico de todo o ordenamento jurídico brasileiro, vinculantes de todas e quaisquer espécies legislativas, sob pena de inconstitucionalidade. Tem o Estado o dever de pugnar pela

2. Várias são as classificações dos direitos fundamentais. Segundo Paulo Bonavides (*Curso de Direito Constitucional*, 22ª ed., pp. 562-572, quatro são as gerações de direitos fundamentais: a) *primeira geração* – direitos de liberdade, os chamados direitos negativos, já que visam à omissão estatal diante do campo de atuação do indivíduo; b) *segunda geração* – direitos sociais, econômicos e culturais, com fundamento na igualdade material, enquanto direitos prestacionais, onde o Estado deve agir para garanti-los; c) *terceira geração* – direitos de solidariedade, voltados não para um indivíduo, mas para toda a coletividade, onde se sobressai o direito à paz e ao patrimônio comum da Humanidade; d) *quarta geração* – globalização política, em fase de normatização e institucionalização, sem contornos definidos. Já para Canotilho (*Constituição Dirigente e Vinculação do Legislador*, pp. 362-363) os direitos humanos devem ser concebidos num viés que permita a compreensão de que os mesmos são de todas as gerações, ou seja, uma geração de direitos não exclui a outra; razão pela qual é mais adequado discorrer sobre as dimensões de direitos. Assim, os direitos do homem seriam classificados em quatro categorias: (a) *direitos de liberdade* – oriundos dos das Revoluções Francesa e Americana; (b) *direitos democráticos de participação política*; (c) *direitos prestacionais* – fundados na igualdade, identificam-se com os direitos sociais; e (d) *direitos de solidariedade* ou *direitos dos povos* – que pressupõem a colaboração de todos os Estados em prol de direitos comuns, como os direitos de autodeterminação, do meio ambiente, do desenvolvimento, à paz, ao patrimônio comum da Humanidade, dentre outros. Além disso, devem ser incluídos os direitos dos estrangeiros e das minorias.

3. Os direitos fundamentais vinculam todos os entes federados (Estados, Distrito Federal, Municípios e União) e todas as funções estatais (Executivo, Legislativo, Judiciário, Ministério Público e Tribunal de Contas). Todos os atos emanados em qualquer instância da Federação, por qualquer função estatal, devem observar os ditames da Constituição. Ademais, é saliente o debate sobre a incidência dos direitos fundamentais à própria especialidade privada, uma vez que sua observância é condição *sine qua non* para a preservação da dignidade da pessoa humana.

eficácia e efetividade dos direitos fundamentais, corolário da dignidade da pessoa humana, seja através da sua proteção (direitos de primeira dimensão), seja pela sua prestação (direitos de segunda dimensão).

Tais considerações reforçam a vinculação do legislador – seja vereador, deputado estadual, deputado federal ou senador – aos direitos fundamentais. Rompe-se com a antiga e superada idéia de que o legislador pode tudo. A função legiferante tem limites, destacando-se os limites oriundos da Constituição, vinculantes em tal grau que não são passíveis de supressão ou retrocesso. Eis as palavras de Canotilho: "A lei move-se dentro do âmbito dos direitos fundamentais e considera-se como exigência de realização concreta de direitos fundamentais. (...). Quando um direito econômico, social ou cultural, constitucionalmente garantido, tiver já obtido certo nível de realização legal, é possível conceber-se uma ação judicial contra o retrocesso ou desigualdade. (...) a vinculação jurídico-constitucional dos actos de direcção política não é apenas uma vinculação através de limites, mas uma verdadeira vinculação material que exige um fundamento constitucional para esses mesmos atos".[4]

O Governo Municipal, integrado pelo Executivo e Legislativo, tem liberdade de conformação de políticas públicas, nos limites estabelecidos pelo ordenamento constitucional. Não é possível ultrapassar esses limites, seja na lei orgânica, seja nas demais espécies legislativas. Não é possível construir normas locais ou ações políticas que transgridam os direitos fundamentais ou que não conduzam à suas máxima eficácia e efetividade. Ademais, há a vedação de retrocesso, que proíbe a supressão de um direito fundamental ou sua limitação aquém do disposto constitucionalmente. É uma forma de se assegurar o direito à igualdade, no aspecto substancial; o que conduz à igualdade de oportunidades para todos.

A lei[5] constitui imprescindível pilar do Estado Democrático de Direito, que, por sua vez, subsome o clássico Estado de Direito.[6] Segundo

4. J. J. Gomes Canotilho, *Constituição Dirigente e Vinculação do Legislador*, pp. 483-487.
5. Quando a menção genérica for da palavra "lei", esta abrangerá, em sentido lato, todas as espécies normativas consignadas no art. 59 da CF, abrangendo o ordenamento jurídico como um todo, composto por princípios e regras.
6. O Estado de Direito traduz a superação de um Estado calcado na vontade do soberano, onde o exemplo típico é o dos Estados absolutistas, especialmente na França, antes da Revolução de 1789. A vontade do monarca era a "lei". Com o Estado do Direito substitui-se a vontade do soberano pela vontade do povo, consubstanciada em leis emanadas pelos seus representantes no Poder Legislativo. Tal formulação conduz à repartição dos Poderes ou funções, como forma de controle de

Max Weber, o Estado é uma instituição política, pautada pela dominação, que tem o monopólio legítimo da coação física para manter a ordem.[7] A legitimação do Estado Democrático de Direito requer que o exercício do poder estatal não seja ilimitado, razão pela qual há a necessidade de textos legais emanados pelo Parlamento.

A lei, classicamente, tem sido concebida como uma ordem geral e abstrata aplicável a todos os cidadãos. Além disso, tem sido um insuperável instrumento de limitação do poder estatal, uma vez que este somente pode agir nos seus limites. O princípio da legalidade no direito administrativo é o maior exemplo, pois a Administração somente pode fazer o que estiver expressamente previsto em lei. Nesse mesmo sentido, tal princípio incide em relação aos demais poderes/funções estatais, conforme disposição do *caput* do art. 37 da CF, em todos os níveis da Federação.

Entretanto, com a própria transmutação do Estado, de um Estado Liberal para um Estado Social – e, no caso brasileiro, para um Estado Democrático de Direito, que salienta a importância da democracia para a consolidação do projeto constitucional –, observa-se uma mudança da antiga abstração e generalidade da lei. Essa passou a ser concebida também para a persecução de fins específicos, atingindo determinadas demandas e focada no atendimento de certos e singulares compromissos assumidos pela ordem constitucional.[8]

Por conseqüência, há os princípios da prevalência e da reserva da lei.

A prevalência da lei é condição de possibilidade do próprio Estado Democrático de Direito, observando-se a posição da Constituição no ápice do sistema normativo. É a proeminência da lei – ou, em outros termos, dos princípios e regras embasadores do ordenamento jurídico. Todos os atos praticados por quaisquer dos Poderes estatais – Legislativo, Executivo, Judiciário, Ministério Público e Tribunal de Contas – deve ter por base os textos legislativos válidos, que somente serão assim

---

um Poder sobre o outro e para evitar sua excessiva concentração. Assim, o Estado de Direito encontra-se diretamente associado à repartição das funções estatais e a um conseqüente sistema de autocontrole do poder estatal através das suas funções.

7. Max Weber, *Economia e Sociedade*, vol. 2, p. 34.

8. O princípio da igualdade, na sua raiz aristotélica, ampara esse caráter da lei, possibilitando que atinja certos e determinados fins, com destinatários específicos. Deve-se tratar igualmente os iguais e desigualmente os desiguais, na medida da sua desigualdade Nesse caso encontram-se os exemplos de leis que disponham sobre a acessibilidade de deficientes, dentre outros exemplos.

considerados se consoantes ao texto constitucional, seja sob o aspecto formal, seja em vista da sua materialidade.

O princípio da reserva da lei significa a necessidade de lei para a inovação da ordem jurídica. Isso inclui a organização e o funcionamento de todas as funções estatais em todos os níveis da Federação; a limitação dos direitos, liberdades e garantias da pessoa humana (exemplifica-se com as limitações à liberdade pessoal e à propriedade); a instituição de políticas públicas promocionais de direitos; outras situações definidas pela Constituição Federal e pelas Constituições dos entes federados.

4.2 A repartição de competências

É através das competências consignadas ao Município no texto constitucional que é possível definir sua autonomia. Assim, para que seja possível compreender o alcance do processo legislativo municipal, é fundamental discorrer sobre as competências do Município na Federação Brasileira. Isso porque não é possível ao Município legislar sobre matérias da competência da União ou dos Estados-membros. Ademais, reafirma-se que o *locus* adequado para a consignação das competências municipais é a Constituição. Nenhum outro instrumento pode ser utilizado para tal fim, uma vez que somente a Constituição pode determinar as competências dos entes que integram a Federação.

As competências estatais, verdadeiros deveres-poderes que se impõem aos agentes públicos, podem ser assim conceituadas, nas palavras de José Afonso da Silva: "*Competências* são, assim, as diversas modalidades de poder de que se servem os órgãos ou entidades estatais para realizar suas funções. *Competência*, vimos antes, consiste na esfera delimitada de poder que se outorga a um órgão ou entidade estatal, mediante a especificação de matérias sobre as quais se exerce o poder de governo".[9]

A repartição de competências na Constituição de 1988 tem por foco um federalismo de cooperação, que busca a integração e a interação dos

---

9. José Afonso da Silva, *Curso de Direito Constitucional Positivo*, 30ª ed., p. 496. Também corrobora este entendimento Ubirajara Custódio Filho: "No âmbito do direito público, portanto, em que vigoram os princípios da indisponibilidade do interesse público e da supremacia do interesse público sobre o interesse particular, *competência* é o poder jurídico, pertencente à categoria de função e atribuído pelo ordenamento jurídico a dada pessoa jurídica ou agente público, para ser exercido não em proveito próprio, senão em prol do interesse público, mediante os procedimentos previstos em lei" (*As Competências do Município na Constituição Federal de 1988*, p. 30).

entes federados na efetivação das suas atribuições, superando-se o federalismo dual, onde as competências são exercidas isoladamente.

A predominância dos interesses é o critério mais relevante na repartição de competências, cabendo à União as questões de interesse geral e nacional, aos Estados as matérias de interesse regional e aos Municípios tudo o que disser respeito ao interesse local. A predominância de interesses não pode conduzir ao interesse exclusivo, pois todo interesse de algum dos entes federados, de uma forma ou de outra, com maior ou menor intensidade, será também dos demais e da própria Federação.[10]

Nas trilhas da Federação norte-americana, há um núcleo de competências expressas, definidas à União, como forma de delimitar claramente o exercício do poder central, o que se depreende dos arts. 21 e 22 da CF. Aos Estados, a fim de lhes conformar maior autonomia, consignou-se uma competência remanescente; assim, o que não for expressamente previsto como competência da União e dos Municípios é da competência dos Estados, nos termos do § 1º do art. 25 da CF; aos Municípios, pela posição singular que ocupam na Federação Brasileira, sem similar nos demais Estados Constitucionais, houve a consignação também de competências expressas, o que se observa mais enfaticamente nos arts. 29, 29-A, 30 e 31 da CF.[11]

A fim de sinalizar um federalismo cooperativo, o texto constitucional abordou competências administrativas comuns a todos os entes – União, Estados, Distrito Federal e Municípios –, conforme o art. 23 da Carta Magna, fazendo o mesmo no art. 24, que apresenta as competências legislativas concorrentes da União, Estados e Distrito Federal.

As competências concorrentes – art. 24 da CF – não são cumulativas, cabendo à União disciplinar a matéria em termos de regras gerais

---

10. O Distrito Federal conjuga os interesses regional e local. Quanto à predominância de interesses, importa trazer a lição de Hely Lopes Meirelles: "(...) não há interesse municipal que não o seja reflexamente da União e do Estado-membro, como, também, não há interesse regional ou nacional que não ressoe nos Municípios, como partes integrantes da Federação Brasileira" (Hely Lopes Meirelles, *Direito Municipal Brasileiro*, 16ª ed., p. 111).

11. Eis as palavras de Alexandre de Moraes: "É a chamada competência remanescente dos Estados-membros, técnica clássica adotada originariamente pela Constituição norte-americana e por todas as Constituições brasileiras, desde a República, e que presumia o benefício e a preservação de autonomia desses em relação à União, uma vez que a regra é o governo dos Estados, a exceção o governo federal, pois o poder reservado ao governo local é mais extenso, por ser indefinido e decorrer da soberania do povo, enquanto o poder geral é limitado e se compõe de certo modo de exceções taxativas" (*Direito Constitucional*, p. 290).

e aos Estados as suas especificidades. No caso De a União não exercer esta competência, poderá o Estado fazê-lo, temporariamente, enquanto competência supletiva para disciplinar plenamente a matéria; o mesmo ocorrendo com o Município diante da existência do interesse local. A superveniência de lei federal suspenderá as normas gerais dos Estados e Município que lhe forem contrárias.

As competências comuns abrangem todos os entes, indistintamente, impondo-lhes um dever de agir: "As competências comuns, além de trazerem a obrigação de agir dos entes federados dentro das suas respectivas órbitas de atuação, os quais não podem se omitir ou agir de forma a possibilitar a deterioração dos valores preservados no texto constitucional, trazem a prerrogativa legislativa conjunta para todos os partícipes do pacto federativo (...). Não se nega a materialidade do disposto no art. 23 da Constituição; apenas se aceita como conseqüência deste dever-poder de agir dos entes federados que disciplinem a matéria legislativamente, em observância ao princípio da legalidade. (...). Diante de conflitos entre normas jurídicas primárias dos entes federados, o critério da norma que mais proteja e persiga os valores e objetivos elencados no art. 23 da CF deve ser utilizado concomitantemente à área de abrangência e competência dos respectivos entes. Paradoxalmente, não é possível que a União ou os Estados sobreponham as suas legislações à dos Municípios, naquilo que tenha pertinência ao ente local,[12] porém é possível ao Município adotar uma legislação mais protetora que a do Estado e da União, como também do Estado em relação à União".[13]

Denota-se que a espinha dorsal da repartição de competências da Federação Brasileira se encontra nos arts. 21 a 30 da CF, razão pela qual sua compreensão é fator condicionante para o conhecimento dos limites administrativos e legislativos que incidem à União, Estados, Distrito Federal e Municípios. Porém, deve-se pôr em relevo que tais competências não se esgotam nos referidos artigos, já que em todo o texto constitucional há sua estipulação aos entes federados.

Por demais, não é cabível a um ente adentrar a competência do outro, sob pena de inconstitucionalidade. No espectro das competências

---

12. Pode-se exemplificar essa situação com as matérias que necessitem do uso do dever-poder de polícia municipal, que traz a natural competência do Município para disciplinar, através de lei municipal, o exercício desse dever-poder. Pode esta lei municipal sofrer controle concentrado ou difuso de constitucionalidade, porém não pode ser sobreposta a uma legislação oriunda do Estado ou da União.

13. Giovani Corralo, *Município: Autonomia na Federação Brasileira*, pp. 173-174.

delineadas pelo texto constitucional, o ente não se encontra tutelado, não podendo sofrer quaisquer interferências, seja em matéria administrativa, seja em questões legislativas. As possibilidades de intervenção são exclusivamente aquelas previstas nos arts. 34 e 35 da CF, que prevêem as possibilidades de intervenção da União nos Estados e dos Estados nos Municípios, respectivamente.[14]

Compreender as competências da União, dos Estados e do Distrito Federal é condição para o entendimento das competências municipais. Inicialmente, por um raciocínio de exclusão, já que essas competências não podem adentrar o que compete aos demais entes federados. Entretanto, deve-se registrar a existência de situações bastante complexas, onde há um limiar de difícil distinção, restando uma difícil tarefa de hermenêutica jurídica.[15]

No que tange às competências municipais, mais especificamente, devem ser observados os arts. 29, 29-A e 30 da CF, que constituem o núcleo fundante da autonomia municipal. Reafirma-se que em várias

14. Com fulcro nesse entendimento é que foi declarado inconstitucional o Decreto 5.392/2005. Através desse decreto o Governo Federal declarou estado de calamidade pública no setor hospitalar do Município do Rio de Janeiro, com a requisição de bens e serviços afetos a vários hospitais. Houve a maquilagem de um processo de intervenção da União na Capital carioca, o que é vedado pela Constituição, seja porque não é possível à União intervir em Municípios, seja porque as possibilidades de intervenção dos Estados nos Municípios não amparam os motivos que fundamentaram o decreto em análise. V. o MS 25.295 (rel. Min. Joaquim Barbosa): "Mandado de segurança, impetrado pelo Município, em que se impugna o art. 2º, V e VI (requisição dos hospitais municipais Souza Aguiar e Miguel Couto), e §§ 1º e 2º (delegação ao Ministro de Estado da Saúde da competência para requisição de outros serviços de saúde e recursos financeiros afetos à gestão de serviços e ações relacionados aos hospitais requisitados), do Decreto n. 5.392/2005, do Presidente da República – Ordem deferida, por unanimidade – Fundamentos predominantes: (i) a requisição de bens e serviços do Município do Rio de Janeiro, já afetados à prestação de serviços de saúde, não tem amparo no inciso XIII do art. 15 da Lei n. 8.080/1990, a despeito da invocação desse dispositivo no ato atacado; (ii) nesse sentido, as determinações impugnadas do decreto presidencial configuram-se efetiva intervenção da União no Município, vedada pela Constituição; (...)".
15. Pode-se citar como exemplo a construção de um Código de Defesa do Consumidor. Enquanto é pacífica a liberdade para a Municipalidade disciplinar a composição e o funcionamento do PROCON, do Conselho Municipal e respectivo Fundo de Direitos Difusos, há uma grande divergência quanto à possibilidade de se definir, na legislação municipal, práticas abusivas nas relações de consumo. Se for possível salientar a existência do interesse local para tais definições, não há óbices. Quanto à repetição do disposto em dispersas portarias do Departamento de Proteção e Defesa do Consumidor, do Ministério da Justiça, não há impeditivos para que isto ocorra, desde que aquelas não sejam infringidas.

outras passagens do texto constitucional há a definição de atribuições às Municipalidades, como os arts. 31, 39, 144, § 8º, 156, 165, 182, 198 e 211 – a título de exemplificação. Enquanto o art. 29 apresenta os preceitos norteadores das leis orgânicas e o art. 29-A apresenta os limites de despesa do Legislativo Municipal, o art. 30 apresenta um rol bastante abrangente de matérias da competência dos Municípios.[16] O ponto nuclear deste campo de atuação das Municipalidades é o interesse local. Existindo interesse local, pode o Município agir administrativamente e normatizar legislativamente determinada matéria.

Pode-se afirmar a posição axiologicamente superior do interesse local na aferição das competências dos entes federados municipais, agindo como verdadeiro feixe indutor do processo de compreensão e interpretação dessas competências. Mais que isso, é um critério vinculante a todo o processo de definição das competências dos entes federados, já que a União e os Estados-membros não podem adentrar essa seara. Tanto que, com fulcro no interesse local, é possível aos Municípios suplementar a legislação federal e estadual, mesmo que adentrem as matérias elencadas no art. 24 da CF.[17]

Assim, o interesse local deve ser apreendido consoante uma compreensão sistêmica da Constituição, que não pode ser interpretada através de partes isoladas, já que o próprio texto impõe limites hermenêuticos. As palavras não são como "cheques em branco", que permitem ao seu

16. CF, art. 30: "Compete aos Municípios: I – legislar sobre assuntos de interesse local; II – suplementar a legislação federal e a estadual no que couber; III – instituir e arrecadar os tributos de sua competência, bem como aplicar suas rendas, sem prejuízo da obrigatoriedade de prestar contas e publicar balancetes nos prazos fixados em lei; IV – criar, organizar e suprimir distritos, observada a legislação estadual; V – organizar e prestar, diretamente ou sob regime de concessão ou permissão, os serviços públicos de interesse local, incluído o de transporte coletivo, que tem caráter essencial; VI – manter, com a cooperação técnica e financeira da União e do Estado, programas de educação infantil e de Ensino Fundamental; *[redação dada pela Emenda Constitucional 53/2006]* VII – prestar, com a cooperação técnica e financeira da União e do Estado, serviços de atendimento à saúde da população; VIII – promover, no que couber, adequado ordenamento territorial, mediante planejamento e controle do uso, do parcelamento e da ocupação do solo urbano; IX – promover a proteção do patrimônio histórico-cultural local, observada a legislação e a ação fiscalizadora federal e estadual".

17. Este entendimento também é defendido por Fernanda Dias Menezes de Almeida (*Competências na Constituição de 1988*, p. 75) e Urbano Vitalino Melo Filho ("Perspectiva dos Municípios na Federação Brasileira", in Evandro de Bastos e Odilon Borges Jr. (orgs.), *Novos Rumos da Autonomia Municipal*, 2000).

detentor preenchê-los da forma que lhe aprouver. Não é possível afirmar que o Direito tudo pode e que todas as interpretações são possíveis, pois significaria o mesmo que dizer que o Direito nada pode. Há limites textuais e sistêmicos que devem ser necessariamente observados.

Além disso, compreender a existência, ou não, do interesse local depende, impreterivelmente, de uma análise circunstanciada de cada situação, analisando-se suas particularidades e singularidades. Isso porque "interesse local", como muitas expressões jurídicas, é conceito indeterminado, cuja determinação, no processo de adjudicação de sentido levado a cabo por todo intérprete, depende da consideração das circunstâncias fáticas e jurídicas incidentes no processo interpretativo.[18] Dentre as circunstâncias jurídicas, além da Constituição Federal, salienta-se a própria lei orgânica, cujo papel é central nessa determinação.[19]

Diante dessa demarcação de competências aos entes que integram a Federação é que se afirma a autonomia de cada qual para a elaboração do seu sistema normativo, sem a possibilidade de conflitos entre leis municipais, estaduais e federais em virtude de uma posição hierárquica no contexto federativo. Nesse mesmo sentido manifesta-se Maria Regina Macedo Nery Ferrari: "Constata-se que, em decorrência da repartição rígida de competências, tanto União como Estados e Municípios devem atuar dentro do universo para eles reservado pela Lei Fundamental. Desta forma, não pode existir hierarquia entre as normas federais, estaduais e municipais, pois a mesma matéria não pode ser disciplinada validamente pelas três ordens jurídicas ora analisadas. (...), Desta forma, a lei municipal deve prevalecer em todas as matérias que demonstrem interessar apenas ou preponderantemente à comuna, e, conseqüentemente, a lei federal ou estadual não pode violar este campo de autonomia do Município, sob pena de incorrer em inconstitucionalidade, por desatender à repartição de competências previstas na Lei Maior do Estado Brasileiro".[20]

18. V. a paradigmática obra de Antônio Francisco de Souza, *Conceitos Indeterminados no Direito Administrativo*, 1994.

19. Andréas Joachim Krell ("Subsídios para uma interpretação moderna da autonomia municipal na área de proteção ambiental", *Revista Interesse Público* 10/27-42) defende enfaticamente este papel das leis orgânicas na definição do interesse local. Tal entendimento é adequado, pois é na Constituição local que as particularidades e singularidades locais devem ser consideradas normativamente.

20. Regina Maria Macedo Nery Ferrari, "A defesa e a proteção do meio ambiente no contexto da Federação Brasileira", *Revista Diálogo Jurídico* I-6 (disponível em *http://www.direitopublico.com.br*, acesso em 5.1.2004).

Reforçando o exposto encontra-se o princípio da subsidiariedade, um dos princípios informadores do federalismo, que conduz a uma prevalência dos entes locais na resolução dos problemas que não dependam dos demais ou cuja dependência não seja cabal a ponto de significar a assunção de tal competência. Tal critério é relevante para a própria determinação de interesse local, como um prisma através do qual as competências municipais devem ser interpretadas, mormente quando em conflitos com outros entes da Federação.

Por fim, compreender as competências dos entes que integram a Federação Brasileira é crucial para o delineamento do processo legislativo municipal, que deve estar adstrito aos limites constitucionais que conformam a autonomia das Municipalidades.

4.3 Princípios informadores

O estudo dos princípios que fundamentam determinados institutos jurídicos e, conseqüentemente, o próprio Direito é de grande importância na atualidade. Primeiro, porque há muito se superou a concepção positivista do Direito calcada precipuamente nas regras e na sua suficiência para dar conta da realidade jurídica e dos problemas da sociedade; segundo, porque a atual hegemônica concepção normativa dos princípios conduz à sua necessária consideração na hermenêutica dos textos jurídicos; terceiro, porque é através dos princípios que se abre a possibilidade de uma compreensão e interpretação dos textos normativos contextualizada com a Constituição, conectada com o mundo prático e consoante as singularidades do caso concreto; quarto, porque o estudo dos princípios expressos e implícitos é crucial para a compreensão e interpretação de toda e qualquer regra esculpida nos textos legislativos.[21]

Enfim, não é possível prescindir de uma principiologia nos tempos hodiernos, sob pena de a construção jurídica ficar adstrita a um simples manejo mecanicista dos textos legais, desconcatenada dos propósitos valorativos e principiológicos da Constituição e da necessária imbricação que deve existir entre o texto e a realidade. Sem os princípios estar-

---

21. "Parcela expressiva da comunidade jurídica não se deu conta de que a superação do modelo de regras implica uma profunda alteração no Direito, porque, através dos princípios, passa a canalizar para o âmbito das Constituições o elemento do mundo prático. (...). A inserção da facticidade se dá através dos princípios, que, para além do causalismo-explicativo de caráter ôntico, vai se situar no campo do acontecer de caráter ontológico (não-clássico)" (Lênio Streck, *Verdade e Consenso: Constituição, Hermenêutica e Teorias Discursivas*, p. 167).

se-ia diante de um Direito amorfo, empedernido no tempo e revolto nas mazelas de uma construção estéril e retrátil à própria realidade para a qual é feito.

Diante de tais considerações é que se reforça o entendimento de que a afronta aos princípios jurídicos é muito mais grave que a inobservância de regras; é o mesmo que subverter a ordem jurídica, atacando seus mais salientes alicerces.

A palavra "princípio" primeiramente foi utilizada pelos filósofos gregos, mais especificamente pelo pré-socrático Anaximandro, através da palavra *arché*, com a idéia de início, começo, regência, direção imanente a todas as coisas. Não se deve esquecer que neste período da Filosofia Grega se buscava compreender o Universo e a Natureza que circundava o homem, razão pela qual o conhecimento do princípio de todas as coisas era considerado crucial para o entendimento do Cosmos.[22]

Com o perpassar dos séculos a palavra "princípio" adquiriu considerável polissemia, com múltiplos sentidos: "origem", "começo", "primeira parte de algo", "conceito ou idéia fundamental", "noção", "elemento de moral", "lei que explica o funcionamento de algo", "causa primitiva" – dentre outros.

Os princípios jurídicos, por sua vez, devem ser compreendidos consoante a idéia de *sistema*, pois o Direito é um sistema jurídico, composto por regras e princípios que se entrelaçam, interdependentemente, com um mínimo de coerência, cuja unidade repousa na Constituição. Os princípios jurídicos, além de embasar o sistema ao qual pertencem, também apontam o sentido a ser perseguido pelos construtores do Direito, traduzindo uma noção de origem e de fim vinculantes a todos os que trabalham com as normas jurídicas. Diferentemente das regras, que são normas descritivas, cuja hipótese de incidência encontra-se minuciosamente expressa no seu texto, os princípios são normas finalísticas, que apontam um fim a ser perseguido, sem uma descrição minuciosa da sua hipótese de incidência e do caminho para sua concretização. Toda regra tem que ser interpretada consoante os princípios que a sustentam – motivo pelo qual se pode afirmar que a hipótese de incidência de uma

---

22. O início da Filosofia ocorreu na Grécia Antiga, com os pré-socráticos, nos anos 585 a.C. a 400 a.C., que antecederam Sócrates, Platão e Aristóteles. Para Anaximandro o princípio era algo eterno e imutável, que originou todas as coisas existentes. V. as obras sobre os pré-socráticos de Marilena Chauí (*Introdução a História da Filosofia I – Dos Pré-Socráticos a Aristóteles*, Companhia das Letras, 2002) e de Jonathan Barnes. (*Filósofos Pré-Socráticos*, Martins Fontes, s/d.)

regra poderá não ser aplicada caso os infrinja.[23] Os princípios externam os valores perseguidos pela sociedade.[24]

Assim, podem-se apontar os seguintes princípios informadores do processo legislativo municipal: legalidade (procedimento formal), publicidade, finalidade, impessoalidade, moralidade, continuidade, eficiência, igualdade, proporcionalidade, razoabilidade, motivação, participação popular e participação das minorias.[25]

23. "A resposta correta decorre de um aprofundado exame constitucional, em que os princípios desnudam as insuficiências da regra. Afinal, por trás de cada regra há um princípio constitucional" (Lênio Streck, *Verdade e Consenso: Constituição, Hermenêutica e Teorias Discursivas*, p. 232).

24. Para J. J. Gomes Canotilho os princípios "têm uma função nomogenética e uma função sistêmica: são o fundamento de regras jurídicas e têm uma idoneidade irradiante que lhes permite ligar ou cimentar objetivamente todo o sistema constitucional. (...) é de particular importância, não só porque fornece suportes rigorosos para solucionar certos problemas metódicos, mas também porque permite respirar, legitimar, enraizar e caminhar o próprio sistema. A respiração obtém-se através da textura aberta dos princípios; a legitimidade entrevê-se na idéia de os princípios consagrarem valores (...)" (*Direito Constitucional e Teoria da Constituição*, pp. 1.085-1.088).

Robert Alexy: "O ponto decisivo na distinção entre regras e princípios é que *princípios* são normas que ordenam que algo seja realizado na maior medida possível dentro das possibilidades jurídicas e fáticas existentes. Princípios são, por conseguinte, *mandamentos de otimização*, que são caracterizados por poderem ser satisfeitos em graus variados e pelo fato de que a medida devida de sua satisfação não depende somente das possibilidades fáticas, mas também das possibilidades jurídicas. (...)" (*Teoria dos Direitos Fundamentais*, p. 90).

Segundo Humberto Ávila:

"As regras são normas imediatamente descritivas, primariamente retrospectivas e com pretensão de decidibilidade e abrangência, para cuja aplicação se exige a avaliação da correspondência, sempre centrada na finalidade que lhes dá suporte ou nos princípios que lhes são axiologicamente sobrejacentes, entre a construção conceitual da descrição normativa e a construção conceitual dos fatos..

"Os princípios são normas imediatamente finalísticas, primariamente prospectivas e com pretensão de complementaridade e de parcialidade, para cuja aplicação se demanda uma avaliação da correlação entre o estado de coisas a ser promovido e os efeitos decorrentes da conduta havida como necessária à sua promoção" (*Teoria dos Princípios – Da Definição à Aplicação dos Princípios Jurídicos*, 8ª ed., pp. 78-79).

25. Estes princípios não são taxativos – ou seja, não excluem a possibilidade da incidência de outros princípios – e se aplicam também aos processos legislativos estadual, distrital e federal. Isso porque além dos princípios expressos esculpidos na Constituição Federal, na Estadual e na lei orgânica, há princípios implícitos, derivados daqueles e das suas respectivas regras.

O *princípio da legalidade*, na espacialidade público-estatal, traz a necessidade da observância de todas as normas jurídicas disciplinadoras do processo legislativo, sejam as oriundas da Constituição Federal, sejam aquelas construídas pelo ente federado. Significa dizer, em âmbito municipal, que, além das normas de repetição obrigatória da Constituição Federal relativas ao processo legislativo, deve-se observar o disposto na lei orgânica municipal, no regimento interno e em demais disposições legais específicas.

As normas de repetição obrigatória da Constituição Federal devem ser consideradas pelos demais entes da Federação, pois vinculam a todos, independentemente da sua repetição, ou não, na legislação local, e se originam na principiologia constitucional. Eis as palavras de Lênio Streck: "Os princípios podem ser descobertos/desvelados a partir de uma análise do próprio texto constitucional, como, por exemplo, a questão do *quorum* necessário para as deliberações a serem tomadas pelas Assembléias Legislativas e pelas Câmaras Municipais de Vereadores. Não há determinação específica na Constituição Federal quanto a esse aspecto, uma vez que a Constituição apenas regula a matéria no âmbito da Câmara dos Deputados. Entretanto, porque está ínsita no princípio da democracia representativa, consoante no art. 34 da CF".[26]

Nessa perspectiva é possível citar as disposições dos arts. 59, 60, 61, 62, 63, 64, 66, 67, 68, 69, 165, 166 e 169 como exemplos de normas vinculantes a todos os entes federados. Não é possível afrontar-lhes as disposições, sob pena de inconstitucionalidade.

A lei orgânica municipal, por sua vez, deve ser construída observando-se as disposições constitucionais já mencionadas, podendo inovar naquilo que não as contrarie. Não há óbices a que determinadas matérias apresentem especificidades no seu trâmite, o que pode estar disposto na sua própria redação.[27] Da mesma forma o regimento interno, que tem a missão de pormenorizar os procedimentos do processo legislativo, nos termos da Constituição Federal, da lei orgânica e das leis específicas.

Como corolário do princípio da legalidade está a característica de o processo legislativo ser um procedimento formal, que deve observar fidedignamente suas normas disciplinadoras. Afrontar as disposições

---

26. Lênio Streck, *Jurisdição Constitucional e Hermenêutica: uma Nova Crítica do Direito*, 2002.

27. Um exemplo são os planos diretores que trazem a necessidade de parecer do conselho competente para o trâmite de propostas para sua alteração. Entretanto, ressalva-se que a lei orgânica é o *locus* mais adequado para tais disposições.

oriundas da Constituição Federal, da lei orgânica, das leis específicas e do regimento interno significa macular esse processo de ilegalidade, acarretando a nulidade dos procedimentos.[28] Isso porque o cumprimento de tais normas é condição essencial para a regularidade do processo democrático, sob pena de desnaturamento da própria democracia, que deve ser compreendida como um processo, um "jogo" com normas previamente definidas, para a resolução dos mais conflitantes interesses da coletividade. A pluralidade dos interesses envolvidos no processo legislativo requer o cumprimento de tais normas. É condição de segurança à própria coletividade, uma vez que seu resultado é a definição das normas que regem a sociedade e que se impõem a todos os cidadãos. É condição de possibilidade do controle social.

Entretanto, não se pode desconsiderar a possibilidade de convalidação dos vícios no trâmite de determinada proposição,[29] desde que tais vícios não a maculem frontalmente, tal qual ocorre com os atos administrativos anuláveis, para os quais se requer a inexistência de má-fé e o perpassar de certo período de tempo, superior a cinco anos. Tal argüição é passível de aplicação às situações onde a falta não é grave o suficiente para levar à nulidade do procedimento legislativo, abrangendo faltas menores.[30]

O *princípio da publicidade* conduz à necessária transparência do processo legislativo, condição para que ocorra o controle social. O Estado Democrático de Direito, enquanto Estado de Direito que é, requer que as funções estatais, no exercício dos seus poderes, sejam controladas, já que nenhum poder é – e nem pode ser – ilimitado. Todas as fases do processo legislativo são públicas, possibilitando o controle da sociedade e dos demais Poderes constituídos. Mesmo que transcorra dentro das normas previstas, há o controle político dos parlamentares locais pela

---

28. Obviamente que tal consideração não deve conduzir a um formalismo exagerado, especialmente diante de meras irregularidades que não causem quaisquer prejuízos, seja ao controle social, seja ao próprio trâmite da matéria.
29. Considera-se proposição toda a matéria sujeita à deliberação do plenário.
30. Pode-se citar como exemplo a não-inclusão de determinada matéria em três pautas, conforme prevê o regimento interno, mas somente em duas pautas. Nesse caso, a convalidação ocorre independentemente do lapso temporal, uma vez que os demais procedimentos foram observados. Entretanto, não pode tal argüição abranger situações onde o *quorum* mínimo de aprovação não fora alcançado, como as leis complementares, que dependem da maioria absoluta da vontade parlamentar. Nesse caso não é possível aceitar qualquer possibilidade de convalidação diante do *quorum* não alcançado.

sociedade, principalmente pelo conhecimento das posições assumidas pelos vereadores em todas as etapas do certame legislativo.

O regime democrático não somente requer a eletividade dos governantes – detentores de mandato eletivo no Executivo e Legislativo –, mas também o conhecimento das posições assumidas, mormente em órgãos colegiados como as Câmaras Municipais. Isso faz com que os pronunciamentos na tribuna, os pareceres nas comissões e os votos dos edis sejam de conhecimento público. Ao cidadão assiste o direito de saber das posições assumidas pelos seus representantes.

É com fulcro nesse princípio que o voto e as sessões secretas devem ser considerados inconstitucionais, mesmo que previstos no regimento interno e na lei orgânica.[31] Exercer um mandato eletivo parlamentar significa aceitar o ônus de representar a coletividade e permitir que essa coletividade tenha conhecimento das posições assumidas. Aos governantes não assiste o direito da omissão ou de posições veladas.

O *princípio da finalidade* conduz, sintomaticamente, à persecução do interesse público. Entretanto, não se deve compreender o interesse público de forma redutiva, vinculando-o ao interesse da Administração, do Estado, da maioria, do agente, da sociedade, dentre outros chavões. "Interesse público", como muitas outras expressões jurídicas de tal jaez, deve ser compreendido como um conceito indeterminado, cuja determinação exsurge da análise de cada caso concreto, na plenitude da sua facticidade. Não se trata da concessão de uma liberdade para o intérprete fazer definições solipsisticamente, mas de uma vinculação, para que a definição mais adequada para determinada situação seja encontrada. Ademais, deve-se ter em vista a complexidade da sociedade atual, que remete à existência de vários interesses coletivos, legítimos enquanto expressões de uma sociedade plural. É a compreensão da impossibilidade de transigência de um determinado interesse, sob o foco dos direitos fundamentais, que remete à sua condição de interesse público.[32]

31. Somente em situações extremas – por exemplo, para resguardar a segurança nacional (no caso do Congresso) e a incolumidade dos parlamentares – é que pode ser sustentadas limitações à ampla publicização das atividades parlamentares. Assim, poder-se-á realizar uma sessão sem a assistência do público, com as galerias esvaziadas, desde que sua presença possa representar uma inconteste ameaça à incolumidade dos parlamentares. Entretanto, não pode acarretar sessões ou votos secretos que impossibilitem o conhecimento das posturas dos edis.

32. V. Marçal Justen Filho, *Curso de Direito Administrativo*, 2005, e Antônio Francisco de Souza, *Conceitos Indeterminados no Direito Administrativo*, 1994.

A persecução de um interesse que não possa ser qualificado como público remete à nulidade do processo legislativo e da sua conseqüente decisão. Pode-se citar o exemplo de resoluções aprovadas por Câmaras de Vereadores autorizando a viagem de parlamentares a eventos com cunhos mais turísticos que de capacitação parlamentar, organizados por empresas preocupadas em aferir lucros. Da mesma forma as declarações de utilidade pública de áreas para fins de desapropriação, feitas pela Câmara, sem fundamentação que demonstre sua necessidade, oriundas da pressões dos seus respectivos proprietários.

O princípio da finalidade remete ao *princípio da impessoalidade*, também conhecido como *imparcialidade*, que incide relativamente a todos os agentes públicos de todas as funções estatais. Porém, sua aplicação reveste-se de maior complexidade na função legislativa, pelo próprio caráter plural do Parlamento, constituído de representantes da população, vinculados aos mais diversos e legítimos interesses coletivos existentes na sociedade.

A impessoalidade ou imparcialidade tem um duplo conteúdo: (a) negativo – afasta os interesses estranhos ao interesse público, inclusa a proibição de atos institucionais que configurem promoção pessoal de agentes políticos (art. 37, § 1º, da CF); (b) positivo – requer a ponderação da totalidade dos interesses imbricados numa determinada situação na qual o Parlamento deva se manifestar. Esse aspecto positivo é facilitado pela configuração heterogênea do Parlamento, seja por ser um órgão colegiado, seja por sofrer as mais diversas e lídimas pressões sociais, impulsionando os parlamentares a profundos estudos visando à compreensão dos interesses envolvidos. Afinal de contas, a identificação do interesse público ou interesses coletivos prevalentes depende da análise pormenorizada dos mais diversos conflitos existentes. É por essa razão que se sobressaem em importância os instrumentos catalisadores dos mais diversos interesses e posicionamentos, como as audiências públicas e as consultas, dentre outros instrumentos de participação e controle popular.

É com fulcro no princípio da impessoalidade/imparcialidade que existe o instrumento da abstenção de voto, que possibilita ao parlamentar abster-se de determinada votação em virtude de situações excepcionais, de caráter pessoal, que o vinculam diretamente à questão em análise. Ressalta-se que a abstenção somente pode ser utilizada em situações efetivamente excepcionais, que afetem diretamente o parlamentar em virtude de interesses pessoais seus ou de familiares próximos, em nível de segundo grau. Não pode a abstenção ser usada como instrumento de retórica em questões polêmicas, a fim de evitar desgastes políticos diante de uma postura a ser tomada. Isso significaria a deturpação desse princípio.

Enquanto corolários do princípio da impessoalidade/imparcialidade encontram-se: (a) objetividade – utilização de critérios jurídicos racionais, com a ponderação de todos os interesses envolvidos; (b) isenção – dever de abstenção em questões que envolvam interesses pessoais; (c) independência – reforça a posição autônoma da Câmara Municipal e dos respectivos parlamentares, especialmente em vista dos interesses eminentemente privados; (d) transparência – ampla e máxima publicidade do agir parlamentar, a fim de possibilitar o acompanhamento e o controle social; (e) neutralidade – aplicada especialmente na definição de normas organizadoras da Administração Pública, uma vez que interesses político-partidários e/ou governamentais devem ser afastados na construção de tais normas, resguardando a autonomia da administração do governo.[33]

O *princípio da moralidade* remete à idéia de bem legislar, de um agir de acordo com a boa-fé, honesto, focado nos bons costumes, em sintonia com os valores pugnados pela sociedade. Sua infração ocorre pelo exercício de um poder legiferante desvinculado dos fins públicos definidos pelo ordenamento jurídico, como um verdadeiro desvio do poder de legislar. Legislar em causa própria, por exemplo, traduz tal violação; a definição em lei de um percentual mínimo de parentes para o exercício de cargos em comissão também é um exemplo de infração a tal princípio, assim como a definição em lei de espaços públicos para a prostituição. Em muitas situações a inobservância do princípio da moralidade remete ao ferimento de outros princípios, como o da finalidade e da impessoalidade.[34]

---

33. Para maior aprofundamento acerca do princípio da imparcialidade/impessoalidade v. a obra paradigmática de Maria Teresa de Melo Ribeiro, *O Princípio da Moralidade da Administração Pública*, Almedina, Coimbra, 1996. A taxonomia aqui apresentada segue a da autora, porém adaptada ao estudo em tela.

34. Eis alguns importantes acórdãos acerca da questão:
"*Ementa:* Ação popular – Lei municipal – Atos lesivos ao patrimônio público. A lei municipal que concede benefícios concretos a pequenas empresas, em detrimento de outras, no interesse de pessoas determinadas, ligadas aos responsáveis pelo ato causador do dano ao erário, fere os princípios da impessoalidade e da moralidade administrativa, insculpidos no art. 37, *caput*, da CF – Inconstitucionalidade de lei municipal reconhecida na sentença, a justificar a procedência da ação popular reparatória – Matéria submetida ao Órgão Especial do Tribunal Pleno, que acolheu o incidente, declarando inconstitucional o art. 1º da Lei n. 965/1994 do Município de Triunfo – Decisão de observância obrigatória pelos órgãos fracionários da Corte (RITJRS, art. 211) – Sentença confirmada – Recurso desprovido" (TJRS, 3ª Câmara, AC 599399946, rel. Des. Luiz Ari Azambuja Ramos, j. 26.10.2000).

Nesse sentido, eis importante preleção de Humberto Bergman Ávila: "(...). A Constituição Federal, longe de conceder uma palavra isolada à moralidade, atribuiu-lhe grande importância em vários dos seus dispositivos. A sumária sistematização do significado preliminar desses dispositivos demonstra que a Constituição Federal preocupou-se com padrões de condutas de vários modos.

"(...).

"(...) o princípio da moralidade exige condutas sérias, leais, motivadas e esclarecedoras, mesmo que não previstas na lei. Constituem, pois, violação ao princípio da moralidade a conduta adotada sem parâmetros objetivos e baseada na vontade individual do agente e o ato praticado sem a consideração da expectativa criada pela Administração."[35]

"*Ementa:* Apelação cível – Ação popular – Novos subsídios de vereadores, prefeito e vice-prefeito para a legislatura em curso – Princípio da anterioridade, da revisão anual e da moralidade administrativa – Emenda Constitucional n. 19/1998 – Atribuições ao vice-prefeito – Preliminar de carência – Ação popular substitutiva de ação direta de inconstitucionalidade. 1. Preliminar de carência – Ação popular substitutiva de ação direta de inconstitucionalidade. Não se tratando de leis de efeitos abstratos ou leis em tese, ou seja, dependentes de outros atos para que produzam efeitos concretos, mas, bem ao invés, de leis que, entrando em vigor, modificam desde logo a realidade existente, como são as que fixam novos subsídios aos vereadores, prefeito e vice-prefeito, não há falar em uso da ação popular substitutiva de ação direta de inconstitucionalidade. Em tal caso, a inconstitucionalidade não é pedido, e sim causa de pedir. 2. Novos subsídios aos vereadores, prefeito e vice-prefeito para a legislatura em curso. 2.1 A Emenda Constitucional n. 19/1998 suprimiu, quanto aos subsídios dos membros dos Parlamentos, a expressão 'em cada legislatura, para a subseqüente' (retornou com a Emenda Constitucional n. 25/2000), e não o princípio da anterioridade, pois manteve, como única possibilidade durante a legislatura, o princípio da revisão anual, previsto no art. 37, X, da CF, aplicável aos Parlamentos (CF, arts. 39, § 4º, e 29, VI). 2.2 A Emenda Constitucional n. 19/1998 não excepcionou o princípio da moralidade administrativa (CF, art. 37, *caput*). Entende-se que legislar em causa própria fere o princípio da moralidade administrativa, razão por que, inclusive, exige-se que, relativamente aos subsídios dos parlamentares da legislatura subseqüente, sejam fixados antes das eleições, porquanto, se depois, os que se reelegeram já estarão legislando em causa própria, enquanto os que não se reelegeram poderão querer aviltar a remuneração dos que permanecem ou chegam. 3. Atribuições ao vice-prefeito. Não vulnera a lei orgânica do Município, e tampouco se ostenta inconstitucional, a lei ordinária que declina atribuições ao vice-prefeito, mediante autorização expressa do prefeito, sem usurpar-lhe competência privativa, portanto sem caracterizar transferência de poder indelegável. 4. Desprovida uma apelação e provida parcialmente outra" (TJRS, 1ª Câmara, AC 70008730772, rel. Des. Irineu Mariani, j. 15.6.2005).

35. Humberto Ávila, *Teoria dos Princípios – Da Definição à Aplicação dos Princípios Jurídicos*, 8ª ed., pp. 94-96. Nesse posicionamento o autor reforça a ne-

O *princípio da continuidade* significa que as funções da Câmara de Vereadores devem ser plenamente exercidas (administrativa, legislativa, fiscalizadora, assessoramento e julgamento), constituindo-se num dever-poder. Em vista disso, as proposições sujeitas à deliberação do Plenário devem seguir o trâmite previsto no regimento interno, o que impõe limites à obstrução de determinadas matérias, já que a deliberação do Plenário é um imperativo às proposições que a requeiram, salvo as exceções expressamente previstas no regimento interno.[36] No mesmo sentido, pode-se exemplificar com o dever de julgamento das contas do prefeito municipal no exercício do controle externo – atribuição, essa, que não pode ser obstaculizada, uma vez que o Parlamento deve se manifestar pela aprovação, ou não, das respectivas contas, após o recebimento do parecer prévio do Tribunal de Contas. Não é possível a obstrução dessas votações em caráter permanente, já que a própria obstaculização tem limites.[37]

É com fulcro nesse princípio que os Parlamentos devem analisar todas as proposições encaminhadas, salvo se a sessão legislativa expirar, se o prazo máximo de trâmite for extrapolado ou nas demais situações excepcionais previstas no regimento interno.

Em conseqüência, o *princípio da eficiência* impõe a necessidade De a Câmara Municipal propiciar os meios para que o processo legislativo transcorra com celeridade, rapidez e racionalidade de recursos, sem prejuízo dos estudos aprofundados que devem ser feitos para possibilitar a tomada de decisões dos vereadores. Significa, também, observar os

---

cessidade de uma compreensão sistêmica do texto constitucional, numa interpretação integrada dos seus dispositivos.

36. Um exemplo de exceção encontra-se nos regimentos que prevêem o arquivamento das proposições que tenham os pareceres contrários de todas as comissões pelas quais tenham tramitado, remetendo ao arquivamento. A obstrução da votação de determinadas matérias não pode infringir o disposto no regimento interno, que apresenta prazos para a votação das matérias sujeitas a aprovação pelo Plenário. Uma vez ultrapassados tais prazos, deve-se seguir o previsto no regimento, que normalmente aponta a colocação imediata da matéria na ordem-do-dia para votação.

37. Outro exemplo pode ser extraído de leis orgânicas, como a de Passo Fundo, que prevê a criação de comissão especial para a análise de emendas à lei orgânica municipal e o prazo de 60 dias para a votação da proposta. No caso de a matéria ser colocada em apreciação pelo Parlamento e a votação final em dois turnos, pelos mais diversos motivos, não ocorrer dentro do prazo dos 60 dias, em situação alguma isto pode conduzir ao arquivamento da proposta. Ela deverá ser votada, mesmo após o prazo de 60 dias, preferencialmente às demais proposições, uma vez que o Parlamento tem a obrigação de se manifestar acerca das matérias colocadas sob sua apreciação.

prazos definidos na lei orgânica e no regimento interno para a votação das matérias sujeitas à manifestação do Plenário.

O *princípio da igualdade*, por sua vez, é conceito relacional, já que não é possível afirmar que algo é igual. A igualdade requer uma comparação.[38] O Estado Democrático de Direito resgata a concepção aristotélica de considerar igualmente os iguais e desigualmente os desiguais, na medida da sua desigualdade.[39] Atinge o próprio legislador, no sentido da criação de normas iguais aos cidadãos, já que são vedados tanto o arbítrio quanto a discriminação, seja porque as escolhas devem ser racionalmente fundamentadas, seja porque são vedadas diferenciações injustificadas. Supera-se a igualdade formal para atingir uma igualdade material, que leva em consideração o conteúdo da própria lei, e não apenas sua aplicação formal. Essa igualdade material leva em conta uma comparação de determinadas características, relativas a determinados agentes. A fim de identificar um critério de valoração dessa relação, Canotilho apresenta a proibição geral do arbítrio: "Existe igualdade quando indivíduos os situações iguais não são arbitrariamente (proibição do arbítrio) tratados como desiguais. (...) princípio da proibição do arbítrio andar sempre ligado a um critério material objetivo. (...) existe uma violação arbitrária da igualdade jurídica quando a disciplina jurídica não se basear num (i) fundamento sério; (ii) não tiver um sentido legítimo; (iii) estabelecer diferenciação sem um fundamento razoável".[40]

No mesmo sentido, o jurista português identifica esse princípio com igualdade de oportunidades em vista da efetivação dos direitos fundamentais, mormente os de segunda dimensão, conhecidos como direitos sociais (educação, saúde, trabalho, habitação – dentre outros), no sentido da concretização de uma justiça social (igual dignidade social).

Assim, o vereador encontra-se vinculado ao princípio da igualdade no momento da construção de normas jurídicas, de forma muito ampla, ressaltando-se o momento da construção de leis de efeito concreto, marcadas por uma especificidade que expurga das suas características a generalidade e a abstração dos textos legislativos.

---

38. Norberto Bobbio, *Igualdade e Liberdade*, 1997.
39. Segundo Aristóteles: "Ora, igualdade implica pelo menos dois elementos. (...). Se as pessoas não são iguais, não receberão coisas iguais. (...) as distribuições devem ser feitas de acordo com o mérito de cada um, pois todos concordam que o que é justo com relação à distribuição também o deve ser com o mérito em um certo sentido, embora nem todos especifiquem a mesma espécie de mérito (...)" (*Ética a Nicômaco*, pp. 108-109).
40. J. J. Gomes Canotilho, *Direito Constitucional e Teoria da Constituição*, pp. 398-405.

O *princípio da proporcionalidade* também vincula o legislador local, já que este deve ponderar adequadamente a relação meio-fim oriunda do texto normativo em análise, especialmente quanto a: (a) adequação; (b) necessidade; (c) proporcionalidade em sentido estrito: "(...). O postulado da proporcionalidade não se confunde com a idéia de proporção em suas mais variadas manifestações. Ele se aplica apenas a situações em que há uma relação de causalidade entre dois elementos empiricamente discerníveis, um meio e um fim, de tal sorte que se possa proceder aos três exames fundamentais: o da adequação (o meio promove o fim?), o da necessidade (dentre os meios disponíveis e igualmente adequados para promover o fim, não há outro meio menos restritivo do(s) direito(s) fundamentais afetados?) e o da proporcionalidade em sentido estrito (as vantagens trazidas pela promoção do fim correspondem às desvantagens provocadas pela adoção do meio?)".[41]

Toda e qualquer proposição em análise nas Câmaras Municipais deve ser analisada sob o manto da proporcionalidade, sob pena de inconstitucionalidade. Pode-se citar o exemplo de leis municipais declaradas inconstitucionais por ferirem o princípio da proporcionalidade, seja em virtude de imposição de obrigações excessivas ao Executivo, seja por obrigações excessivas à comercialização de determinados produtos.[42]

Da mesma forma incide a *razoabilidade*, que se refere a uma análise da norma em relação às particularidades e singularidades envolvidas. Nesse prisma, a razoabilidade vai relevar o caso individual, especialmente seu suporte fático. É com fulcro na razoabilidade que leis instituidoras do terço de férias para aposentados e que previam a contagem em dobro do tempo de exercício da função de secretário estadual para aposentadoria foram expurgadas do mundo jurídico.

41. Humberto *Ávila, Teoria dos Princípios – Da Definição à Aplicação dos Princípios Jurídicos*, 8ª ed., pp. 161-162.
42. Observar a inconstitucionalidade de lei municipal que determina a "remessa, pelo Executivo, para as bancadas existentes na Câmara, dos projetos do plano plurianual, da lei de diretrizes orçamentárias, do orçamento anual, bem como relatórios das contas do exercício anterior e da situação atual do Município": "Ação direta de inconstitucionalidade – Butiá – Dever de fornecer cópias de projetos e relatórios a todas as bancadas da Câmara de Vereadores – Comportamento desproposital – Princípios da razoabilidade e da proporcionalidade. Não se ostenta razoável lei municipal que impõe ao Executivo o envio de diversas cópias de projetos de lei ou de relatórios, um deles inclusive carente de exigibilidade legal – Ação julgada procedente" (TJRS, Tribunal Pleno, ADI 70007267685, rel. Des. Antônio Janyr Dall'Agnol Jr., j. 15.3.2004; TJRS, Tribunal Pleno, Incidente de Inconstitucionalidade 595023516, rel. Des. Osvaldo Stefanello, j. 23.9.1996).

O juízo de razoabilidade requer bom senso, ponderação e equilíbrio na construção de normas jurídicas. Talvez seja relevante ter por base a *phronesis* aristotélica, também denominada *prudência*, que era considerada a virtude das virtudes, e que consistia na escolha do meio-termo entre dois extremos. Traduz a necessidade de equilíbrio nas decisões e escolhas, de sensatez, de mediação. Afinal de contas, não se deve olvidar que a Democracia requer transigência, sob pena de não ser Democracia; requer tolerância, característica crucial nos Estados Democráticos. A transigência e a tolerância constituem importantes cernes de uma razoabilidade no processo legislativo. Fazem uma ponte, uma ligação, com os princípio da impessoalidade, finalidade e moralidade.

O *princípio da motivação*, por sua vez, é um dos princípios embasadores do regime jurídico-administrativo, vinculante do agir da Administração Pública. Tal norma incide como condição de validade dos atos administrativos, forjada a partir do início do século XX, através de Gaston Jèze, com a sua teoria dos motivos determinantes. Por esse entendimento, os motivos aduzidos na motivação, sejam jurídicos ou fáticos, vinculam o gestor público. Esse princípio, assim, possibilita maior controle da ação administrativa.[43]

A aplicação deste princípio no processo legislativo configura-se de crucial importância, uma vez que permite o controle social e jurisdicional da atividade legiferante. Isso porque é com base nesse princípio que as proposições sujeitas à deliberação do Plenário da Câmara Municipal devem ser devidamente fundamentadas, sob pena de devolução ao seu proponente. É condição para seu trâmite. Além disso, os pareceres nas comissões permanentes também devem ter a devida motivação, seja favorável, seja contrária à proposição respectiva. É nesses termos que os regimentos internos devem tratar do princípio da motivação, dando-lhe eficácia jurídica e efetividade.

O princípio da motivação possibilita o controle social em virtude da fundamentação aposta, permitindo ao cidadão uma melhor compreensão das razões fáticas e jurídicas que embasam a proposição encaminhada. Conduz a um controle tanto político como jurídico, ressaltando-se, nesse ínterim, o mandato popular que os vereadores detêm para representar a população – o que os sujeita ao seu permanente controle. Ademais,

43. Intenso é o debate acerca da necessidade de motivação em todos os atos administrativos. Há quem entenda que em qualquer situação a motivação é imprescindível, como Hely Lopes Meirelles. Já Celso Antônio Bandeira de Mello entende que os atos vinculados não necessitam de motivação, uma vez que há plena vinculação ao previsto em lei.

a motivação constitui importante elemento para o controle jurisdicional da atividade legislativa, seja no seu trâmite, seja após a manifestação do Plenário. Porém, importa ressaltar que inexiste vinculação do texto aprovado pelo Parlamento em relação à sua motivação, não obstante esta possa contribuir para esse fim.

O *princípio da participação popular*, corolário dos princípios fundantes do Estado Democrático de Direito no Brasil, também incide sobre o processo legislativo, conduzindo a espaços institucionalizados e definidos pelo regimento interno (ou em outra resolução) para que a população e a sociedade possam interagir no processo legislativo e contribuir para a atuação parlamentar como um todo. Tem uma dimensão participativa e, conseqüentemente, de controle.[44]

É nesse sentido que algumas Câmaras Municipais instituíram a tribuna popular, como um espaço destinado a entidades da sociedade civil organizada, que podem requerer seu uso para externar determinado posicionamento acerca de tema relevante para a vida municipal. Também as comissões permanentes devem efetivar essa abertura para que a sociedade se manifeste diante de determinada proposição em trâmite, o que normalmente ocorre através da convocação de entidades que tenham interesse ou competência, sem vedação a que estas se apresentem voluntariamente para manifestar certa posição.

A estes mecanismos de participação e controle popular somam-se os instrumentos de exercício da soberania popular, definidos no art. 14 da CF: o plebiscito, o referendo e a iniciativa popular. Tanto o plebiscito como o referendo constituem procedimentos abertos à participação dos cidadãos, incidentes na ação legislativa e no processo legislativo, com a diferença que o primeiro é prévio à tomada de uma decisão, enquanto o segundo é posterior à decisão tomada. Em ambas as situações há uma vinculação ao resultado obtido, limitador da liberdade legiferante, no caso do processo legislativo.[45] Assim, a realização de plebiscito acerca

---

44. V. a dissertação de Mestrado de Marcos Perez, *Institutos de Participação Popular na Administração Pública*, 1999. Neste trabalho o autor fundamenta a participação popular enquanto princípio constitucional incidente à Administração Pública, com uma relevante taxonomia dos instrumentos de participação popular na Administração Pública (vinculantes, não-vinculantes e autônomos). Na esteira deste trabalho é plenamente possível apresentar tal princípio como um princípio constitucional incidente ao Legislativo, em todas as suas funções, mais especificamente no exercício da função legiferante.

45. A convocação de plebiscito e referendo deve estar disciplinada pela lei orgânica ou em lei específica. Em nível nacional a disciplina destes institutos encontra-se na Lei 9.709/1998.

de determinada proposição conduzirá à sustação do seu trâmite, até o resultado final; o referendo, por sua vez, deve ocorrer após a promulgação da proposição em análise, concedendo-lhe ou retirando-lhe eficácia.[46] Por fim, a iniciativa popular permite ao cidadão a iniciativa de leis, com exceção daquelas consideradas de iniciativa exclusiva – o que será estudado adiante.

O *princípio da participação das minorias* traduz a necessidade de instrumentos que possibilitem a participação das minorias parlamentares nas ações da Casa Legislativa. Por mais que os Parlamentos sejam conduzidos pelo princípio da maioria, isso não pode significar o cerceamento das minorias, a ponto de impedir sua plena atuação nas mais diversas fases do processo legislativo e nas demais funções parlamentares. É para concretizar tal princípio que a todos os vereadores é permitido: manifestar-se sobre as proposições constantes na pauta e na ordem-do-dia (fase da discussão); a iniciativa de leis (fase da iniciativa); votar (fase da deliberação), garantindo-se a proporcionalidade na composição das comissões parlamentares – dentre outros. A título de registro, a Constituição brasileira chegou ao ponto de dar prevalência ao princípio da minoria pelo menos numa situação: na constituição das comissões parlamentares de inquérito, adiante estudada.[47]

4.4 As espécies legislativas

O processo legislativo, expressão máxima da autonomia legislativa dos Municípios, compreende a elaboração das espécies legislativas dispostas no art. 59 da CF, integrantes do sistema jurídico-normativo municipal.[48] Sem tal prerrogativa não seria possível discorrer sobre o Município como um ente federado autônomo.

---

46. Segundo Alexandre de Moraes: "Enquanto o plebiscito é uma consulta prévia que se faz aos cidadãos, no gozo de seus direitos políticos, sobre determinada matéria a ser, posteriormente, discutida pelo Congresso Nacional, o referendo consiste em uma consulta posterior sobre determinado ato governamental para ratificá-lo, ou no sentido de conceder-lhe eficácia (condição suspensiva) ou, ainda, para retirar-lhe a eficácia (condição resolutiva)" (*Direito Constitucional*, p. 237).

47. Asunción García Martinez, *El Procedimiento Legislativo*, pp. 49-50: "(...) caracteriza el procedimiento parlamentario es la participación de las minorías con representación parlamentaria. (...) configurándose entonces el procedimiento parlamentario como garantía del acceso de las minorías a la función parlamentaria".

48. CF, art. 59:
"Art. 59. O processo legislativo compreende a elaboração de: I – emendas à Constituição; II – leis complementares; III – leis ordinárias; IV – leis delegadas; V – medidas provisórias; VI – decretos legislativos; VII – resoluções.

Nunca é demais a referência sobre a autonomia dos sistemas normativos de cada ente federado, que, no exercício das suas competências, não pode sofrer a intromissão de outra instância da Federação. Conseqüentemente, cada ente constrói um sistema normativo próprio, com unidade e coerência.

A coerência é condição de possibilidade do sistema jurídico, composto por normas interdependentes, cujas colisões ou antinomias serão resolvidas com base nos princípios e regras colidentes. Deve-se superar a distinção abissal entre princípios e regras, uma vez que toda regra traz ínsitos princípios que a sustentam. A existência de normas antinômicas é conseqüência da própria característica dos Parlamentos, formados por representantes do povo, autônomos para a concretização de um desiderato político. Compete à ciência jurídica a resolução desses conflitos, conferindo a necessária coerência ao sistema jurídico, mesmo diante das imperfeições legislativas.

A unidade dos sistemas normativos municipais está fundada na lei orgânica municipal, que se encontra no ápice do ordenamento jurídico local, enquanto condição de validade de todas as demais normas. Nesse sentido manifesta-se Roque Carrazza: "Parece-nos evidente que a lei orgânica do Município é dotada de maior positividade que as simples leis ordinárias municipais. Estas só serão válidas se e enquanto se adequarem àquela. Em termos mais precisos, as leis ordinárias municipais haurem a validade e a legitimação na lei orgânica do respectivo Município. Estão em patamar inferior da chamada 'pirâmide jurídica'. Havendo, pois, um descompasso entre elas, prevalecerá a de maior hierarquia jurídica: a *lei orgânica municipal*".[49]

Entretanto, as normas apostas na própria lei orgânica não podem ser fruto de uma construção isolada, já que a condição de validade destas é a observância dos princípios magnos das Constituições Estadual e Federal, além das normas de repetição obrigatória, que não podem ser ignoradas.

Nos termos do art. 59 da CF, há as seguintes espécies legislativas em nível local: emendas à lei orgânica, leis complementares, leis ordinárias, leis delegadas, medidas provisórias, decretos legislativos e resoluções. Estas proposições necessariamente devem observar o processo

"Parágrafo único. Lei complementar disporá sobre a elaboração, redação, alteração e consolidação das leis."
49. Roque Antonio Carrazza, *Curso de Direito Constitucional Tributário*, 24ª ed., pp. 169-170.

legislativo, nas suas respectivas fases, nos termos da lei orgânica e do regimento interno.

As *emendas às leis orgânicas* devem observar as normas previstas na Constituição para sua elaboração – ou seja: aprovação com *quorum* qualificado de 2/3, em duas votações, com interstício mínimo de 10 dias entre cada uma. Caracterizam-se pela existência de procedimento legislativo especial, diferenciado em relação ao processo legislativo ordinário, além da inexistência de participação do Executivo através do veto ou sanção, já que o chefe do Executivo somente pode propor alterações ao seu texto. Há limites ao processo de revisão e alteração das Constituições locais – o que será analisado posteriormente.[50]

As *leis complementares*, por sua vez, abrangem aquelas matérias previstas expressamente na lei orgânica como objeto de tais leis. Não se encontram sob o poder discricionário do legislador ou do Executivo, no sentido de desfrutarem de uma liberdade de escolha sobre se um projeto será de lei ordinária ou complementar. Ou a lei orgânica prevê que determinada matéria seja disciplinada por lei complementar, ou seu encaminhamento deverá ser como lei ordinária. Por essa razão as leis orgânicas têm um artigo específico – além de outras previsões no decorrer do seu texto – apontando as matérias que devem ser disciplinadas por lei complementar, de cumprimento obrigatório pelo legislador.

Deve-se cuidar para que a nominação "lei complementar" não conduza a equívocos hermenêuticos, como a conclusão de que lei complementar, por ter essa denominação, é toda lei que complemente a lei orgânica. Ora, toda lei, de uma forma ou de outra, complementará esta que é a Constituição Municipal, até mesmo porque integra o sistema normativo local. Observar a lei orgânica é condição de validade de quaisquer outras normas. Assim, é falaciosa a conclusão de que lei complementar é toda lei que complemente a lei orgânica.

Também se deve prestar atenção aos conceitos indeterminados para a determinação de uma lei complementar. Um exemplo são as disposições determinando como leis complementares as "demais leis que codifiquem ou sistematizem normas e princípios relacionados com determinada matéria ou instituto jurídico".[51] Não obstante a confusão feita entre

---

50. V. o Capítulo 5 desta obra.
51. Eis o art. 85 da Lei Orgânica de Passo Fundo, que se repete em outras Constituições locais: "Art. 85. Serão objeto de lei complementar: I – o Código de Posturas; II – o Código Tributário; III – o Plano Diretor de Desenvolvimento Integrado; IV – o Estatuto dos Servidores Municipais; V – o Sistema Municipal de

normas e *princípios* – o que demonstra uma inaptidão do legislador ao lidar com a teoria geral do Direito –, não é possível apreender este dispositivo como uma "nota promissória em branco", que permita ao legislado escolher a espécie legislativa. Nos termos deste dispositivo, todos os códigos deverão revestir a forma de lei complementar; por conseqüência, ou a matéria está devidamente sistematizada através de princípios e regras devidamente articulados, aproximando-a, e muito, da organização de um código, ou não será lei complementar. Não é possível, com base nesta disposição, nominar uma rua através de lei complementar. Os conceitos legais indeterminados não conferem discricionariedade; ao contrário, vinculam a uma interpretação consoante o texto normativo, a principiologia e o caso concreto.

No sistema normativo municipal as leis complementares não são hierarquicamente superiores às *leis ordinárias*, razão pela qual os conflitos entre lei complementar e lei ordinária não são resolvidos pelo critério hierárquico.[52] Não pode a lei ordinária se ocupar de matéria reservada a lei complementar, o que é vedado e acarretará a mácula da sua inconstitucionalidade. Este vício não é sanável, salvo por um novo processo legislativo.

Já o uso de leis complementares para matérias que não tenham tal previsão na lei orgânica é despiciendo, já que será possível sua alteração ou revogação através de lei ordinária. Isso porque não cabe ao proponente escolher a espécie legislativa, conforme já dito. Segundo as palavras de Manoel Gonçalves Ferreira Filho, "o constituinte o fez tendo um rumo preciso: resguardar certas matérias de caráter paraconstitucional contra mudanças constantes e apressadas, sem lhes imprimir rigidez que impedisse a modificação de seu tratamento, logo que necessário. Se assim agiu, não pretendeu deixar ao arbítrio do legislador o decidir sobre o que deve ou o que não deve contar com essa estabilidade particular. (...). Ao mencionar apenas o *quorum* especial da maioria absoluta ao dispor

Ensino; VI – a lei instituidora da Guarda Municipal; VII – as demais leis que codifiquem ou sistematizem normas e princípios relacionados com determinada matéria ou instituto jurídico".

52. Este critério define que lei hierarquicamente superior prevalece sobre lei hierarquicamente inferior. É o que ocorre em conflitos de leis complementares e leis ordinárias com a lei orgânica municipal, pois esta é hierarquicamente superior àquelas. No caso da antinomia entre lei complementar e lei ordinária (quando aquela adentrou a seara desta), outros critérios devem ser utilizados, como o da especificidade (lei específica prepondera sobre lei genérica) e o cronológico (lei posterior prepondera sobre lei anterior).

sobre a lei complementar, o constituinte deixou implícito que quanto ao mais se aplicaria o processo legislativo comum".[53]

As diferenças entre leis complementares e leis ordinárias são: (a) as leis complementares destinam-se a disciplinar as matérias previstas expressamente na lei orgânica, cabendo às leis ordinárias disciplinar todas as demais; (b) as leis complementares requerem o *quorum* qualificado da maioria absoluta dos parlamentares para sua aprovação, salvo disposição em contrário; enquanto as leis ordinárias requerem a maioria simples. No mais, ambas seguem o processo legislativo ordinário, salvo disposição expressa em contrário, e ambas se sujeitam a sanção ou veto do Executivo.[54]

As leis ordinárias, por conseqüência, destinam-se a todas as matérias que não são definidas como leis complementares, sujeitando-se ao processo legislativo ordinário, salvo disposição expressa que preveja o processo legislativo especial.[55] A aprovação dessas matérias requer a maioria dos parlamentares presentes – maioria simples, desde que haja o quorum necessário para a votação.

Como todas as espécies legislativas, as *leis delegadas* têm limites que devem ser observados por todos os entes federados, oriundos do texto constitucional, mais especificamente do art. 68, buscando maior agilidade no processo de elaboração de leis, mormente quando a delegação é destinada ao Executivo. Tais limites constitucionais também devem ser cumpridos pelos Municípios, levando à vedação de leis delegadas municipais sobre assuntos da competência exclusiva da Câmara Municipal, objeto de lei complementar, direitos individuais e legislação orçamentária.[56] A estas exclusões deve-se acrescer – no correto entendi-

---

53. Manoel Gonçalves Ferreira Filho, *Do Processo Legislativo*, pp. 244-245.

54. Quanto ao *quorum* de votação das leis complementares cita-se o art. 69 da CF: "As leis complementares serão aprovadas por maioria absoluta".

55. É o que se observa, por exemplo, com as leis orçamentárias, que são leis ordinárias, porém sujeitas a processo legislativo especial.

56. CF, art. 68:

"Art. 68. As leis delegadas serão elaboradas pelo Presidente da República, que deverá solicitar a delegação ao Congresso Nacional.

§ 1º. Não serão objeto de delegação os atos de competência exclusiva do Congresso Nacional, os de competência privativa da Câmara dos Deputados ou do Senado Federal, a matéria reservada à lei complementar, nem a legislação sobre: I – organização do Poder Judiciário e do Ministério Público, a carreira e a garantia de seus membros; II – nacionalidade, cidadania, direitos individuais, políticos e eleitorais; III – planos plurianuais, diretrizes orçamentárias e orçamentos.

mento de Manoel Gonçalves Ferreira Filho[57] – a instituição ou aumento de tributos, como decorrência da principiologia constitucional.

No caso de a delegação se dirigir ao Executivo, a lei delegada municipal origina-se de um ato normativo editado pelo prefeito, nos termos e limites da delegação da Câmara Municipal, que deve ser precisa, definindo claramente a matéria objeto da delegação (lei delegada), com o respectivo prazo de duração. Por óbvio, a delegação não pode ser genérica, de modo a abranger indefinidamente uma gama abstrata de questões; como também não pode ser por tempo indeterminado.

Consoante o art. 68 da CF, há duas possibilidades de delegação ao Executivo, aplicáveis às Municipalidades: "A primeira (...) traduz-se pelo estabelecimento de regras jurídicas, mediante sua promulgação pelo Presidente. O ato promulgador é assim o ato que ao mesmo tempo cria a norma e atesta a sua perfeição. (...). A segunda (...) o Congresso delega (...) ao Presidente o estabelecimento de regras jurídicas novas, contudo se reserva o direito de apreciar o projeto presidencial como conclusão da elaboração do novo texto. Destarte, o Congresso é que sanciona o projeto elaborado pelo chefe do Executivo. (...) esta apreciação se fará em votação única, vedada qualquer emenda".[58]

Também se ressalva a possibilidade, se houver disposição nesse sentido na lei orgânica, da delegação do Parlamento à comissão parlamentar, nos termos do inciso I do § 2º do art. 58 da CF, da discussão e aprovação de projeto de lei, desde que o regimento interno defina as respectivas matérias, ressalvando-se o recurso ao Plenário consignado por pelo menos 10% dos parlamentares.[59] Felizmente tal instrumento não tem estado presente nos regimentos internos das Câmaras Municipais,

"§ 2º. A delegação ao Presidente da República terá a forma de resolução do Congresso Nacional, que especificará seu conteúdo e os termos de seu exercício.
"§ 3º. Se a resolução determinar a apreciação do projeto pelo Congresso Nacional, este a fará em votação única, vedada qualquer emenda."
57. Manoel Gonçalves Ferreira Filho, *Do Processo Legislativo*, p. 231.
58. Idem, p. 235.
59. CF, art. 58:
"Art. 58. O Congresso Nacional e suas Casas terão comissões permanentes e temporárias, constituídas na forma e com as atribuições previstas no respectivo regimento ou no ato de que resultar sua criação.
"(...).
"§ 2º. Às comissões, em razão da matéria de sua competência, cabe: I – discutir e votar projeto de lei que dispensar, na forma do regimento, a competência do Plenário, salvo se houver recurso de um décimo dos membros da Casa; (...)."

até mesmo porque, com exceção dos Municípios de grande porte – com mais de um milhão de habitantes –, a complexidade do processo legislativo, em virtude do número de proposições, não tem sido uma razão justificadora.

Em qualquer circunstância, seja a delegação do Legislativo ao Executivo, seja a delegação do Legislativo à comissão permanente, deve haver a devida previsão na lei orgânica municipal e no próprio regimento da Câmara Municipal.

É notória a não-utilização da lei delegada nos mais diversos níveis da Federação, até mesmo porque a medida provisória ocupou vorazmente seu lugar, possibilitando a agilidade necessária ao Executivo na emanação de normas jurídicas primárias a fim de resguardar os interesses da coletividade.[60]

As *medidas provisórias* acabaram sendo utilizadas vulgarmente, afrontando o disposto no art. 62 da CF, que aponta os requisitos da relevância e da urgência para sua edição.[61] A banalização no uso das medidas provisórias fez com que alguns juristas apontassem uma verdadeira

---

60. Como exemplo da última lei delegada em nível nacional está a lei delegada 13 de 1992, que segue os termos da Resolução n. 1 do Congresso Nacional. A lei delegada em tela trata da instituição de gratificações de atividade de pessoal civil, devidas mensalmente aos servidores do Poder Executivo, nos termos da delegação do Congresso, que delegou poderes ao Presidente da República para legislar sobre revisão e instituição de gratificações de atividade dos servidores do Poder Executivo, civis e militares, com o fim específico de assegurar a isonomia prevista no § 1º do art. 39 da Constituição Federal. Esta delegação teve sua vigência até o dia 31 de dezembro de 1992.

61. CF, art. 62:

"Art. 62. Em caso de relevância e urgência, o Presidente da República poderá adotar medidas provisórias, com força de lei, devendo submetê-las de imediato ao Congresso Nacional.

"§ 1º. É vedada a edição de medidas provisórias sobre matéria: I – relativa a: a) nacionalidade, cidadania, direitos políticos, partidos políticos e direito eleitoral; b) direito penal, processual penal e processual civil; c) organização do Poder Judiciário e do Ministério Público, a carreira e a garantia de seus membros; d) planos plurianuais, diretrizes orçamentárias, orçamento e créditos adicionais e suplementares, ressalvado o previsto no art. 167, § 3º; II – que vise a detenção ou seqüestro de bens, de poupança popular ou qualquer outro ativo financeiro; III – reservada a lei complementar; IV – já disciplinada em projeto de lei aprovado pelo Congresso Nacional e pendente de sanção ou veto do Presidente da República.

"§ 2º. Medida provisória que implique instituição ou majoração de impostos, exceto os previstos nos arts. 153, I, II, IV, V, e 154, II, só produzirá efeitos no exercício financeiro seguinte se houver sido convertida em lei até o último dia daquele em que foi editada.

situação de exceção ao Estado de Direito, com a avocação pelo Executivo da responsabilidade pela iniciativa e construção da maior parte das leis na década de 90 do século passado.[62] Esse foi um dos motivos pelos quais a Emenda Constitucional 32/2001 trouxe grandes alterações ao

"§ 3º. As medidas provisórias, ressalvado o disposto nos §§ 11 e 12, perderão eficácia, desde a edição, se não forem convertidas em lei no prazo de 60 (sessenta) dias, prorrogável, nos termos do § 7º, uma vez por igual período, devendo o Congresso Nacional disciplinar, por decreto legislativo, as relações jurídicas delas decorrentes.

"§ 4º. O prazo a que se refere o § 3º contar-se-á da publicação da medida provisória, suspendendo-se durante os períodos de recesso do Congresso Nacional.

"§ 5º. A deliberação de cada uma das Casas do Congresso Nacional sobre o mérito das medidas provisórias dependerá de juízo prévio sobre o atendimento de seus pressupostos constitucionais.

"§ 6º. Se a medida provisória não for apreciada em até 45 (quarenta e cinco) dias contados de sua publicação, entrará em regime de urgência, subseqüentemente, em cada uma das Casas do Congresso Nacional, ficando sobrestadas, até que se ultime a votação, todas as demais deliberações legislativas da Casa em que estiver tramitando.

"§ 7º. Prorrogar-se-á uma única vez por igual período a vigência de medida provisória que, no prazo de 60 (sessenta) dias, contado de sua publicação, não tiver a sua votação encerrada nas duas Casas do Congresso Nacional.

"§ 8º. As medidas provisórias terão sua votação iniciada na Câmara dos Deputados.

"§ 9º. Caberá à comissão mista de deputados e senadores examinar as medidas provisórias e sobre elas emitir parecer, antes de serem apreciadas, em sessão separada, pelo Plenário de cada uma das Casas do Congresso Nacional.

"§ 10. É vedada a reedição, na mesma sessão legislativa, de medida provisória que tenha sido rejeitada ou que tenha perdido sua eficácia por decurso de prazo.

"§ 11. Não editado o decreto legislativo a que se refere o § 3º até 60 (sessenta) dias após a rejeição ou perda de eficácia de medida provisória, as relações jurídicas constituídas e decorrentes de atos praticados durante sua vigência conservar-se-ão por ela regidas.

"§ 12. Aprovado projeto de lei de conversão alterando o texto original da medida provisória, esta manter-se-á integralmente em vigor até que seja sancionado ou vetado o projeto."

62. "Registre-se que o último chefe do Poder Executivo, o segundo Fernando, do início de seu primeiro mandato até o mês de agosto/1999, expediu 3.239 medidas provisórias (inconstitucionalmente, é claro), o que corresponde a uma média de quase 2,8 medidas provisórias por dia útil de governo (isto é, excluídos feriados, sábados e domingos). Inversamente, no período foram editadas pelo Congresso apenas 854 leis (entre ordinárias e complementares). (...). De resto, dentre as 3.239 medidas provisórias referidas, apenas 89 delas – ou seja, 2,75% – foram aprovadas pelo Congresso e convertidas em leis. Em suma: vigoraram entre nós 97,25% de medidas provisórias não aprovadas pelo Congresso (...)" (Celso Antônio Bandeira de Mello, *Curso de Direito Administrativo*, 25ª ed., p. 101, nota de rodapé 10).

art. 62 da CF, impondo limites mais rígidos ao uso então descontrolado desse instrumento.

É possível afirmar a existência de limites positivos e negativos à edição de medidas provisórias, o que sustenta seu uso excepcional e nãorotineiro.

Os limites positivos fundam-se na existência de urgência e relevância. A *urgência* é um conceito relacional: "urgente é a medida provisória que não possa aguardar o curso normal, ou com pedido de urgência (45 dias, normalmente), de projeto de lei apresentado pelo Presidente da República".[63] A *relevância*, por sua vez, identifica-se com o interesse público efetivamente presente no caso concreto, à luz das normas constitucionais, saliente na motivação da medida provisória.

Quanto aos limites negativos, citam-se as matérias acerca das quais não é possível a edição de medidas provisórias, expressas no § 1º do art. 62 da CF. Como não poderia deixar de ser, o rol incluído pela Emenda Constitucional 32/2001 abarcou, na sua totalidade, as restrições para a edição de leis delegadas dispostas no § 1º do art. 68, por uma questão lógica: se há tal vedação para leis delegadas, que contam com a autorização prévia do Congresso, não seria aceitável permitir sua edição em medidas provisórias, onde inexiste qualquer controle prévio.

As medidas provisórias têm força de lei, mas não devem ser concebidas como leis. Segundo José Roberto Vieira, as leis são marcadas pela normalidade, as medidas provisórias pela excepcionalidade; as leis são permanentes, as medidas provisórias são efêmeras; as leis são pautadas pela consistência, as medidas provisórias são pautadas pela precariedade; as leis mantêm sua eficácia pretérita, o que não acontece com as medidas provisórias não convertidas em lei.[64] Como devem ser submetidas a votação pelo Parlamento através de projeto de lei de conversão, as medidas provisórias submetem-se a sanção e veto do chefe do Executivo.

Um debate bastante instigante é quanto à possibilidade da edição de medida provisória em âmbito municipal. De início afirma-se a inadequação deste instituto em nível local, pois aumentaria a probabilidade de abusos do Executivo em relação ao Legislativo. É inegável a tendência de uma discricionarização mais incontrolável do que a que se observou na década de 90 do século passado, em nível federal, dos conceitos de *relevância* e *urgência*.

63. José Roberto Vieira, *Medidas Provisórias em Matéria Tributária: as Catilinárias Brasileiras*, p. 260.
64. Idem, p. 240.

Entretanto, não é possível deixar de aceitar sua existência em nível local, desde que previsto na lei orgânica, nos termos dos limites positivos e negativos apostos pela Constituição Federal.[65] Isso porque as espécies legislativas previstas no art. 59 da CF incidem em todos os entes da Federação, cabendo, no caso das leis delegadas e das medidas provisórias, a cada Município ou Estado definir na sua Constituição a sua aplicabilidade, se for o caso. Não aceitar tal possibilidade seria o mesmo que acolher uma posição de inferioridade dos Estados, Municípios e Distrito Federal diante da União – o que não pode ser concebido.

Não é possível encerrar esses comentários acerca das medidas provisórias sem analisar o disposto nos §§ 2º e 3º do art. 167 da CF. Tais dispositivos referem-se aos créditos especiais e extraordinários: os primeiros cabíveis para despesas não previstas na lei orçamentária; os segundos, em caso de despesas imprevisíveis e urgentes (guerra, comoção interna, calamidade pública – dentre outros). Assim, a Constituição expressa-se cabalmente no sentido de que a abertura de créditos adicionais extraordinários deva ocorrer através de medidas provisórias, uma vez que estarão presentes a relevância e a urgência, o que restará analisado pelo Congresso Nacional. A apreciação pelo Parlamento decorre da necessidade de aprovação do Legislativo para a abertura de quaisquer créditos orçamentários inexistentes – especiais ou extraordinários –, decorrente do princípio da legalidade (arts. 166, § 8º, e 167, I, II e V, da CF e art. 1º, XVII, do Decreto-lei 201/1967).[66] A diferença é que os créditos especiais devem ser aprovados previamente, enquanto os extraordinários devem ser aprovados posteriormente. Se a Municipalidade não adotou a medida provisória enquanto espécie legislativa, poderá abrir créditos

---

65. Idem, p. 288. O autor apresenta este posicionamento e cita importantes juristas que também o defendem, como Roque Carrazza, Clèmerson Merlin Clève, Humberto Ávila e Regina Maria Macedo Nery Ferrari.

66. Os créditos adicionais podem ser: (a) suplementares – visam a acrescer dotação existente, mediante a respectiva redução de outra; (b) especiais – visam a criar dotação, também mediante a remoção de recursos de outra dotação já existente; (c) extraordinários – também criam dotação nova, mediante a remoção de recursos de dotação também existente. Os créditos adicionais suplementares podem ter percentual prévio aprovado na lei orçamentária para que o Executivo os realize; para extrapolar estes limites é preciso lei específica, com aprovação prévia. Para os créditos adicionais especiais é preciso lei prévia e específica para sua criação e respectivo remanejo de recursos. Já os extraordinários são criados e posteriormente analisados pelo Parlamento, preferencialmente mediante medida provisória. As características dos créditos extraordinários conduzem a uma espécie de referendo que o Parlamento deverá dar a esta medida adotada pelo Executivo, aprovando-os ou não.

adicionais extraordinários? A resposta é positiva, utilizando-se do decreto do Executivo, sem olvidar a necessária aprovação parlamentar.

Por fim, há os *decretos legislativos* e as *resoluções*, ambos manifestações do Plenário da Câmara de Vereadores sobre matéria da sua competência, sem a sanção ou veto do Executivo e sem a possibilidade da iniciativa deste.[67] Segundo Hely Lopes Meirelles:

"*Decreto legislativo* é a deliberação do Plenário sobre matéria de sua exclusiva competência e apreciação político-administrativa, promulgada pelo presidente da Câmara, para operar seus principais efeitos fora da Câmara. (...).

"(...).

"*Resolução* é a deliberação do Plenário sobre matéria de sua exclusiva competência e do interesse interno da Câmara, promulgada por seu presidente. (...)."[68]

As resoluções e os decretos legislativos podem ser da iniciativa da Mesa Diretora ou de qualquer vereador, de acordo com sua finalidade, e devem se ater aos limites regimentais e da própria lei orgânica. Por conseqüência, não podem invadir o espaço da reserva legal, uma vez que não são leis.

As espécies legislativas aqui estudadas – emendas à lei orgânica, leis complementares, leis ordinárias, leis delegadas, medidas provisórias, decretos legislativos e resoluções – são aquelas que dependem de manifestação do Plenário da Câmara, sujeitas ao processo legislativo e à respectiva promulgação, incorporando-se ao sistema normativo local.

Estas espécies não devem ser confundidas com os *atos legislativos inominados*,[69] que podem traduzir uma manifestação do Plenário, porém não se sujeitam ao processo legislativo – salvo disposição regimental em contrário –, nem a sanção e veto do Executivo, e muito menos a qualquer processo de promulgação. É nesta categoria que devem ser enquadradas as *moções*, *requerimentos*, *indicações* e *pedidos de providências*.[70]

---

67. Pode-se citar como exemplo de matéria de decreto legislativo a convocação de plebiscito ou referendo; e de resolução do Plenário a definição de critérios para as diárias dos vereadores.
68. Hely Lopes Meirelles, *Direito Municipal Brasileiro*, 16ª ed., pp. 673-674.
69. Denominação adotada por Hely Lopes Meirelles, *Direito Municipal Brasileiro*, 16ª ed., p. 674.
70. As *moções* externam uma posição do Plenário, seja de apoio, seja de repúdio; são manifestações coletivas, que requerem a aprovação do colegiado. Os *requerimentos* podem ser individuais ou submetidos ao Plenário. As *indicações*

Por derradeiro, cabe mencionar as chamadas *posturas municipais*, expressão muito utilizada outrora para denominar, genericamente, as atuais espécies legislativas. Costumava-se referir ao Município como o ente responsável por emitir tais posturas, fruto da competência para gerir os negócios locais. Hoje em dia essa expressão encontra-se em desuso, pelos seguintes motivos: (a) sob o aspecto formal, devido à competência municipal de instituir um sistema normativo local, calcado nas espécies legislativas do art. 59 da CF, que não menciona a espécie "posturas municipais", até mesmo porque inexistente; (b) sob o aspecto material, por mais que a expressão "posturas municipais" seja capaz de significar o poder conformador dos comportamentos dos munícipes – Código de Posturas, Código de Obras... –, não é possível que se constitua no núcleo difusor das competências locais, uma vez que estas se encontram calcadas em dispositivos constitucionais que não fazem menção a tais posturas. Ao contrário, as competências municipais oriundas da Constituição extrapolam, e muito, a mais ampliativa das hermenêuticas acerca do que se possa entender por "posturas municipais". Essa expressão poderia espelhar, na melhor perspectiva possível, um feixe de atribuições decorrentes da competência municipal para tratar das questões atinentes ao interesse local no que tange à conformação do comportamento dos munícipes; (c) sob o aspecto ideológico, já que a expressão "posturas municipais" se encontra atrelada a uma compreensão de Município distante da sua condição de ente federado; ou seja, uma concepção próxima da antiga "doutrina da tutela", que concebia as Municipalidades como entes inferiores e dependentes dos demais entes estatais, como meras corporações administrativas, dissociadas da dimensão política concebida pela Constituição de 1988.[71]

---

sintetizam uma sugestão de obra relevante ou de política pública, e podem ser individuais ou submetidas ao Plenário. Os *pedidos de providências* atendem a pleitos mais simples, consubstanciados em ações rotineiras da administração. Estas proposições devem seguir as disposições regimentais, especialmente quando sujeitas à deliberação do Plenário – o que pode acarretar sua nulidade se os procedimentos não forem observados.

71. José Cretella Jr. descreve que "posturas municipais são, pois, as leis municipais, os decretos municipais, os regulamentos em vigor no âmbito do Município. (...). A expressão 'postura municipal', absolutamente legítima, técnica, tradicional e clássica em nossa língua, pode ser usada com segurança e precisão no âmbito dos Municípios para designar as normas legislativa gerais, abstratas e obrigatórias, aprovadas pela Câmara de Vereadores e postas em vigor pelo prefeito ou pela própria Câmara. A expressão 'postura municipal' é de natureza técnica e genérica, de abrangência maior que as expressões 'lei municipal', 'decreto municipal' e 'regulamento municipal'" (*Direito Administrativo Municipal*, pp. 53-54). Discorda-se de

4.5 Processo legislativo ordinário

O processo legislativo ordinário compreende a sucessão ordenada de atos que incidem sobre a maior parte das espécies legislativas sujeitas à deliberação do Plenário. Em virtude da matéria (por exemplo, lei orçamentária anual) ou da própria espécie legislativa (por exemplo, emendas à lei orgânica) há o processo legislativo especial, com procedimentos diferenciados – o que será estudado posteriormente.

Podem ser citadas as seguintes fases do processo legislativo municipal, oriundo de um processo de análise da Constituição Federal acerca das normas incidentes ao processo legislativo: *iniciativa, discussão, votação, sanção ou veto, promulgação* e *publicação*.[72] Estudemo-las.

4.5.1 Iniciativa

Discorrer sobre a iniciativa significa abordar o início do processo legislativo municipal. Em outras palavras: identificar os atores que podem iniciar o trâmite das espécies legislativas sujeitas à manifestação do Plenário, que poderão ser: (a) vereadores; (b) Executivo; (c) iniciativa popular.

Num primeiro momento ressalva-se que há espécies legislativas com certas particularidades que conduzem a uma limitação dos seus proponentes. As emendas à lei orgânica, as leis ordinárias e as leis complementares podem ser da iniciativa dos vereadores, do Executivo e da iniciativa popular, ressalvando-se as situações onde há a iniciativa exclusiva de leis. As leis delegadas e as medidas provisórias somente podem ser propostas pelo Executivo, ressaltando-se que no caso das primeiras deverá haver regulamentação prévia do Parlamento, estipulando os limites da delegação. Já os decretos legislativos e as resoluções são da iniciativa única dos vereadores, pois tratam de questões da competência única do Parlamento.

Num segundo momento deve-se analisar a iniciativa exclusiva da Câmara e do Executivo Municipais nas espécies que ambos podem propor, já que esses são os Poderes constituídos em nível local. Destaca-se

---

tal posicionamento, que se encontra demasiadamente atrelado a uma compreensão pré-constitucional – tendo como parâmetro a Constituição de 1988 – das competências municipais, como se as Municipalidades fossem corporações meramente administrativas.

72. Hely Lopes Meirelles (*Direito Municipal Brasileiro*, 16ª ed., pp. 676 e ss.) apresenta as seguintes fases: *iniciativa, discussão, votação, sanção, promulgação* e *veto* – não considerando a *publicação* uma fase do processo legislativo.

que todas as matérias que não forem da iniciativa exclusiva do Executivo ou do Legislativo são de iniciativa concorrente; logo, podem ser propostas por quaisquer dos Poderes, como também pela iniciativa popular.

No que tange à Câmara Municipal há a iniciativa exclusiva de lei para: (a) fixação da remuneração dos seus servidores, segundo o reflexo dos arts. 51, IV, e 52, XIII, da CF;[73] (b) fixação dos subsídios dos vereadores, prefeito, vice-prefeito e secretários, nos termos do art. 29, V e VI, da CF, resguardando-se o princípio da anterioridade.[74]

O Executivo Municipal, por sua vez, tem a iniciativa exclusiva de leis nas seguintes matérias:

(a) Servidores públicos – tal iniciativa decorre do disposto no § 1º do art. 61 da CF, abrangendo tanto a criação de cargos ou empregos públicos como, também, sua remuneração, regime jurídico, provimento de cargos, estabilidade e aposentadoria.[75] Engloba tudo o que disser

---

73. Constituição Federal: "Art. 51. Compete privativamente à Câmara dos Deputados: (...) IV – dispor sobre sua organização, funcionamento, polícia, criação, transformação ou extinção dos cargos, empregos e funções de seus serviços, e a iniciativa de lei para fixação da respectiva remuneração, observados os parâmetros estabelecidos na lei de diretrizes orçamentárias; (...)"; "Art. 52. Compete privativamente ao Senado Federal: (...) XIII – dispor sobre sua organização, funcionamento, polícia, criação, transformação ou extinção dos cargos, empregos e funções de seus serviços, e a iniciativa de lei para fixação da respectiva remuneração, observados os parâmetros estabelecidos na lei de diretrizes orçamentárias; (...)". Cabe a ressalva de que a organização e o funcionamento da Câmara de Vereadores, incluindo a criação de órgãos públicos, cargos e empregos, gratificações e adicionais podem ocorrer através de resolução. Entretanto, toda e qualquer remuneração somente pode ser fixada através de lei, onde impera a iniciativa exclusiva do Legislativo, representado pela Mesa Diretora.

74. As fixações dos subsídios dos secretários municipais não se encontram sob o manto da anterioridade, o que conduz à possibilidade de alteração a qualquer momento, desde que por lei da iniciativa da Câmara Municipal. Já no que tange aos subsídios do prefeito, vice-prefeito e vereadores, além da anterioridade em relação ao mandato, incide a anterioridade em relação ao pleito eleitoral. Isso porque se trata de agentes políticos detentores de mandato eletivo, cujas regras dos subsídios devem estar definidas na legislatura anterior, antes do pleito, a fim de dar observância aos princípios da impessoalidade e moralidade. Também há a regra constitucional do inciso VI do art. 29, que explicita a anterioridade em relação aos subsídios dos vereadores; e o art. 11 da Constituição do Estado do Rio Grande do Sul. Por fim, pode a lei orgânica definir critérios outros para a fixação destes subsídios, desde que não fira o princípio da anterioridade, aqui descrito.

75. CF, art. 61:

"Art. 61. A iniciativa das leis complementares e ordinárias cabe a qualquer membro ou comissão da Câmara dos Deputados, do Senado Federal ou do Congresso Nacional, ao Presidente da República, ao Supremo Tribunal Federal, aos Tribu-

respeito à vida funcional e remuneratória dos servidores públicos municipais.[76] Nesse ínterim registra-se a possibilidade da extinção de funções nais Superiores, ao Procurador-Geral da República e aos cidadãos, na forma e nos casos previstos nesta Constituição. "§ 1º. São de iniciativa privativa do Presidente da República as leis que: I – fixem ou modifiquem os efetivos das Forças Armadas; II – disponham sobre: a) criação de cargos, funções ou empregos públicos na Administração direta e autárquica ou aumento de sua remuneração; b) organização administrativa e judiciária, matéria tributária e orçamentária, serviços públicos e pessoal da administração dos Territórios; c) servidores públicos da União e Territórios, seu regime jurídico, provimento de cargos, estabilidade e aposentadoria; d) organização do Ministério Público e da Defensoria Pública da União, bem como normas gerais para a organização do Ministério Público e da Defensoria Pública dos Estados, do Distrito Federal e dos Territórios; e) criação e extinção de ministérios e órgãos da Administração Pública, observado o disposto no art. 84, VI; f) militares das Forças Armadas, seu regime jurídico, provimento de cargos, promoções, estabilidade, remuneração, reforma e transferência para a reserva."

76. Eis alguns julgados acerca desta competência exclusiva:

"*Ementa*: Servidores públicos – Remuneração – Disciplina – Iniciativa – Emenda a projeto – Aumento de despesa. A circunstância de caber privativamente ao chefe do Poder Executivo a iniciativa de leis dispondo sobre a criação de cargos, funções e empregos públicos na Administração direta e autárquica, ou aumento de sua remuneração (alínea 'a' do inciso II do § 1º do art. 61 da CF) atrai a vedação do inciso I do art. 63 também do Diploma Maior, no que obstaculiza a majoração de despesa em projetos da iniciativa exclusiva referida, excetuada a problemática relativa ao orçamento – Relevância do pedido e risco de manter-se com plena eficácia preceito acrescentado no âmbito da Assembléia, objeto de veto, seguindo-se derrubada e promulgação, no que veio a implicar o aumento de despesa – Conflito, ao primeiro exame, da Lei Complementar n. 210, de 23.11.1998, do Estado de Rondônia, com a Carta da República" (Tribunal Pleno, ADI 1.954-RO/MC, rel. Min. Marco Aurélio, j. 11.3.1999, *DJU* 30.4.1999, p. 1; *Ement*. 01948-01/50).

"*Ementa*: Inconstitucionalidade de normas estaduais, que, ao vincularem o reajuste da remuneração do funcionalismo a índices de correção editados pela União, sem iniciativa do chefe do Executivo, infringiram os princípios tanto da separação dos Poderes como da autonomia do Estado" (Tribunal Pleno, AOr 288-SC, rel. Min. Octávio Gallotti, j. 27.9.1995, *DJU* 15.12.1995, p. 44.077; *Ement*. 01813-01/60).

"*Ementa*: Recurso extraordinário – Declaração de inconstitucionalidade de dispositivo de lei municipal. 2. Dispositivo que vedava a nomeação de cônjuge e parentes consangüíneos ou afins, até o terceiro grau ou por adoção, do prefeito, vice-prefeito, secretários e vereadores para cargos em comissão, salvo se servidores efetivos do Município. 3. Contrariedade ao disposto no art. 60, II, 'b', da Constituição Estadual, por vício formal de iniciativa. 4. Precedente do Plenário desta Corte na ADI n. 1521-4-RS, que indeferiu, por maioria, a suspensão cautelar de dispositivo que dizia respeito à proibição de ocupação de cargo em comissão por cônjuges ou companheiros e parentes consangüíneos, afins ou por adoção, até o segundo grau. 5. Recurso extraordinário conhecido e provido – Afastado o vício formal" (2ª Tur-

ou cargos vagos através de decreto autônomo, desde que transposto o inciso IV do art. 84 da CF para a lei orgânica municipal.

(b) Estrutura administrativa – também decorre do art. 61 da CF, cabendo unicamente ao Executivo o encaminhamento de leis que criem ou extingam órgãos públicos municipais. Da mesma forma, a criação de entes da Administração indireta somente pode ocorrer por lei de iniciativa do Executivo, já que adentra suas competências constitucionais (art. 37, XIX e XX, da CF), além de gerar despesa.[77] Ressalva-se a possibilidade de adoção do decreto autônomo para normatizar a organização e o funcionamento da Administração, desde que transposto o inciso IV do art. 84 da CF para a lei orgânica municipal e que não gere despesa ou não signifique a criação ou extinção de órgão. Tal decreto autônomo pode abranger a transposição e a redefinição de atribuições e competências de órgãos públicos, bem como de procedimentos administrativos.[78]

ma, RE 183.952-RS, rel. Min. Néri da Silveira, j. 19.3.2002, *DJU* 24.5.2002, p. 69; *Ement.* 02070-03/541).

"*Ementa:* Ação direta de inconstitucionalidade. É inconstitucional lei municipal que estabelece forma de processo eleitoral para provimento de cargo de diretor e vice-diretor de escola pública municipal e municipalizada – Ofensa à prerrogativa do chefe do Poder Executivo – Ação julgada procedente" (TJRS, Tribunal Pleno, ADI 70002385359, rel. Des. Alfredo Guilherme Englert, j. 6.8.2001).

77. Eis alguns acórdãos acerca dessa questão:
"*Ementa:* Constitucional – Lei municipal – Atribuição de autarquia – Iniciativa reservada ao chefe do Executivo. 1. Compete ao chefe do Executivo, privativamente, iniciar o processo legislativo quanto a leis que especifiquem as atribuições de órgãos da Administração. Por tal motivo, é inconstitucional a Lei n. 3.258/2001, do Município de Esteio, que especifica os serviços a serem prestados pelo Hospital São Camilo, que é autarquia municipal. 2. Ação direta julgada procedente" (TJRS, Tribunal Pleno, ADI 70003632973, rel. Des. Araken de Assis, j. 1.4.2002).

"*Ementa:* Ação direta de inconstitucionalidade – Lei municipal que cria o Conselho Municipal do Idoso – Origem na Câmara de Vereadores – Ofensa ao princípio da independência e harmonia dos Poderes – Inconstitucionalidade formal por vício de iniciativa – Ação julgada procedente" (TJRS, Tribunal Pleno, ADI 70003273380, rel. Des. João Carlos Branco Cardoso, j. 2.9.2002).

"*Ementa:* Processo legislativo – Reserva de iniciativa ao Poder Executivo (CF, art. 61, § 1º, 'e') – Regra de absorção compulsória pelos Estados-membros, violada por lei local de iniciativa parlamentar que criou órgão da Administração Pública (Conselho de Transporte da Região Metropolitana de São Paulo/CTM) – Inconstitucionalidade" (Tribunal Pleno, ADI 1.391-SP, rel. Min. Sepúlveda Pertence, j. 9.5.2002, *DJU* 7.6.2002, p. 81; *Ement.* 02072-01/132).

78. CF, art. 84: "Compete privativamente ao Presidente da República: (...) VI – dispor, mediante decreto, sobre: a) organização e funcionamento da Administração Federal, quando não implicar aumento de despesa nem criação ou extinção de órgãos públicos; b) extinção de funções ou cargos públicos, quando vagos; (...)".

(c) Leis orçamentárias – nos termos do art. 165 da CF,[79] compete ao Executivo encaminhar as leis orçamentárias para o Parlamento, englobando o plano plurianual, a lei de diretrizes orçamentárias e a lei orçamentária anual. Os prazos para o encaminhamento destas leis devem ser fixados pela lei orgânica, que pode imitar os prazos definidos na Constituição para o Executivo Federal.[80] Pode também ocorrer a fixação de prazos, se tal não for feito na lei orgânica, em lei ordinária municipal. Entretanto, a lei complementar a que se refere o § 9º do art. 165 da CF poderá definir prazos uniformes para todos os entes federados.

(d) Geração de despesa – a doutrina e a jurisprudência têm consolidado o entendimento amplamente majoritário de que todas as proposições legislativas que acarretem a geração de despesa ao Executivo são da iniciativa exclusiva deste, excluindo-se, por óbvio, as matérias da iniciativa exclusiva da Câmara Municipal.[81] O fundamento assenta-se

Esta alteração pugnada pela Emenda Constitucional 32/2001 trouxe a possibilidade da edição de decreto, sem o anteparo de uma lei, para os fins pugnados nas alíneas do inciso VI do art. 84. Às Municipalidades basta transcrever suas disposições, já que se trata de norma de imitação, e não de repetição obrigatória, para que o Executivo Municipal possa dispor dessa prerrogativa.

79. CF, art. 165: "Leis de iniciativa do Poder Executivo estabelecerão: I – o plano plurianual; II – as diretrizes orçamentárias; III – os orçamentos anuais".

80. Até oito meses do encerramento do exercício financeiro para a lei de diretrizes orçamentárias e até quatro meses para a lei orçamentária anual e o plano plurianual – art. 35 do ADCT.

81. Eis alguns importantes julgados que respaldam esse entendimento doutrinário e jurisprudencial:
"*Ementa:* Ação direta de inconstitucionalidade. É inconstitucional a lei que resulta de emenda apresentada por vereador, aumentando despesa ao arrepio do projeto de iniciativa do Poder Executivo – Violação dos arts. 8º, 10, 60, II, 'b', e 61, I, da Constituição Estadual – Ação julgada procedente" (TJRS, Tribunal Pleno, ADI 70001085679, rel. Des. Cacildo de Andrade Xavier, j. 25.2.2002).
"*Ementa:* Ação direta de inconstitucionalidade. É inconstitucional, por vício formal, lei de iniciativa do Poder Legislativo que 'Dispõe sobre o fornecimento de medicamentos excepcionais para pessoas carentes'. Tal lei impõe atribuição ao Executivo, com aumento de despesa, ao dispor sobre organização e funcionamento da Administração, violando os arts. 8º, 10, 60, II, 'd', 61, I, e 82, VII, da Constituição Estadual – Ação julgada procedente" (TJRS, Tribunal Pleno, ADI 70003199031, rel. Des. Cacildo de Andrade Xavier, j. 19.8.2002).
"*Ementa:* Ação direta de inconstitucionalidade – Lei que institui programa de combate ao uso de entorpecentes e dá outras providências – Iniciativa privativa do Executivo – Vício de origem – Aumento de despesa – Inexistência de prévia previsão orçamentária – Inconstitucionalidade material" (TJRS, Tribunal Pleno, ADI 70009668682, rel. Des. Armínio José Abreu Lima da Rosa, j. 13.12.2004).

no pressuposto de que um Poder não pode acarretar a geração de despesa em outro sem afrontar sua autonomia e, conseqüentemente, o princípio da separação dos Poderes, esculpido no texto constitucional. Tal critério não pode ser levado a extremos, uma vez que praticamente toda proposição oriunda do Parlamento nas matérias da competência concorrente, pertinentes à Administração (serviços públicos e direito de informação, por exemplo), tende a acarretar algum tipo de despesa, seja no reordenamento operacional para atender ao determinado no texto jurídico, seja em novos modos de proceder da Administração. A conseqüência de tal entendimento extremado seria o engessamento da função legiferante do Legislativo na iniciativa de normas jurídicas. A problemática reside, fundamentalmente, em nova despesa sem que o Executivo tenha condições de arcar, seja pela inexistência de previsão orçamentária, seja em virtude do seu impacto. Tais situações conduzem ao vício de origem, uma vez que não é possível ao Legislativo acarretar tais despesas sem infringir a autonomia do Executivo. Quanto à inexistência de previsão, resta por óbvio o vício, já que o Legislativo não pode criar dotação para o Executivo, e sem esta não haverá condições fáticas e jurídicas para sua execução; quanto ao impacto da nova despesa, resta tal situação agravada pela Lei Complementar 101/2000 – Lei de Responsabilidade Fiscal –, que traz rígidos critérios para a geração de nova despesa, praticamente inviabilizando atos legislativos com esse desiderato.[82] Assim, despesas novas com impacto insignificante, consideradas as que possam ser suportadas pelas dotações existentes no orçamento vigente sem que

"*Ementa:* Ação direta de inconstitucionalidade – Lei n. 4.202/2006, do Município de Esteio, que institui o programa diagnóstico e prevenção de anomalias fetais e dá outras providências – Iniciativa privativa do Poder Executivo – Aumento de despesa – Inexistência de prévia previsão orçamentária – Inconstitucionalidade formal – Ação julgada procedente" (TJRS, Órgão Especial, ADI 70017056425, rel. Des. Osvaldo Stefanello, j. 23.4.2007).

82. Segundo os arts. 15, 16 e 17 da Lei de Responsabilidade Fiscal, são consideradas não autorizadas, irregulares e lesivas ao patrimônio público as novas obrigações sem a estimativa do impacto orçamentário-financeiro por três exercícios e sem a declaração do ordenador da despesa em relação à adequação orçamentária e financeira. Quanto à nova despesa corrente derivada se perpetuar por mais de dois exercícios (despesa obrigatória de caráter continuado), além das obrigações para toda despesa nova, é necessária a comprovação de que não afetará as metas de resultados fiscais da lei de diretrizes orçamentárias, além da comprovação ou do aumento permanente da receita, ou da diminuição proporcional de outra despesa. A observância destas condições para novas despesas e, com mais rigor, para as despesas novas de caráter continuado não pode ser alcançada pelo legislador, constituindo-se em atribuição própria do Executivo, maculando com o vício de origem as iniciativas parlamentares com tal fim.

comprometam o funcionamento normal da Administração, não podem adentrar o campo da iniciativa exclusiva do Executivo.[83]

(e) Leis tributárias benéficas – tal restrição pressupõe que as leis tributárias, de maneira geral, são da iniciativa concorrente, conforme a leitura inicial que se faz dos dispositivos constitucionais pertinentes (art. 61 e 145 e ss. da CF). Este é o posicionamento sufragado pelos tribunais pátrios, que admitem a iniciativa parlamentar em quaisquer matérias tributárias.[84] Entretanto, não é esse o entendimento deste trabalho. A fim

83. Normalmente as Administrações fixam na lei de diretrizes orçamentárias o que sejam "despesas insignificantes", não sujeitas ao impacto orçamentário-financeiro, que podem servir de critério para a iniciativa de lei do Parlamento que gere despesa em matérias que não adentrem expressamente as competências exclusivas. Eis um importante acórdão que sufraga este entendimento: "Ementa: Ação direta de inconstitucionalidade – Lei n. 1.267/2006, que cria os títulos de 'rainha' e 'princesas' do Município de Ibirapuitã.– Alegação de aumento de despesa ao erário – Improcedência – Norma impugnada que não é de iniciativa privativa do chefe do Poder Executivo, não versado sobre plano plurianual, diretrizes orçamentárias ou orçamentos anuais – Inaplicabilidade do disposto no art. 61, I, da Constituição Estadual – Caso em que o Legislativo apenas estabeleceu a destinação das despesas previstas por conta das dotações orçamentárias já existentes – Julgado improcedente o pedido – Unânime" (TJRS, Tribunal Pleno, ADI 70018669697, rela. Desa. Maria Berenice Dias, j. 18.6.2007).

84. Alguns importantes julgados sobre a iniciativa de leis tributárias:
"Ementa: Leis tributárias – Iniciativa. Dispõe o Poder Legislativo de iniciativa para propor leis que tratem de matéria tributária – Impositivo, tão-só, reconhecer a inconstitucionalidade do dispositivo legal que infringe o princípio da anterioridade – Ação acolhida em parte, por maioria" (TJRS, Tribunal Pleno, ADI 70002787646, rel. Des. Vasco Della Giustina, j. 1.4.2002).
"Ementa: Constitucional – Matéria tributária – Poder de tributar e poder de isentar – Iniciativa legislativa. 1. O poder de isentar é o mesmo poder de tributar visto no ângulo contrário, inexistindo iniciativa reservada ao chefe do Executivo, neste assunto, de modo que a competência legislativa da Câmara integra as regras do jogo e a independência e harmonia dos Poderes (Constituição Estadual/1989, art. 10), pouco importando reflexos orçamentários – Precedente específico do STF neste assunto (ADI/MC, Celso de Mello). É possível emenda substitutiva em assunto que não se sujeita à iniciativa exclusiva do chefe do Executivo. 2. Ação Direta julgada improcedente" (TJRS, Tribunal Pleno, Repr. 70001214212, rel. Des. Araken de Assis, j. 19.11.2001).
"Ementa: Ação direta de inconstitucionalidade – Matéria tributária. As leis que disponham sobre matéria tributária não se inserem dentre as de iniciativa privativa do chefe do Poder Executivo, a contrario sensu do art. 61, § 1º, II, 'b', da CF – Ação julgada improcedente" (TJRS, Tribunal Pleno, ADI 595021031, rela. Desa. Maria Berenice Dias, j. 6.11.2000).
"Ementa: Ação direta de inconstitucionalidade – Lei n. 3.272/1997 do Município de Passo Fundo, estabelecendo isenções de contribuição de melhoria – Projeto

de conformar e fundamentar o posicionamento aqui adotado, acolhe-se a definição de Roque Carrazza de *leis benéficas* como "as que, quando aplicadas, acarretam diminuição de receita (leis que concedem isenções tributárias, que parcelam débitos fiscais, que aumentam prazos para o normal recolhimento de tributos etc.)".[85] Não é possível ao parlamentar ou à iniciativa popular o encaminhamento de leis benéficas (que alterem a alíquota, a base de cálculo, o modo e o prazo de pagamento), com base nas seguintes argüições:

(e.1) É inerente ao Executivo, uma vez que tal matéria interessa preponderantemente à função executiva, devido às conseqüências que pode causar ao erário local. Não têm o Legislativo nem as pessoas do povo condições de avaliar o impacto das leis benéficas no Tesouro Mu-

iniciado no Legislativo – Inconstitucionalidade (frente aos arts. 8º; 10; 82, XI; 141; 149 e 152 da Constituição do Estado do Rio Grande do Sul) inexistente. Não há iniciativa privativa do Poder Executivo nas leis tributárias comuns. Eventual repercussão delas no orçamento do mesmo exercício ou dissintonia com a respectiva lei de diretrizes orçamentárias pode levar à ineficácia temporária, sem importar afronta às disposições constitucionais relativas à elaboração das leis ditas orçamentárias – Ação julgada improcedente – Votos vencidos" (TJRS, Tribunal Pleno, ADI 70001036870, rel. Des. Alfredo Guilherme Englert, j. 6.11.2000).

"*Ementa:* I – Processo legislativo – Matéria tributária – Inexistência de reserva de iniciativa do Executivo, sendo impertinente a invocação do art. 61, § 1º, II, 'b', da Constituição, que diz respeito exclusivamente aos Territórios Federais. II – Isenção e privilégio. III – Ação direta de inconstitucionalidade – Medida cautelar, em regra, descabida se a lei impugnada tem caráter de simples autorização ao Poder Executivo, subordinada a sua utilização à edição de regulamento, para a qual sequer se estabeleceu prazo – Precedentes" (Tribunal Pleno, ADI 2.304-RS/MC, rel. Min. Sepúlveda Pertence, j. 4.10.2000, *DJU* 15.12.2000, p. 61; *Ement.* 02016-01/1).

"*Ementa:* Ação direta de inconstitucionalidade – Lei n. 7.999/1985, do Estado do Rio Grande do Sul, com a redação que lhe deu a Lei n.º 9.535/1992 – Benefício tributário – Matéria de iniciativa comum ou concorrente – Repercussão no orçamento estadual – Alegada usurpação da cláusula de iniciativa reservada ao chefe do Poder Executivo – Ausência de plausibilidade jurídica – Medida cautelar indeferida. A Constituição de 1988 admite a iniciativa parlamentar na instauração do processo legislativo em tema de direito tributário. A iniciativa reservada, por constituir matéria de direito estrito, não se presume e nem comporta interpretação ampliativa, na medida em que – por implicar limitação ao poder de instauração do processo legislativo – deve necessariamente derivar de norma constitucional explícita e inequívoca. O ato de legislar sobre direito tributário, ainda que para conceder benefícios jurídicos de ordem fiscal, não se equipara – especialmente para os fins de instauração do respectivo processo legislativo – ao ato de legislar sobre o orçamento do Estado" (ADI 724-RS/MC).

85. Roque Antonio Carrazza, *Curso de Direito Constitucional Tributário*, 24ª ed., p. 304.

nicipal, razão pela qual, com fundamento no princípio da separação dos Poderes, é vetada tal iniciativa ao Parlamento ou à iniciativa popular.

(e.2) Somente o Executivo tem condições de mensurar o "efeito, sobre as receitas e despesas, decorrente de isenções, anistias, remissões, subsídios e benefícios de natureza financeira, tributária e creditícia", cujo demonstrativo deve ser encaminhado juntamente com a proposta orçamentária, nos termos do art. 165, § 6º, da CF. Como afirma Roque Carrazza: "Não faz sentido, *venia concessa*, exigir que o Executivo faça o demonstrativo, sobre as receitas e despesas, de benefícios fiscais que ele não previu, nem sabe quando e em que dimensões surgirão".[86] Tal circunstância reforça a iniciativa exclusiva das leis tributárias benéficas ao Executivo.

(e.3) As leis tributárias benéficas configuram renúncia de receita, nos termos da Lei de Responsabilidade Fiscal (Lei Complementar 101/2000),[87] que somente pode ser apresentada com a estimativa do impacto orçamentário-financeiro para três exercícios, além da demonstração da sua consideração na estimativa da receita e de que não afetará as metas fiscais ou de medidas de compensação em outro tributo. Além disso, nos termos dos arts. 4º, § 2º, V, e 5º, II, da Lei Complementar 101/2000, o anexo de metas fiscais e a própria lei orçamentária anual devem conter o demonstrativo da estimativa e da compensação da renúncia de receita. As atuais implicações de toda e qualquer renúncia de receita

---

86. Idem, pp. 304-305.
87. Lei de Responsabilidade Fiscal (Lei Complementar 101/2000):
"Art. 14. A concessão ou ampliação de incentivo ou benefício de natureza tributária da qual decorra renúncia de receita deverá estar acompanhada de estimativa do impacto orçamentário-financeiro no exercício em que deva iniciar sua vigência e nos dois seguintes, atender ao disposto na lei de diretrizes orçamentárias e a pelo menos uma das seguintes condições: I – demonstração pelo proponente de que a renúncia foi considerada na estimativa de receita da lei orçamentária, na forma do art. 12, e de que não afetará as metas de resultados fiscais previstas no anexo próprio da lei de diretrizes orçamentárias, II – estar acompanhada de medidas de compensação, no período mencionado no *caput*, por meio do aumento de receita, proveniente da elevação de alíquotas, ampliação da base de cálculo, majoração ou criação de tributo ou contribuição.
"§ 1º. A renúncia compreende anistia, remissão, subsídio, crédito presumido, concessão de isenção em caráter não geral, alteração de alíquota ou modificação de base de cálculo que implique redução discriminada de tributos ou contribuições, e outros benefícios que correspondam a tratamento diferenciado.
"§ 2º. Se o ato de concessão ou ampliação do incentivo ou benefício de que trata o *caput* deste artigo decorrer da condição contida no inciso II, o benefício só entrará em vigor quando implementadas as medidas referidas no mencionado inciso."

trazidas pela Lei de Responsabilidade Fiscal acarretam sua iniciativa exclusiva ao Executivo, agravando os ônus anteriormente previstos no § 6º do art. 165 da CF.

Assim, consoante tal carga argumentativa, refuta-se a possibilidade da iniciativa de lei tributária benéfica aos vereadores ou à iniciativa popular, uma vez que, pelas particularidades envolvidas nessas matérias, adstringem-se preponderantemente à função executiva, única função estatal capaz de mensurar seus efeitos nas contas públicas. Não podem o Parlamento ou os cidadãos iniciar leis que acarretem conseqüências imprevisíveis ao Executivo e à própria sociedade, pois significaria a usurpação de atribuições, o que é expressamente vedado pela Constituição Federal.[88]

O encaminhamento, por integrante de um Poder, de matéria da iniciativa exclusiva de outro acarreta o denominado vício de origem da proposição, maculando-a de inconstitucionalidade, por afrontar expressos dispositivos da Constituição ou por infringir a principiologia constitucional, mormente a independência e a harmonia entre as funções estatais.[89] Isso porque o vício de origem tem por causa e fundamento a usurpação das competências de uma função estatal por outra, significando a intromissão indevida de um Poder em outro, com a quebra da autonomia que uma função estatal deve ter em relação às demais.

As iniciativas exclusivas do Legislativo e do Executivo aplicam-se a todas as espécies legislativas. Veda-se até mesmo a iniciativa popular nessas matérias, o que não ocorre nas matérias de iniciativa concorrente. Por conseguinte, poderá haver a iniciativa popular em leis ordinárias e em leis complementares, observando-se, em qualquer caso, a necessidade de 5% de aquiescência do eleitorado do Município.

A iniciativa de leis pela população é uma manifestação legítima da soberania popular e deve estar disciplinada na lei orgânica municipal, nos termos do inciso XIII do art. 29 da CF.[90] A fim de não restar dúvidas,

---

88. Ademais, registra-se o caráter demagógico que as leis tributárias benéficas podem assumir se propostas pelo Legislativo ou pelos cidadãos, até mesmo porque estes não estarão diretamente envolvidos com a gestão das suas conseqüências.

89. CF, art. 2º: "São Poderes da União, independentes e harmônicos entre si, o Legislativo, o Executivo e o Judiciário".

90. CF, art. 14: "A soberania popular será exercida pelo sufrágio universal e pelo voto direto e secreto, com valor igual para todos, e, nos termos da lei, mediante: I – plebiscito; II – referendo; III – iniciativa popular"; art. 29: "(...) XIII – iniciativa popular de projetos de lei de interesse específico do Município, da cidade ou de bairros, através de manifestação de, pelo menos, 5% do eleitorado; (...)".

a expressão "projetos de lei", a que se refere o dispositivo constitucional, compreende a terminologia "lei" em sentido *lato*, abrangendo também as leis complementares, desde que não adentrem a iniciativa exclusiva. Se a lei orgânica assim dispuser, será possível a interposição de emenda à lei orgânica nas matérias de competência concorrente através da iniciativa popular.[91] Por fim, "interesse específico do Município, da cidade ou de bairros" conduz, por imperativo hermenêutico, à existência do *interesse local*, conceito legal indeterminado que norteia a ação legislativa municipal, mesmo no caso da iniciativa popular. Não se deve dar maior relevo à expressão "interesse específico", que não pode ser interpretada a não ser sob a luz do interesse local.[92]

O estudo da iniciativa de leis também deve perpassar o instituto da convalidação, que é utilizado com o intuito de fundamentar o suprimento do vício de origem parlamentar em matéria da iniciativa exclusiva do Executivo através da sua sanção. A doutrina e a jurisprudência têm se posicionado contrariamente à possibilidade de uso deste instituto no processo legislativo, como forma de suprir o vício de origem, mesmo quando a convalidação esteja prevista expressamente na lei orgânica municipal.[93]

91. Excluem-se da iniciativa popular as medidas provisórias, as leis delegadas, os decretos legislativos e as resoluções. As duas primeiras em virtude da sua iniciativa exclusiva pelo Executivo, seja diante da relevância e urgência, seja por delegação do Legislativo. As duas últimas por tratarem de questões próprias da Câmara Municipal, também da sua iniciativa exclusiva, ora com efeitos externos, ora com efeitos internos.

92. Conforme a nota de rodapé 4 do Capítulo 2 e respectiva citação de Hely Lopes Meirelles, todo interesse local conforma um interesse que também é do Estado ou da União, o que dificulta a conceituação de um interesse específico do Município, cidade ou bairros, desatrelado do interesse regional e nacional. O interesse específico tem de ser compreendido sob este jaez. Não há interesse do Município que não o seja também, nem que reflexivamente, da União ou do Estado; da mesma forma, tendencialmente, o interesse da cidade será o do Município, exceto quando do conflito de interesses entre a população citadina e a população rural; o mesmo com o interesse de bairros, que pode ser fruto de maiores conflitos e disputas, devido à sua multiplicidade. Entretanto, não há como desconcatenar o interesse específico do Município, cidade ou bairros do interesse local. Logo, existindo o interesse local em matéria de competência concorrente, poderá haver a iniciativa popular de leis.

93. Eis dois acórdãos de ações diretas de inconstitucionalidade que declararam a inconstitucionalidade de dispositivos das leis orgânicas disciplinadores da convalidação:

"*Ementa:* Ação direta de inconstitucionalidade. A sanção não convalida lei com eiva de inconstitucionalidade. Mostra-se inconstitucional o dispositivo da lei orgânica municipal que, interferindo em esfera de competência privativa da União, destina parte da receita para o Ensino Superior comunitário do Município – Afronta ao

Diante desse posicionamento jurisprudencial, uma vez que determinada proposição esteja maculada de vício de origem, mesmo com a sanção do Executivo não cessará sua inconstitucionalidade, que poderá ser argüida a qualquer tempo. Entretanto, deve-se relevar que, em circunstâncias excepcionais, pelo passar do tempo sem que tenha sido declarada sua inconstitucionalidade, e estando a espécie jurídica a surtir seus efeitos como se constitucional fosse, sem a mácula da má-fé, em vista dos princípios que incidem sobre as funções estatais e sobre o processo legislativo, deve-se considerar a possibilidade da sua convalidação, preservando-se, assim, os princípios da igualdade, impessoalidade, moralidade e, principalmente, da segurança jurídica. Frisa-se a excepcionalidade dessa argüição, uma vez que a convalidação aqui apresentada não pode ser utilizada como subterfúgio do Executivo em matérias da sua iniciativa exclusiva.[94]

Ademais, a iniciativa de leis está condicionada aos seguintes aspectos:

(a) Vedação de repetição de proposição em trâmite – não é possível a apresentação de proposição coincidente com outra em trâmite, o

---

disposto pelos arts. 82, III, e 149, III, da Constituição Estadual – Ação julgada procedente, por maioria" (TJRS, Tribunal Pleno, ADI 70000757930, rel. Des. Osvaldo Stefanello, j. 21.5.2001).

"*Ementa:* Ação direta de inconstitucionalidade – Processo legislativo – Poder de emendas, que tem a Câmara Legislativa, ao projeto de lei de iniciativa privativa do prefeito municipal. A Câmara pode oferecer emendas aos projetos de lei de iniciativa privativa do Sr. Prefeito, desde que não lhe modifiquem a substância, não lhe transformem a idéia originária ou não lhe deformem o sentido que lhe dera causa – Competência privativa do prefeito municipal – Indelegabilidade. Nos projetos de lei cuja matéria se vincula à competência privativa do Sr. Prefeito Municipal não é dado à Câmara Legislativa tomar sua iniciativa e nem é dado àquele placitá-la com sanção posterior. A sanção de retardo não convalida o ato inconstitucional. A Constituição quer que cada Poder exerça separadamente suas atribuições, sem baralhá-las. Cada agente político tem o exercício do direito, mas não a sua disponibilidade, conseqüente à investidura do cargo – Ação julgada procedente, em parte" (TJRS, Tribunal Pleno, ADI 598282564, rel. Des. Clarindo Favretto, j. 9.8.1999).

94. Tal qual ocorre com os atos administrativos viciados, em relação aos quais se admite a convalidação pelo perpassar do tempo (em nível federal o prazo é de cinco anos), além da convalidação pela reprática, desde que presente a boa-fé, nesses mesmos termos defende-se a possibilidade, em situações excepcionais, de incidência do instituto da convalidação em leis maculadas do vício de origem e que estejam surtindo efeitos, desde que sancionadas pelo Executivo, sem a mácula da má-fé e que não tenha ocorrido a declaração de sua inconstitucionalidade em via difusa ou concentrada. Assim poderão ser preservados importantes princípios, como os princípios da segurança jurídica, da igualdade e da moralidade. O fator mais relevante em tal argüição é a produção de efeitos jurídicos pela lei em período considerável.

que deve estar devidamente expresso no regimento interno.[95] Além de garantir a iniciativa da matéria ao seu autor, enquanto necessário imperativo ético, evita-se o dispêndio de esforços desnecessários pelo próprio Parlamento. Em situações como esta se alcançará a otimização dos trabalhos legislativos através de emendas parlamentares que aprimorem a proposição em questão.

(b) Vedação de repetição de proposição rejeitada – proíbe-se a reapresentação de proposição reprovada pela Câmara Municipal na mesma sessão legislativa. Tal regra depreende-se do art. 67 da CF, configurando-se princípio de cumprimento obrigatório.[96] Somente através da maioria absoluta dos vereadores será possível a reapresentação da matéria na mesma sessão legislativa, o que deve ocorrer com a aquiescência formal deste *quorum* de parlamentares. Tal princípio deve ser observado para todas as espécies legislativas;[97] e, no caso daquelas que dependam de *quorum* qualificado para sua aprovação, pode o regimento interno prever a aquiescência deste número de parlamentares para sua reapresentação na mesma sessão legislativa, com base na razoabilidade, já que o *quorum* diferenciado de aprovação de uma espécie legislativa pode conduzir ao mesmo número de proponentes. Esta vedação busca evitar o dispêndio desnecessário dos recursos do Parlamento na reapreciação de matéria já rejeitada pela Câmara Municipal, salvo se a reapresentação ocorrer pela maioria parlamentar necessária para sua aprovação, como um sinal de que os esforços parlamentares tendem a não ser estéreis.[98]

Por fim, o regimento interno deve prever as situações em que é possível a retirada da proposição pelos seus respectivos autores, ressalvando-se que tal possibilidade, até que se inicie o processo de votação, sempre é permitida ao Executivo Municipal nas matérias encaminhadas

---

95. As redações regimentais devem buscar a vedação do trâmite de mais de uma proposição que discipline a mesma questão. É o exemplo do trâmite de projeto de resolução que diminua o recesso parlamentar. Se algum outro parlamentar também pretender isso, porém em outros termos e num menor número de dias, deverá emendar o projeto em trâmite, e não apresentar outro.

96. CF, art. 67: "A matéria constante de projeto de lei rejeitado somente poderá constituir objeto de novo projeto, na mesma sessão legislativa, mediante proposta da maioria absoluta dos membros de qualquer das Casas do Congresso Nacional".

97. Isso porque a expressão "lei", em sentido lato, abrange todas as espécies legislativas previstas no art. 59 da CF.

98. Nada impede a repetição do § 5º do art. 60 da CF, que veda a reapresentação de proposta de emenda constitucional no caso, de propostas de emendas à lei orgânica. Tal dispositivo constitui norma que pode ser imitada, e não norma de repetição obrigatória.

pelo prefeito. Quanto aos parlamentares não se segue a lógica de que o vereador tem a mesma autonomia de protocolar e retirar determinado projeto – questão, esta, que deve ser disciplinada pelo regimento interno. Isso porque, após o protocolo, a proposição também pertence à Câmara Municipal, que deve zelar pelo seu trâmite, evitando jogos de interesses escusos na apresentação e retirada de projetos.

4.5.2 Discussão

A fase da discussão sobreleva no processo legislativo, uma vez que conduzirá o parlamentar ao conhecimento aprofundado da matéria sujeita à manifestação do Plenário como, também, aos mais diversos posicionamentos conflitantes da sociedade. É nesta quadra da atividade legislativa que o Parlamento aprofunda os estudos técnicos através da sua assessoria especializada, ao mesmo tempo em que estimula a manifestação dos mais diversos segmentos sociais interessados.

Esta fase pode ser dividida em três momentos distintos, porém complementares: (a) pauta; (b) comissões permanentes; (c) ordem-do-dia.

A pauta é o momento da sessão legislativa consagrado ao debate em Plenário das matérias que estão iniciando seu trâmite, para o posterior estudo técnico nas comissões. É o primeiro "confronto" do vereador com a proposição apresentada, seja ela da iniciativa parlamentar, do Executivo ou popular, possibilitando-se a manifestação de todos os vereadores que se inscreverem, desde que sobre as proposições ali constantes.

É nos debates da pauta que o parlamentar externará sua posição preliminar sobre as matérias elencadas, fruto das primeiras reflexões a seu respeito. Por ser um momento que antecede o encaminhamento das proposições às comissões permanentes, sugere-se que as emendas parlamentares sejam feitas durante a pauta, incrementando o debate parlamentar, além de possibilitar um estudo mais integrado e abrangente das comissões.

Ressalta-se a ampla publicidade deste momento, que externa para a sociedade o trâmite de uma determinada proposição, com o estímulo à participação dos mais diversos interessados. Equipara-se à publicação do projeto protocolado, pois tem os mesmos efeitos como se publicado fosse.

Normalmente a pauta tem um tempo fixo de duração, determinado no regimento interno, cujo montante é dividido pelo número de vereadores inscritos. Entretanto, nada impede que outros critérios sejam elencados para a divisão do tempo entre os parlamentares.

Enquanto a pauta se destina a um debate mais amplo e genérico dos projetos, compartilhado por todos os parlamentares através de intervenções com tempo determinado, as comissões permanentes constituem-se no *locus* ideal para os debates aprofundados, com o respectivo assessoramento técnico.

De acordo com as atribuições fixadas no regimento interno para cada comissão, esta atuará para emanar um parecer que possa bem nortear os debates finais e a votação na ordem-do-dia. Por essa razão é que o assessoramento técnico é de crucial importância na orientação dos debates. As comissões abrangem uma representação proporcional dos vereadores e respectivas agremiações partidárias, possibilitando uma atuação focada nas suas atribuições e uma conseqüente qualificação da ação parlamentar.

Nas comissões os debates prolongam-se o suficiente para pormenorizar os estudos de cada proposição, sem um tempo predeterminado para cada vereador se manifestar, salvo o prazo para a emanação do parecer. É por esse motivo que esses espaços se constituem num importante ponto de interface com a sociedade, possibilitando que as mais diversas instituições e movimentos organizados da sociedade civil manifestem seu posicionamento sobre as matérias em estudo. Ademais, podem as comissões exercer os mais diversos instrumentos de participação popular no processo legislativo, como as audiências e as consultas públicas.[99]

Assim, as comissões parlamentares encontram-se alicerçadas em dois pontos cruciais. Primeiro, nos estudos técnicos aprofundados, resultado da imersão dos vereadores na análise das matérias sob sua competência, com o apoio da assessoria técnica especializada. Segundo, no importante papel de articulação e mobilização da sociedade, a fim de conhecer os mais diversos e conflitantes posicionamentos, o que vai possibilitar uma atuação o mais imparcial possível.

A ordem-do-dia, por sua vez, é o momento derradeiro dos debates, que antecede a votação da proposição. É a última oportunidade para o vereador colaborar com a formação da convicção dos seus pares e para

---

99. As audiências e as consultas públicas são importantes instrumentos, não-vinculantes, de participação e controle social na Administração Pública e no próprio processo legislativo. Isso quer dizer que não atrelam a Administração ou o Parlamento às suas conclusões. As audiências caracterizam-se pela sua amplitude, pois abrem a possibilidade para a participação de qualquer cidadão, cujos posicionamentos ficam consignados em ata. As consultas públicas, por sua vez, são direcionadas a um público determinado, mediante questionamento pré-formulado, a fim de colher as informações necessárias.

registrar seu posicionamento. Tal qual a pauta, normalmente o regimento interno define um tempo para a ordem-do-dia, passível de prorrogação, em que todos os parlamentares têm o direito de se manifestar por um tempo predeterminado, desde que sobre a matéria em discussão. Nesta fase arregimentam-se todos os argumentos passíveis de uso, como os resultados de audiências ou consultas públicas realizadas, os pareceres das assessorias técnicas, os pareceres das comissões, a justificativa da proposição, dentre outros.

4.5.3 Votação

A votação apresenta-se como a fase onde o Plenário manifesta seu posicionamento, aprovando ou reprovando determinada matéria levada à sua deliberação. Ocorre após a consumação da discussão na ordem-do-dia, sob a coordenação do presidente da Câmara Municipal.

Quanto ao processo, a votação pode ser simbólica ou nominal, nos termos do regimento interno. A votação simbólica transcorre mediante o contraste dos posicionamentos, após o presidente da Câmara solicitar aos vereadores favoráveis à proposição que permaneçam como se encontram e aos contrários que se manifestem.[100] Uma vez consumada, apenas o total de votos favoráveis e contrários é consignado em ata. A votação nominal ocorre mediante o chamamento pessoal de cada um dos vereadores que devem manifestar individualmente o seu posicionamento pela aprovação ou reprovação da proposição. Neste caso, consigna-se em ata a posição de cada um dos parlamentares.

Quanto ao controle, a votação pode ser aberta ou secreta. Este é o posicionamento balizado pela doutrina e pela maior parte dos regimentos internos das Câmaras de Vereadores.[101] Entretanto, em vista da principiologia constitucional que incide nos Parlamentos e no processo legislativo, deve-se ter a votação aberta como uma regra a ser observada, já que os cidadãos têm o direito de saber das posições assumidas pelos

---

100. Normalmente há o comando de voz do presidente, ao colocar o projeto em votação pelo processo simbólico: "A presente proposição está em votação. Os vereadores favoráveis que permaneçam como se encontram; os contrários, que se manifestem". Após isso, fica consignada em ata a aprovação ou a reprovação da matéria, com o número de votos favoráveis ou contrários.

101. O Regimento Interno da Câmara de Vereadores de São Paulo define a escolha da Mesa Diretora por voto secreto, como também o julgamento do prefeito ou vereador, sem a previsão de outras hipóteses; o Regimento da Câmara de Porto Alegre, adequadamente, não apresenta situações de uso do voto secreto, o que também ocorre com o Regimento Interno da Câmara do Rio de Janeiro.

seus representantes; e estes, o dever de externá-las. Integrar uma Casa Legislativa significa assumir o compromisso e o ônus de tomar posições num espaçço público e democrático, sujeito ao controle popular. Somente em situações excepcionais pode a Câmara Municipal utilizar o voto secreto, nos termos da lei orgânica e do regimento interno.[102] Não pode o Parlamento se utilizar do expediente do voto secreto para apreciar questões polêmicas, com o intuito de acobertar as posições dos edis e evitar desgastes políticos. Tal uso macularia todo o processo de votação, por afrontar os princípios da moralidade (desvio de finalidade), publicidade, finalidade, impessoalidade e participação popular.

Quanto ao *quorum* de votação, pode ser por maioria simples, absoluta ou qualificada. Se não houver disposição específica, o *quorum* será a maioria simples, que significa a maioria dos vereadores presentes à sessão. O *quorum* da maioria absoluta – 50% mais um do número total de vereadores – e o da maioria qualificada – dois terços ou três quintos do total de vereadores – incidirão nas situações previstas expressamente na lei orgânica e no regimento interno.

Deve-se cuidar para não confundir o *quorum* de votação com o *quorum* de presença,[103] já que esta dispõe sobre o número mínimo de vereadores presentes para que as votações do Plenário sejam válidas.[104] Segue-se o disposto no art. 47 da CF, que apresenta o número mínimo da maioria absoluta dos parlamentares para tal *quorum*.[105] Como as votações usualmente ocorrem na fase da sessão denominada ordem-do-dia, após a última discussão da matéria, as votações ocorridas nesta fase somente serão válidas com a presença mínima da maioria absoluta dos vereadores. Se em alguma votação específica este *quorum* não for observado, ter-se-á a sua nulidade. É normal os regimentos internos disporem no sentido da obrigatoriedade da maioria absoluta dos edis para a

---

102. A votação de projeto que conceda honraria, como o título de "cidadão emérito", é um exemplo de situação excepcional que pode ter a previsão do voto secreto, evitando constrangimentos de caráter pessoal em virtude da votação.

103. Historicamente, a palavra *quorum* remonta às assembléias romanas, designando o número mínimo de pessoas para que a assembléia fosse válida; terminologia, esta, também adotada, a partir do século XVII, pelo Parlamento britânico.

104. A obstrução na votação de matérias é uma manobra presente nos Parlamentos, especialmente diante de situações onde não esteja presente a totalidade dos vereadores e o *quorum* de votação seja maioria simples. A fim de evitar a derrota, a minoria retira-se do Plenário, obstruindo a votação.

105. CF, art. 47: "Salvo disposição constitucional em contrário, as deliberações de cada Casa e de suas comissões serão tomadas por maioria dos votos, presente a maioria absoluta de seus membros".

validade de todas as atividades na ordem-do-dia, o que incluirá, além da votação, o momento da discussão.

A votação representa um dos mais importantes momentos da ação parlamentar, pois sintetiza o posicionamento dos vereadores acerca de determinado assunto. Através da votação no processo legislativo altera-se o sistema normativo municipal, com normas que vão se impor coativamente ao Poder Público e aos cidadãos. Os vereadores, lídimos representantes da vontade popular, têm a obrigação de participar de todas as fases do processo legislativo, e com muito mais ênfase na fase de votação. Devem externar seu posicionamento, participando ativamente do processo decisório.

É por isso que a abstenção – instrumento previsto nos regimentos internos –, constitui-se em situação excepcional, somente oponível em casos extremos, uma vez configurada a impossibilidade da imparcialidade necessária para a tomada de decisão pelo vereador.[106] Apenas quando for notório e evidente o interesse direto do parlamentar ou de parentes consangüíneos próximos (primeiro e segundo graus) é que a abstenção poderá ser argüida. Nas demais situações, por mais que sejam polêmicas e próximas ao vereador, este deverá participar da votação. O dever de votar é um ônus do qual o legislador não pode se escusar, a não ser em situações excepcionais.[107]

A votação, de acordo com seu resultado, terá as seguintes conseqüências: (a) aprovação – encaminhamento ao Executivo para sanção/ veto ou promulgação e publicação pelo próprio Parlamento, o que dependerá da espécie legislativa; (b) reprovação – arquivamento da pro-

106. O Regimento da Câmara de São Paulo prevê a abstenção quando o vereador ou parente afim ou consangüíneo até o terceiro grau tiver interesse manifesto na votação, sob pena de nulidade quando o voto for decisivo. Já o Regimento da Câmara de Porto Alegre tem redação confusa, porém permite a abstenção ou impedimento:
"Art. 177. Nenhum vereador poderá escusar-se de votar, sob pena de ser considerado ausente, salvo se fizer declaração prévia de estar impedido ou, nas votações, declarar que se abstém de votar.
"Parágrafo único. Após a votação, o vereador poderá enviar à Mesa, por escrito, declaração de voto que será lida pelo secretário e integrará o processo."
107. Uma vez presente, o vereador tem o dever de votar. Sua ausência justificada – como, por exemplo, em virtude de missão de representação do Parlamento em determinados eventos relevantes no Município ou fora dele – não acarretará maiores ônus que sua ausência. Já a ausência injustificada deve conduzir à perda proporcional dos seus subsídios, nos termos do que estiver definido nos normativos da Câmara Municipal.

posição, com a incidência da vedação oriunda do art. 67 da CF, o que já foi analisado.[108]

4.5.4 Sanção e veto

O ato de sanção ou veto significa importante instrumento de controle de um Poder sobre o outro – no caso, do Executivo sobre o Legislativo e vice-versa. Traduz o sistema de freios e contrapesos consagrado na doutrina da separação dos Poderes. Historicamente, tais atos exsurgem das pressões da elite norte-americana, no século XVIII, para controlar o que esta minoria econômica denominara de "o perigo das facções", formadas pela maioria do povo. Temia-se o despotismo da maioria e sua tendência de oprimir as minorias. É esta conjuntura histórica que explica o caráter conservador no surgimento da sanção/veto no sistema norte-americano: "(...) el veto presidencial; la capacidad de cada Cámara para vetar las decisiones de la otra y para sobrepasar (con un esfuerzo mayor) el veto del Ejecutivo, o el control judicial de las leyes (consagrado definitivamente en forma posterior a la sanción de la Constitución)".[109]

Uma vez consumado o processo de votação das espécies legislativas que requerem a participação do Executivo – projeto de lei e projeto de lei complementar –, há o respectivo encaminhamento dos autógrafos para a sanção/veto do prefeito municipal.[110] Eis como leciona Hely Lopes Meirelles:

"*Sanção* é a aprovação pelo Executivo do projeto anteriormente aprovado pelo Legislativo. Pode ser expressa ou tácita: é *expressa* quando o prefeito a declara; é *tácita* quando deixa transcorrer o prazo sem opor veto à proposição que lhe é enviada pela Câmara. (...).

"(...).

---

108. O regimento interno poderá trazer outras situações em que determinada proposição será arquivada – por exemplo, quando obtiver o parecer contrário de todas as comissões por que tenha tramitado.

109. Roberto Gargarella, *La Justicia Frente al Gobierno: sobre el Carácter Contramayoritario del Poder Judicial*, pp. 16-38. Nessa obra o autor discorre sobre o final do século XVIII e a política americana, dividida entre a representação majoritária do povo nos Legislativos e a necessidade de controlar este Poder popular, especialmente através do Executivo e do Judiciário.

110. Lembra-se que as emendas à lei orgânica, as leis delegadas, os decretos legislativos e as resoluções não têm a participação do Executivo. As medidas provisórias, por sua vez, serão convertidas em lei através de projeto de lei.

"(...) *Veto* é a oposição formal do Executivo ao projeto de lei aprovado pelo Legislativo e remetido para sanção e promulgação. Diz-se *total* quando se refere a todo o texto, e *parcial* quando alude apenas a uma ou algumas disposições do projeto."[111]

Após o recebimento do projeto aprovado, o prefeito municipal tem o prazo de 15 dias para sancioná-lo ou vetá-lo. Tanto a sanção expressa quanto a sanção tácita independem de maior motivação, até mesmo porque se consubstanciam em manifestação política do prefeito municipal, alicerçada nos próprios fundamentos do projeto aprovado pela Câmara Municipal de Vereadores. Pouca é a diferença entre estas espécies de sanção, seja porque ambas acarretam os mesmos efeitos jurídicos, seja porque externam um posicionamento favorável do chefe do Executivo.

O veto, por sua vez, significa a oposição do Executivo a uma proposição aprovada pela Câmara, e pode ser total ou parcial. Será total quando abranger a totalidade do projeto aprovado, e parcial quando abranger artigo, parágrafo, inciso, alínea ou item de determinada proposição. Não poderá abarcar palavras ou expressões. Em qualquer circunstância, o veto somente poderá ser aposto por inconstitucionalidade ou contrariedade ao interesse público, e deverá ter motivação devidamente fundamentada.[112]

---

111. Hely Lopes Meirelles, *Direito Municipal Brasileiro*, 16ª ed., pp. 678-679.

112. Sobre *sanção*, *veto* e *promulgação*, v. o art. 66 da CF, que é de observância obrigatória a todos os entes federados:

"Art. 66. A Casa na qual tenha sido concluída a votação enviará o projeto de lei ao Presidente da República, que, aquiescendo, o sancionará.

"§ 1º. Se o Presidente da República considerar o projeto, no todo ou em parte, inconstitucional ou contrário ao interesse público, vetá-lo-á total ou parcialmente, no prazo de 15 (quinze) dias úteis, contados da data do recebimento, e comunicará, dentro de 48 (quarenta e oito) horas, ao Presidente do Senado Federal, os motivos do veto.

"§ 2º. O veto parcial somente abrangerá texto integral de artigo, de parágrafo, de inciso ou de alínea.

"§ 3º. Decorrido o prazo de 15 (quinze) dias, o silêncio do Presidente da República importará sanção.

"§ 4º. O veto será apreciado em sessão conjunta, dentro de 30 (trinta) dias a contar de seu recebimento, só podendo ser rejeitado pelo voto da maioria absoluta dos deputados e senadores, em escrutínio secreto.

"§ 5º. Se o veto não for mantido, será o projeto enviado, para promulgação, ao Presidente da República.

"§ 6º. Esgotado sem deliberação o prazo estabelecido no § 4º, o veto será colocado na ordem-do-dia da sessão imediata, sobrestadas as demais proposições, até sua votação final.

A motivação do veto é elemento constitutivo da sua validade, razão pela qual não é suficiente declarar a inconstitucionalidade ou a contrariedade ao interesse público. É preciso demonstrar os fundamentos do veto, sejam as razões que apontam para a inconstitucionalidade, sejam os motivos que identificam a contrariedade ao interesse público.

A natureza jurídica do ato da sanção ou veto é a de um ato político, pelo motivo de externar um posicionamento de governo – logo, eivado de grande discricionariedade política, que abre a possibilidade de o prefeito municipal fazer escolhas no momento da aposição do veto.[113] Isso não retira a possibilidade de controle jurisdicional, não somente por disposição do art. 5º, XXXV, da CF, mas também diante da sua motivação, que vincula o administrador aos motivos aduzidos.[114]

Uma vez consumado o veto, a parte vetada é encaminhada novamente ao Parlamento, para que proceda a nova apreciação da matéria. Somente pela maioria absoluta dos vereadores é que o veto do Executivo poderá ser derrubado. Não alcançado tal *quorum* na votação, o veto será mantido. Observa-se que no caso do veto por inconstitucionalidade o Parlamento estará fazendo uma espécie de controle prévio de constitucionalidade do projeto aprovado; no caso do veto por contrariedade ao interesse público, definirá qual a acepção desse interesse que prevalecerá. Em qualquer circunstância, a maioria absoluta dos vereadores prepondera sobre as manifestações do Executivo no que tange ao veto/sanção no processo legislativo.

Resta salientar que o veto tem a finalidade de manifestar a contrariedade do Executivo diante da totalidade ou de parte de proposição aprovada pelo Parlamento. Sua derrubada restituirá o que fora aprovado pela Câmara Municipal. Entretanto, sua manutenção, especialmente no caso da realização de emendas, em hipótese alguma poderá significar a restituição da redação proposta originariamente, pois esta não fora aprovada pelos parlamentares. A manutenção do veto significará a adição

---

"§ 7º. Se a lei não for promulgada dentro de 48 (quarenta e oito) horas pelo Presidente da República, nos casos dos § 3º e § 5º, o Presidente do Senado a promulgará, e, se este não o fizer em igual prazo, caberá ao Vice-Presidente do Senado fazê-lo."

113. Estas escolhas podem ser determinadas por diversos fatores, como o viés ideológico do governo, os programas definidos na plataforma eleitoral, a formação do prefeito, dentre outros.

114. Defende-se a incidência da teoria dos motivos determinantes, aplicada aos atos administrativos.

da expressão "vetado" no respectivo artigo, parágrafo, inciso, alínea ou item. Nada mais além disso.[115]

No caso de leis delegadas ao Executivo, com a dependência de aprovação final pelo Parlamento, ocorre a excepcionalidade de a aprovação legislativa se equiparar a sanção/veto, conforme já visto.

4.5.5 Promulgação e publicação

Inicialmente, esclarece-se que a promulgação não se confunde com a publicação. São atos distintos, porém complementares e interdependentes. Devem ser tidas como incumbências do prefeito municipal a promulgação e a publicação de leis ordinárias, leis complementares e leis delegadas. Somente diante da sanção tácita e da derrubada do veto é que tais incumbências poderão ser do presidente da Câmara Municipal, o que acontecerá se o prefeito não o fizer no prazo de 48 horas da respectiva sanção ou da comunicação da derrubada do veto. O mesmo ocorre com a comunicação da aprovação de lei delegada pelo Parlamento, quando a delegação assim exigir.

No caso de veto parcial, a parte não-vetada da proposição aprovada e, conseqüentemente, sancionada pelo Executivo será promulgada e publicada por este.

Os decretos legislativos e as resoluções do Plenário são promulgados e publicados pelo presidente da Câmara, já que independem da sanção/veto do Executivo.

Segundo Nelson Nery Costa, a promulgação é o "ato que transforma o projeto em lei, passando a ter número e data determinada".[116]

---

115. Tal confusão é muito comum no processo legislativo municipal, seja por ignorância, seja por má-fé. Toma-se como exemplo a autorização que as leis orçamentárias consignam ao prefeito para a abertura de créditos adicionais suplementares sem a aprovação específica e prévia da Câmara Municipal, pois a previsão na lei orçamentária já o autoriza previamente até um montante máximo. Se a redação original previa o montante máximo de 10% do total da despesa para a abertura destes créditos e a Câmara Municipal aprovou a redução para o máximo de 5%, a aposição de veto, pelo prefeito municipal, ao artigo respectivo poderá ter duas conseqüências: (a) derrubada do veto, com a manutenção do máximo de 5%; (b) manutenção do veto, com a adição da expressão "vetado" no dispositivo que previa tal percentual – logo, sem a previsão de abertura de créditos adicionais suplementares. É a legítima situação em que o veto significa "dar um tiro no pé". Entretanto, há situações em que o veto é aposto e mantido pelo Parlamento, porém com a republicação do texto original, o que significa uma manobra ilegal, que afronta a manifestação de vontade do Parlamento. O veto não restitui a redação original não aprovada pela Câmara Municipal!

116. Nelson Nery Costa, *Direito Municipal Brasileiro*, p. 191.

Embora possa ser confundida com a sanção, desta difere, representando o momento em que a lei passa a integrar o sistema normativo municipal, com presunção de validade. Enquanto a sanção expressa pode não ocorrer (sanção tácita), a promulgação é expressa e a pressupõe, salvo quando há a derrubada do veto.

Uma vez formalizada a promulgação, mesmo que a lei não esteja operante (sem eficácia/vigência) – situação normal no interstício da *vacatio legis*[117] –, sua retirada do mundo jurídico somente pode ocorrer através da revogação ou da declaração de inconstitucionalidade.

A publicação é a externalização da promulgação do texto legal, vinculante a todas as pessoas do povo e às funções estatais. Sem a publicação não poderá a norma legislativa surtir seus efeitos. É condição da sua eficácia/vigência jurídica, cuja inobservância não permite que a norma surta efeitos jurídicos. A relação de interdependência entre a promulgação e a publicação para que a lei possa surtir seus efeitos jurídicos conduz à conclusão de que a publicação presume a promulgação – raciocínio que não pode ocorrer em sentido inverso.

A publicação do texto legal deve ser feita no órgão oficial da Municipalidade, na íntegra. No caso de pequenos Municípios, onde inexiste este órgão oficial, poderá ocorrer a afixação no saguão da Prefeitura Municipal, em lugar específico e identificado para este fim. Ademais, pode a Municipalidade disponibilizar o referido texto em outras mídias, com a Internet. Desde que não ocorram excessos que onerem desnecessariamente o Erário Municipal, deve o Poder Público local divulgar, com o máximo de amplitude, todas as normas jurídicas oriundas do processo legislativo municipal. É fator de fortalecimento da própria cidadania.

4.5.6 Prazos, controle e o abuso do poder de legislar

A lei orgânica, de maneira mais genérica, e o regimento interno, pormenorizadamente, devem fixar o trâmite de todas as proposições sujeitas à deliberação do Plenário, com o tempo fixado para cada fase do processo legislativo. Normalmente o processo legislativo, da propositura do projeto até sua votação, tem um tempo predeterminado para o

---

117. Expressão latina utilizada como referência ao período compreendido entre a publicação da lei e sua entrada em vigor, devendo estar expressamente prevista no texto legal. Não é requisito obrigatório, já que a proposição pode silenciar a respeito. Neste caso, a norma jurídica entrará em vigor transcorridos 45 dias da sua publicação, segundo a Lei de Introdução ao Código Civil Brasileiro.

trâmite dos projetos, que varia de acordo com a espécie legislativa e o procedimento legislativo adotado.

A concatenação das diversas fases e atos do processo legislativo, numa sucessão ordenada, segundo entendimento de Asunción García Martinez, permite discorrer acerca do tempo como "elemento esencial del procedimiento, siendo esta sucesión temporal respuesta a una ordenación dinámica que coordina los diferentes actos procedimentales entre sí (...)".[118]

Isso faz com que os tempos fixados de cada fase do processo legislativo sejam adequados para sua consumação, sem prejuízo dos estudos técnicos necessários, da participação popular, dos debates – enfim, sem que os princípios-fins do processo legislativo deixem de ser observados: "Una duración determinada de los procedimientos parlamentarios se encamina a que ésta sea lo suficientemente dilatada como para permitir el estudio y la intervención de todos aquellos que pueden ir marcando diversos puntos de reflexión a través de los que la Cámara acabará formando su voluntad. La duración de los procedimientos, que por supuesto se extiende a sus fases, sólo puede ser abreviada por determinados motivos tipificados (*v.g.*, la urgencia) (...)".[119]

É comum os regimentos internos apontarem um prazo em dias para a consumação do processo legislativo ordinário na Câmara Municipal de Vereadores – por exemplo, 90 dias –, o que abrange as fases da iniciativa, discussão e votação, salvo quando houver a declaração de urgência – o que será visto na seqüência deste trabalho. Também é comum a previsão de que matérias complexas tenham dilatação de prazo, o que deve ser formalmente requerido.

A fiscalização quanto ao cumprimento destes prazos é da competência da Mesa Diretora, que deve colocar as proposições em votação quando expirarem os prazos fixados para a apreciação do Parlamento.

O gerenciamento do processo legislativo municipal, de forma geral, compete à Mesa Diretora, através do seu presidente. Isso abrange todo o acompanhamento do trâmite das proposições protocoladas, dos respectivos prazos em cada uma das fases do processo legislativo, das formalidades na manifestação dos posicionamentos dos vereadores, dos requisitos para o protocolo das proposições – dentre outras questões atinentes. A lei orgânica municipal e o regimento interno definem as normas que a Mesa Diretora deve observar na gestão do processo legislativo.

118. Asunción García Martinez, *El Procedimiento Legislativo*, p. 20.
119. Idem, p. 47.

Ressalta-se o insuprível papel que tem o regimento interno na estipulação de procedimentos e limites à atuação parlamentar nas fases do processo legislativo, de observância obrigatória a todos os vereadores. No mesmo sentido, o cumprimento de tais disposições constitui direito subjetivo do parlamentar, cujo descumprimento pode acarretar a própria nulidade do processo legislativo. A observância dessas normas é condição *sine qua non* para o funcionamento do jogo democrático.

Em virtude do disposto no art. 5º, XXXV, da CF, poderá o Judiciário efetuar o controle do cumprimento das disposições atinentes ao processo legislativo expressas na lei orgânica e no regimento interno, seja oriundo de postulação de um parlamentar, seja de um cidadão qualquer, seja de pessoa jurídica de direito privado que tenha tal atribuição. O interesse no cumprimento de tais normas é de todos os cidadãos, de toda a coletividade.

O abuso e o desvio do poder de legislar devem ser controlados. Sua fundamentação tem por base o excesso de poder como forma de controle dos atos administrativos, fruto de uma construção pretoriana francesa, forjada no contencioso administrativo. Por conseqüência, os quatro recursos existentes correspondem aos quatro tipos de contencioso administrativo: contencioso de anulação, contencioso de plena jurisdição, contencioso de interpretação e contencioso de repressão. A fim de controlar o excesso de poder, utiliza-se o contencioso de anulação, que fulmina o ato ilegal: "A anulação proferida em razão do recurso por excesso de poder gera coisa julgada. O ato administrativo atacado é anulado *erga omnes*, isto é, em relação a todos os postulantes e mesmo em relação aos seus efeitos anteriores".[120]

Assim, dentre as possibilidades de anulação de um ato administrativo por excesso de poder encontra-se o desvio de poder, caracterizado pela busca de fins diversos do estabelecido em lei. Esta construção tem sido largamente utilizada como forma de controle dos atos administrativos no Brasil, especialmente o uso do desvio de poder como forma de controlar a moralidade administrativa. Caracteriza-se pela vedação

120. Alvacir Nicz, *Estudos de Direito Administrativo*, p. 75. O sistema do contencioso administrativo, utilizado em países como França, Bélgica, Portugal, Espanha, Itália e Turquia, dentre outros, difere do sistema inglês, pois não há a possibilidade de revisão pelo Judiciário das decisões na esfera administrativa. O Brasil adota o sistema inglês, com fulcro no art. 5º, XXXV, da CF. Caio Tácito ("Desvio de poder legislativo", *RTDP* 1/62-68) apresenta a origem da noção de "desvio de poder" – *détournement de pouvoir* – no "caso Lesbats", em 1864, forjado pelo Conselho de Estado da França.

à autoridade pública de utilizar seus poderes para perseguir fim diverso daquele previsto em lei, explicita ou implicitamente, sejam estes fins públicos ou privados.

Por mais que a discricionariedade seja uma das marcas da atividade política desenvolvida pelo Parlamento, esta atividade não transcorre sem a observância de limites. Há limites, especialmente os oriundos da Constituição, que delineiam as atividades de todas as funções estatais e de todos os seus agentes públicos. É por esta razão que Seabra Fagundes, desde há muito, atestou a aplicação do desvio de poder à atividade legislativa, como fruto de importante inovação do STF: "(...) 'a extensão da teoria do desvio de poder, originária e essencialmente dirigida aos procedimentos dos órgãos executivos, aos atos do poder legiferante, de maior importância num sistema de Constituição rígida, em que se comete ao Congresso a complementação do pensamento constitucional nos mais variados setores da vida social, econômica e financeira'".[121]

É por esta razão que há estreita vinculação das espécies legislativas emanadas pelo Parlamento com as finalidades expressas no ordenamento jurídico, cuja unidade encontra-se na Constituição Federal.[122] O não-atendimento destas finalidades tipifica o abuso do poder de legislar.[123]

O desvio ou abuso do poder de legislar também abrange leis supérfluas ou desnecessárias, que não tenham eficácia jurídica. Não pode o legislador apresentar proposições que nada signifiquem ao sistema jurídico. Eis as palavras de Gilmar Ferreira Mendes: "(...) a atividade legislativa é, e deve continuar sendo, uma atividade subsidiária. Significa dizer que o exercício da atividade legislativa está submetido ao *princípio da necessidade*, isto é, que a promulgação de leis supérfluas ou iterativas configura abuso do poder de legislar. É que a *presunção de liberdade*, que lastreia o Estado de Direito Democrático, pressupõe um *regime legal mínimo*, que não reduza ou restrinja, imotivada ou desnecessariamente, a liberdade de ação no âmbito social. As leis hão de ter, pois, um *funda-*

---

121. M. Seabra Fagundes, *apud* Caio Tácito, "Desvio de poder legislativo", *RTDP* 1/66.
122. Carlos Ari Sundfeld ("Princípio da impessoalidade e abuso do poder de legislar", *RTDP* 5/159) assim se expressa: "A atividade legislativa está sujeita a limites jurídicos; não é, destarte, uma operação livre. O Legislativo não é um Poder soberano, mas, como os demais, um Poder *subordinado à ordem jurídica*".
123. Caio Tácito assim conclui o seu artigo: "O abuso do poder legislativo, quando excepcionalmente caracterizado, pelo exame dos motivos, é vício especial de inconstitucionalidade da lei pelo divórcio entre o endereço real da norma atributiva da competência e o uso ilícito que a coloca a serviço de interesse incompatível com a sua legítima destinação" ("Desvio de poder legislativo", *RTDP* 1/68).

mento objetivo, devendo mesmo ser reconhecida a inconstitucionalidade das normas que estabeleçam restrições dispensáveis".[124]

Nesse diapasão que as leis autorizativas devem ser compreendidas, mormente quando adentrarem competências do Executivo, configurando-se, também, inconstitucionais por ferirem o princípio da separação entre as funções estatais. Leis autorizativas, salvo situações excepcionais, normalmente encobrem uma mácula ao ordenamento jurídico, notadamente o vício de origem.[125] Da mesma forma as interferências legislativas em atividades eminentemente administrativas, como a realização de obras públicas, o exercício da polícia administrativa, a intervenção estatal e a prestação de serviços públicos.[126]

Nesse sentido, o desvio ou abuso do poder de legislar deve ser coibido, pois significa um excesso da função legiferante, que macula de inconstitucionalidade as espécies legislativas que sofrerem desse excesso legislativo.

4.5.7 Urgência

Há situações em que os prazos de trâmite previstos no processo legislativo podem acarretar sérios e irreparáveis prejuízos à coletividade, devido à necessidade premente de aprovação da espécie legislativa apresentada. É isto que caracteriza a *urgência*, instrumento abreviador dos prazos previstos para a consumação do processo legislativo na Câmara de Vereadores.

A urgência pode ser declarada pelo Executivo ou requerida pelos vereadores – devendo, neste último caso, ser aprovada pelo Plenário,

---

124. Gilmar Ferreira Mendes, "Questões fundamentais de técnica legislativa", *RTDP* 1/257.

125. Como exemplos de leis que configuram abuso ou desvio do poder de legislar encontram-se: Lei municipal 3.538/1999, de Passo Fundo, que autoriza o Poder Executivo a ampliar a largura dos passeios públicos de rua da cidade; lei de um município paulista, que institui o dia do *happy hour*; lei estadual do Rio Grande do Sul que oficializa o churrasco e a que institui o "Dia do Cavalo".

126. Paulo Roberto de Medina, "O princípio da separação dos Poderes e as interferências legislativas na ação administrativa", *RTDP* 29/163-167. Nesse trabalho o autor fundamenta, especificamente, a impossibilidade jurídica de o Legislativo preordenar a realização de obras públicas como uma infração ao princípio da separação entre as funções estatais. Deve-se cuidar para não confundir o exercício das atividades administrativas, nas quais o Parlamento não pode se imiscuir, com a disciplina normativa para seu exercício, que depende de lei, nos termos da iniciativa exclusiva ou concorrente – o que já foi visto.

segundo as condições definidas pelo regimento interno. Nada impede que o Executivo protocole determinada proposição em regime de urgência ou o requeira posteriormente. Pode abranger matérias da iniciativa exclusiva, concorrente ou popular, porém pode estar vedada a determinadas espécies legislativas ou matérias, nos termos da lei orgânica municipal e do regimento da Câmara de Vereadores. Normalmente veda-se a urgência às propostas de emenda à lei orgânica, leis complementares e leis orçamentárias. Também é usual a vedação da urgência às proposições e matérias sujeitas a processo legislativo especial.

Como conseqüência da declaração da urgência pelo Executivo ou da sua aprovação pelo Plenário está a redução do prazo previsto para as fases do processo legislativo na Câmara Municipal, que normalmente é abreviado pela metade, a contar do seu requerimento ou aprovação. As fases compreendidas são aquelas que ocorrem no Legislativo: iniciativa, discussão e votação. Uma vez transcorrido este prazo – se o prazo para o processo legislativo ordinário é de 90 dias, será de 45 dias o prazo para o trâmite da espécie legislativa em urgência, até a sua votação[127] – a proposição deve ser imediatamente colocada n ordem-do-dia, para discussão e votação, sobrestando-se a votação das demais matérias, nos termos do art. 64, § 2º, da CF.[128]

127. Nada obsta a outras disciplinas, como é o exemplo do Regimento Interno da Câmara de São Paulo, que apresenta o prazo de 30 dias para a votação após a urgência.
128. As disposições do art. 64 da CF são de repetição obrigatória, podendo, entretanto, constar nas leis orgânicas e regimentos internos com redações adaptadas à realidade local. Eis o artigo da Constituição:
"Art. 64. A discussão e votação dos projetos de lei de iniciativa do Presidente da República, do Supremo Tribunal Federal e dos Tribunais Superiores terão início na Câmara dos Deputados.
"§ 1º. O Presidente da República poderá solicitar urgência para apreciação de projetos de sua iniciativa.
"§ 2º. Se, no caso do § 1º, a Câmara dos Deputados e o Senado Federal não se manifestarem sobre a proposição, cada qual sucessivamente, em até 45 (quarenta e cinco) dias, sobrestar-se-ão todas as demais deliberações legislativas da respectiva Casa, com exceção das que tenham prazo constitucional determinado, até que se ultime a votação.
"§ 3º. A apreciação das emendas do Senado Federal pela Câmara dos Deputados far-se-á no prazo de 10 (dez) dias, observado quanto ao mais o disposto no parágrafo anterior.
"§ 4º. Os prazos do § 2º não correm nos períodos de recesso do Congresso Nacional, nem se aplicam aos projetos de código."

4.6 Processo legislativo especial

O processo legislativo especial abrange aquelas espécies legislativas ou matérias sujeitas a processo legislativo distinto do ordinário, seja quanto aos prazos, seja quanto ao trâmite, cuja previsão encontra-se na lei orgânica ou no regimento interno.

Os principais processos legislativos especiais, quanto à espécie legislativa, encontram-se nas propostas de emenda à lei orgânica e quanto à matéria, nas leis orçamentárias e nos projetos de alteração do regimento interno.

4.6.1 Leis orçamentárias

Discorrer sobre as leis orçamentárias pressupõe a compreensão do orçamento público enquanto sistema, composto por três leis que se complementam: plano plurianual/PPA, lei de diretrizes orçamentárias/LDO e lei orçamentária anual/LOA.

O PPA tem vigência quadrienal[129] e deve abranger os "objetivos e metas da Administração Pública (...) para as despesas de capital e outras delas decorrentes e para as relativas aos programas de duração continuada".[130]

A LDO, com vigência anual, abrange as "metas e prioridades da Administração Pública (...), incluindo as despesas de capital para o exercício financeiro subseqüente, orientará a elaboração da lei orçamentária anual, disporá sobre as alterações na legislação tributária e estabelecerá a política de aplicação das agências financeiras oficiais de fomento".[131] A hermenêutica do parágrafo constitucional deve ser feita em conjunto com as disposições do art. 4º da Lei de Responsabilidade Fiscal – Lei Complementar 101/2000 –, especialmente quanto a formas de limitação de empenho, controle e avaliação dos custos e resultados da Administração Pública, critérios para as transferências de recursos para entidades públicas e privadas e anexos de metas e riscos fiscais.

Já a LOA municipal deve conter o orçamento fiscal do Executivo, do Legislativo, dos fundos e dos entes com personalidade jurídica de direito público que compõem a Administração indireta, como também

---

129. É construído no primeiro ano de mandato e tem vigência nos quatro anos subseqüentes.
130. Art. 165, § 1º, da CF.
131. Art. 165, § 2º, da CF.

o orçamento de investimento das empresas paraestatais.[132] Deve conter a estimativa de receita para o exercício financeiro subseqüente, com a respectiva fixação da despesa. Também deve observar a Lei de Responsabilidade Fiscal, no seu art. 5º, que aponta para elementos indispensáveis à LOA.[133]

O sistema orçamentário brasileiro, desde o advento da Lei 4.320/1964, tem primado pela efetivação do orçamento-programa, mediante a construção de instrumentos orçamentários que sejam o resultado de um processo de planejamento das ações governamentais. Com o advento da Constituição Federal de 1988 e da Lei Complementar 101/2000 reafirmou-se a necessidade da transparência na gestão orçamentária como, também, do equilíbrio das contas públicas e da busca de eficiência e eficácia na aplicação dos recursos públicos. Também se

---

132. É o que se interpreta do disposto no art. 165, § 5º, da CF.

133. Eis o art. 5º da Lei de Responsabilidade Fiscal:

"Art. 5º. O projeto de lei orçamentária anual, elaborado de forma compatível com o plano plurianual, com a lei de diretrizes orçamentárias e com as normas desta Lei Complementar: I – conterá, em anexo, demonstrativo da compatibilidade da programação dos orçamentos com os objetivos e metas constantes do documento de que trata o § 1º do art. 4º; II – será acompanhado do documento a que se refere o § 6º do art. 165 da Constituição, bem como das medidas de compensação a renúncias de receita e ao aumento de despesas obrigatórias de caráter continuado; III – conterá reserva de contingência, cuja forma de utilização e montante, definido com base na receita corrente líquida, serão estabelecidos na lei de diretrizes orçamentárias, destinada ao: a) *(vetado)*; b) atendimento de passivos contingentes e outros riscos e eventos fiscais imprevistos.

"§ 1º. Todas as despesas relativas à dívida pública, mobiliária ou contratual, e as receitas que as atenderão, constarão da lei orçamentária anual.

"§ 2º. O refinanciamento da dívida pública constará separadamente na lei orçamentária e nas de crédito adicional.

"§ 3º. A atualização monetária do principal da dívida mobiliária refinanciada não poderá superar a variação do índice de preços previsto na lei de diretrizes orçamentárias, ou em legislação específica.

"§ 4º. É vedado consignar na lei orçamentária crédito com finalidade imprecisa ou com dotação ilimitada.

"§ 5º. A lei orçamentária não consignará dotação para investimento com duração superior a um exercício financeiro que não esteja previsto no plano plurianual ou em lei que autorize a sua inclusão, conforme disposto no § 1º do art. 167 da Constituição.

"§ 6º. Integrarão as despesas da União, e serão incluídas na lei orçamentária, as do Banco Central do Brasil relativas a pessoal e encargos sociais, custeio administrativo, inclusive os destinados a benefícios e assistência aos servidores, e a investimentos."

reafirmou um planejamento onde a sociedade organizada e os cidadãos sejam agentes ativos e definidores das ações governamentais, rompendo com um processo focado no planejamento burocrático.

O PPA é o primeiro e fundamental passo para que a LDO possa ser bem construída e para que esta possa bem orientar a LOA. São essenciais a congruência e a harmonia entre esses instrumentos de gestão para que se alcance o desejado planejamento governamental com a otimização máxima dos limitados recursos públicos. Aliás, tal congruência é condição de validade da LOA em relação à LDO e desta em relação ao PPA.

É possível afirmar que o grande objetivo do PPA é a ação planejada, transparente e participativa do Poder Público, através de objetivos e metas definidos em ações, agrupadas em programas, com indicadores precisos da atuação governamental, consoante o programa de governo e a disponibilidade de recursos orçamentários. A LDO deve ser construída de conformidade com tais disposições – e, conseqüentemente, a LOA.

Diante da importância destas leis para a vida municipal, uma vez que são condições para a efetivação de toda e qualquer despesa pública, as leis orgânicas e respectivos regimentos internos definem um procedimento legislativo especial, seja quanto ao trâmite, seja quanto aos prazos.

A iniciativa destas leis é exclusiva do Executivo Municipal, nos termos do art. 165 da CF. Ademais, há prazos para o respectivo protocolo nas Câmaras Municipais, que devem estar previstos na lei orgânica.[134] O § 1º do art. 166 da CF apresenta trâmite diferenciado, com a apreciação destes projetos por uma comissão mista, formada por deputados e senadores, para a análise das emendas apresentadas, que, por sua vez, somente poderão ser interpostas em prazo determinado pelo regimento interno. Uma vez transcorrido o prazo para a apresentação de emendas, estas não serão mais cabíveis. Após, encaminham-se o projeto e as emendas para

---

134. Normalmente segue-se o prazo que a CF (art. 35 do ADCT) fixa para o Executivo: até oito meses e meio antes do encerramento do exercício financeiro para o encaminhamento da LDO e até quatro meses antes do encerramento do exercício financeiro para o encaminhamento do PPA e da LOA. Entretanto, ressalta-se a autonomia municipal para fixar prazos distintos destes, que devem estar expressos na lei orgânica municipal ou, excepcionalmente, em lei específica. A não-definição de quaisquer prazos remete ao art. 35 do ADCT. Observa-se a prescrição ao Parlamento para que encaminhe para sanção/veto o projeto do PPA e da LOA até o fim da sessão legislativa, enquanto o projeto da LDO deve ser encaminhado para sanção/veto antes do protocolo da LOA, pois serve de critério para a construção desta.

a apreciação do Plenário.[135] Foge-se do processo legislativo ordinário, onde as proposições são encaminhadas para as mais diversas comissões permanentes, com a possibilidade da apresentação de emendas até o processo de votação.

Com as respectivas adaptações, este é o procedimento a ser adotado em nível local. Usualmente, a comissão permanente responsável pelas questões orçamentárias é quem conduz a análise destes projetos e das respectivas emendas apresentadas nos prazos definidos. Para tanto, a comissão oficia a todos os parlamentares acerca do início e término dos respectivos prazos.

É grande a dificuldade para os parlamentares apresentarem emendas aos projetos do PPA e da LDO, já que são, por excelência, instrumentos de planejamento da atuação e da despesa governamental. As particularidades dos programas (denominação, objetivo, público-alvo, prazo, indicador, índice recente/desejado e fonte) e ações (tipo, descrição da ação, do produto, unidade responsável e quantidades anuais) esculpidos no PPA são de difícil mensuração pelo Parlamento, o que dificulta a realização de emendas. Da mesma forma, as prioridades e metas da Administração e respectivos anexos constantes na LDO. Assim, restará ao parlamentar maior possibilidade da realização de emendas pontuais, seja no PPA, seja na LDO. As emendas à LOA serão analisadas mais especificamente na próxima seção deste capítulo.

As disputas político-partidárias entre a Situação e a Oposição na Câmara Municipal não podem prejudicar a apreciação das proposições encaminhadas ao Parlamento, mais especificamente das leis orçamentárias, sob pena da instalação de uma crise institucional. É o que ocorre

---

135. CF, art. 166:
"Art. 166. Os projetos de lei relativos ao plano plurianual, às diretrizes orçamentárias, ao orçamento anual e aos créditos adicionais serão apreciados pelas duas Casas do Congresso Nacional, na forma do regimento comum.

"§ 1º. Caberá a uma comissão mista permanente de senadores e deputados: I – examinar e emitir parecer sobre os projetos referidos neste artigo e sobre as contas apresentadas anualmente pelo Presidente da República; II – examinar e emitir parecer sobre os planos e programas nacionais, regionais e setoriais previstos nesta Constituição e exercer o acompanhamento e a fiscalização orçamentária, sem prejuízo da atuação das demais comissões do Congresso Nacional e de suas Casas, criadas de acordo com o art. 58.

"§ 2º. As emendas serão apresentadas na comissão mista, que sobre elas emitirá parecer, e apreciadas, na forma regimental, pelo Plenário das duas Casas do Congresso Nacional."

diante da rejeição dos projetos orçamentários, mais especificamente da LOA, e dos conflitos resultantes de emendas parlamentares.

No caso da rejeição do projeto de LOA, deve-se recorrer ao art. 166, § 8º, da CF.[136] Entretanto, a hermenêutica deste parágrafo, sob o prisma da razoabilidade e proporcionalidade, conduz à sua validade às despesas de caráter temporário, ou seja, despesas novas ou que tenham por foco a expansão da ação governamental, para as quais será necessária a abertura de crédito adicional especial ou suplementar. No caso de rejeição da LOA, que é o foco desta análise, não se aplica este parágrafo da Constituição às "despesas contínuas, comprometidas ou fixas, (...) porque já estavam autorizadas por lei anterior. Se o Legislativo abdicou do seu papel de impor esses limites, rejeitando o orçamento, não deve ter revogadas as leis anteriores que tinham criado ou autorizado as despesas".[137] Tais despesas, que devem ocorrer mesmo com a rejeição da peça orçamentária anual, compreendem os precatórios, os compromissos da dívida fundada, os gastos com educação e saúde, os decorrentes de contratos assinados e as despesas denominadas contínuas (despesas de custeio, como pessoal). Eis as palavras de Alcides Redondo, do Instituto Brasileiro de Administração Municipal/IBAM: "Por fim, a recomendação àqueles que, inadvertidamente, imaginam que rejeitando o orçamento estarão algemando o Executivo é que poderão estar fazendo exatamente o contrário, dando-lhe um alvará ou uma carta de alforria para que faça o que julgar conveniente sem limite de disponibilidade orçamentária para as despesas contínuas ou anteriormente contratadas, porem, dentro das disponibilidades financeiras ou de caixa. Estão, assim, abrindo mão de um direito secular dos Parlamentos, durantue conquistado, como demonstra a História. Melhor que a rejeição pura, simples e acomodada, é a prática do direito de emendar".[138]

---

136. CF, § 8º do art. 166: "§ 8º. Os recursos que, em decorrência de veto, emenda ou rejeição do projeto de lei orçamentária anual, ficarem sem despesas correspondentes poderão ser utilizados, conforme o caso, mediante créditos especiais ou suplementares, com prévia e específica autorização legislativa".

137. Alcides Redondo Rodrigues, *Orçamento Municipal: Questões Candentes*, p. 27.

138. Alcides Redondo Rodrigues, *Orçamento Municipal: Questões Candentes*, p. 29. Neste trabalho o autor defende a realização dessas despesas sem o empenho, que nada mais é que "o comprometimento de uma parcela de dotação ou crédito orçamentário. É documento de garantia para o vendedor ou prestador de serviços de que há autorização para aquela obrigação que está sendo assumida. Não havendo orçamento, não há o que empenhar. Há que se buscar outro tipo de documento, que pode ser um pedido de fornecimento, uma autorização formal de execução de serviço, um contrato".

Por derradeiro, a definição de um processo legislativo especial para as leis orçamentárias reafirma sua importância, já que delineia uma atenção específica do Parlamento para estas matérias, responsáveis pela gestão da receita e da despesa pública.

4.6.2 Lei orgânica

A lei orgânica, construção legislativa que se encontra no ápice do sistema normativo municipal, tem processo legislativo especial, oriundo da própria CF, nos termos do *caput* do art. 29: votação em 2 turnos, com interstício mínimo de 10 dias entre ambos, e *quorum* de votação qualificado de dois terços.[139]

O trâmite, respectivos prazos de apreciação e requisitos para a apresentação de propostas de emenda à lei orgânica devem ser definidos na própria lei orgânica, diferenciadamente das demais proposições legislativas, pois se trata da Constituição Municipal. Define-se um processo legislativo especial para que o Legislativo dê a atenção devida às propostas que visem à sua alteração. Lembra-se que a lei orgânica é critério de validade de todas as leis municipais, encontrando-se no topo do sistema normativo local.

Exemplificativamente, a Lei Orgânica Municipal de Passo Fundo, no seu art. 83, dispõe que as propostas de emenda podem ser apresentadas pelo prefeito, pela iniciativa popular e por um terço dos vereadores, e serão discutidas e votadas em duas sessões ordinárias, no prazo de 60 dias do seu protocolo ou recebimento. Segundo as previsões do Regimento Interno, há a composição de uma comissão especial para a análise e conseqüente emissão de parecer acerca da proposta apresentada. Por óbvio, o *quorum* de aprovação da proposta é de dois terços dos parlamentares, nas duas votações.[140]

---

139. CF, art. 29: "O Município reger-se-á por lei orgânica, votada em 2 (dois) turnos, com o interstício mínimo de 10 (dez) dias, e aprovada por dois terços dos membros da Câmara Municipal, que a promulgará, atendidos os princípios estabelecidos nesta Constituição, na Constituição do respectivo Estado e os seguintes preceitos: (...)".
140. Eis como dispõe a Lei Orgânica do Município de Porto Alegre: "Art. 73. A Lei Orgânica poderá ser emendada mediante proposta: I – de um terço, no mínimo, dos vereadores; II – da população, nos termos do art. 98; III – do prefeito municipal.
"§ 1º. A proposta será discutida e votada em 2 (dois) turnos, considerando-se aprovada se obtiver, em ambos, dois terços dos votos favoráveis.

4.6.3 Regimento interno

O regimento interno é o instrumento disciplinador do funcionamento da Câmara Municipal de Vereadores em todas as suas funções: administrativa, legislativa, fiscalização e controle externo, julgamento e assessoramento. Normalmente adota a forma de resolução, aprovada pelo Plenário, segundo o *quorum* de votação da maioria qualificada dos vereadores, em dois turnos, com trâmite diferenciado.

O processo legislativo especial é devido à importância do regimento interno para a vida parlamentar, conduzindo os vereadores a uma análise acurada dos seus dispositivos. Não há atividade parlamentar sem o regimento interno, que é o instrumento para solucionar os conflitos oriundos das diferenças entre as forças políticas que compõem a Câmara Municipal. É o pacto das agremiações partidárias e dos vereadores acerca do funcionamento do Parlamento, em todas as suas funções; razão pela qual se requer a maioria qualificada dos seus membros como *quorum* de votação para aprovação das suas alterações.

Assim, é o próprio regimento interno que deve dispor sobre as formas de sua alteração e os respectivos procedimentos e prazos para o trâmite dos projetos de resolução que venham a alterá-lo. A título exem-

"§ 2º. A emenda será promulgada pela Mesa da Câmara Municipal na sessão seguinte àquela em que se der a aprovação, com o respectivo número de ordem.
"§ 3º. Não será objeto de deliberação a emenda que vise a abolir as formas de exercício da soberania popular previstas nesta Lei Orgânica.
"Art. 74. A Lei Orgânica não poderá ser emendada na vigência de intervenção estadual, de estado de defesa que abranger área do Município ou de estado de sítio."

Também a Lei Orgânica de São Paulo:

"Art. 36. A Lei Orgânica poderá ser emendada mediante proposta: I – de um terço, no mínimo, dos membros da Câmara Municipal; II – do prefeito; III – de cidadãos, mediante iniciativa popular assinada por, no mínimo 5% (cinco por cento) dos eleitores do Município.
"§ 1º. A Lei Orgânica não poderá ser emendada na vigência de estado de defesa, estado de sítio ou intervenção.
"§ 2º. A proposta será discutida e votada em 2 (dois) turnos, considerando-se aprovada quando obtiver, em ambas as votações, o voto favorável de dois terços dos membros da Câmara Municipal, com um intervalo mínimo de 48 (quarenta e oito) horas entre um turno e outro obrigatoriamente.
"§ 3º. A emenda aprovada será promulgada pela Mesa da Câmara Municipal, com o respectivo número de ordem.
"§ 4º. A matéria constante de emenda rejeitada ou havida por prejudicada não poderá ser objeto de nova proposta na mesma sessão legislativa."

plificativo, o Regimento Interno da Câmara de Vereadores de São Paulo traz a necessidade da apresentação de projeto de resolução pela Mesa Diretora, por um terço dos vereadores ou por comissão constituída para esse fim, que deverá ser discutido e votado em dois turnos, com o *quorum* de votação da maioria absoluta dos parlamentares para a aprovação.

4.7 Emendas

Tanto no processo legislativo ordinário quanto no processo legislativo especial é possível a apresentação de emendas, por parlamentares, visando à alteração de uma proposição em trâmite na Câmara Legislativa. As emendas são proposições acessórias de uma proposição principal, visando à alteração desta. Assim, a retirada de trâmite de determinada proposição significará a conseqüente retirada das suas emendas, já que estas seguem aquela.

As emendas podem ocorrer em matérias da iniciativa exclusiva, concorrente e popular, desde que nas matérias da iniciativa exclusiva do Executivo não ocorra o aumento da despesa prevista.[141] Por óbvio, também não é possível a apresentação de emendas que versem assunto distinto da proposição que se quer emendar, por uma questão de lógica legislativa e de obediência aos ditames da Lei Complementar 95/1998.[142]

E no caso de emendas em matéria da iniciativa exclusiva, que aumentem a despesa, e que não possam ser vetadas sem que se vete todo o projeto encaminhado pelo Executivo? Nessas situações recomenda-se a sanção tácita, remetendo a promulgação e a publicação ao presidente da casa legislativa. Mesmo com os efeitos da sanção expressa, a sanção tácita simboliza uma inconformidade, ainda que velada. Tal qual as leis manifestadamente inconstitucionais, pode o Executivo Municipal negar a executoriedade da emenda feita, em razão do vício de origem.[143]

---

141. Importa observar o art. 63 da CF, que se aplica aos Municípios: "Art. 63. Não será admitido aumento da despesa prevista: I – nos projetos de iniciativa exclusiva do Presidente da República, ressalvado o disposto no art. 166, § 3º e § 4º; II – nos projetos sobre organização dos serviços administrativos da Câmara dos Deputados, do Senado Federal, dos Tribunais Federais e do Ministério Público".

142. Essa lei complementar – que versa sobre a técnica legislativa e que será melhor trabalhada na seqüência deste trabalho –, no seu art. 7º, apresenta a vedação de uma mesma lei tratar de mais de um objeto, salvo as codificações, além da vedação de um mesmo objeto ser tratado em espécies legislativas distintas. Assim, emendas a determinada proposição somente poderão ser aceitas se houver algum vínculo por afinidade, pertinência ou conexão.

143. Pode-se exemplificar com um projeto de lei que conceda gratificação de responsabilidade técnica a determinadas categorias de servidores, o que está dispos-

O regimento interno deve prever as espécies de emendas passíveis de serem feitas. Normalmente há a previsão de três tipos de emendas: (a) supressivas – as que suprimem artigo, parágrafo, inciso, alínea ou item em determinada proposição, renumerando os demais dispositivos, quando necessário; (b) aditivas – as que adicionam artigo, parágrafo, inciso, alínea ou item em determinada proposição, renumerando-os, quando necessário; (c) redacionais – as usualmente denominadas "emendas modificativas", com a alteração da redação de artigo, parágrafo, inciso, alínea ou item, sem a renumeração. Prefere-se chamar esta categoria de "emendas redacionais", já que há alteração redacional, com ou sem modificação de conteúdo, e porque toda emenda não deixa de ser modificativa, pois se altera a proposição apresentada.

Outra questão relevante são os denominados *substitutivos*, que se encontram no limiar entre a emenda e a nova proposição: o substitutivo é uma emenda que assume a condição de nova proposição, substituindo a originária. Uma emenda será considerada um substitutivo quando alterar significativamente a proposição original – com ou sem outras emendas –, a ponto de configurar nova proposição. Tal alteração deve ser analisada no seu conteúdo, ou seja, em vista das disposições materiais da espécie legislativa. As modificações meramente redacionais ou de técnica legislativa, por mais que sejam significativas, não se configuram enquanto substitutivo.

No caso de proposições oriundas do prefeito municipal, este poderá apresentar emendas (aditivas, supressivas, redacionais e substitutivos) através de mensagens retificadoras, até que se inicie o processo de votação, nos termos do regimento interno, salvo no caso dos projetos pertinentes à LOA, cujas alterações o Executivo somente poderá propor até sua votação na comissão pertinente.[144]

Por mais que a apresentação de emendas siga a mesma lógica para todas as espécies legislativas, devem ser aprofundadas as especificidades na apresentação de emendas às LOAs. Viu-se que as matérias orçamentárias seguem processo legislativo especial, devido à sua importância,

---

to no *caput* do art. 1º do referido projeto. A Câmara Municipal, por sua vez, resolve aprovar emenda redacional acrescendo mais duas categorias. Como o Executivo não pode vetar palavras, mas somente artigos, parágrafos, incisos, alíneas e itens, o veto abrangeria a totalidade do projeto de lei. Nesses casos apreende-se como possível a sanção tácita, com a negativa de executoriedade da emenda aprovada, por vício de origem, com base na possibilidade de o Executivo negar executoriedade à lei manifestadamente inconstitucional.

144. Cf. redação do § 5º do art. 166 da CF.

onde a apresentação de emendas ocorre em prazo determinado pela comissão responsável por sua análise. Fora desse prazo as emendas serão consideradas intempestivas e não serão sequer analisadas pelo Plenário. Entretanto, há outros limites a serem observados, oriundos da Constituição Federal e da Lei 4.320/1964.

A CF apresenta, no § 3º do art. 166, as condições para a aprovação de emendas ao projeto de LOA e aos projetos que o alterem:[145]

(a) As emendas têm de ser compatíveis com o PPA e com a LDO, uma vez que o orçamento anual tem que observar esta necessária congruência, peculiar ao sistema orçamentário brasileiro. Não pode uma emenda parlamentar propor a construção de escola de educação infantil se tal meta não estiver prevista no PPA e na LDO. Da mesma forma em relação à LDO, que não pode conter objetivos e metas não previstas no PPA.

(b) As emendas, para aportar recursos, têm que indicar sua origem, e esta tem que ser proveniente da anulação parcial ou total de determinada despesa, que não pode abranger as dotações para pessoal e seus encargos e os serviços da dívida. Essa vedação objetiva evitar desajustes na execução do orçamento, já que as despesas com pessoal (e seus encargos) e com os serviços da dívida se constituem em compromissos contínuos, não passíveis de abdicação pelo gestor. São despesas compulsórias, que devem ter a necessária dotação orçamentária para suportá-las.

Além disso, não pode o legislador indicar outra origem de recursos senão as já consignadas, pois afrontaria a receita estimada. Nesses termos, a realização de emendas via anulação de despesa pode ocorrer de duas formas: (a) via remanejo de recursos para a dotação existente –

---

145. CF, §§ 3º-5º do art. 166: "§ 3º. As emendas ao projeto de lei do orçamento anual ou aos projetos que o modifiquem somente podem ser aprovadas caso: I – sejam compatíveis com o plano plurianual e com a lei de diretrizes orçamentárias; II – indiquem os recursos necessários, admitidos apenas os provenientes de anulação de despesa, excluídas as que incidam sobre: a) dotações para pessoal e seus encargos; b) serviço da dívida; c) transferências tributárias constitucionais para Estados, Municípios e Distrito Federal; ou III – sejam relacionadas: a) com a correção de erros ou omissões; ou b) com os dispositivos do texto do projeto de lei.

"§ 4º. As emendas ao projeto de lei de diretrizes orçamentárias não poderão ser aprovadas quando incompatíveis com o plano plurianual.

"§ 5º. O Presidente da República poderá enviar mensagem ao Congresso Nacional para propor modificações nos projetos a que se refere este artigo enquanto não iniciada a votação, na comissão mista, da parte cuja alteração é proposta."

Não se discorrerá sobre a alínea "c" do inciso II do § 3º do art. 166 porque não tem aplicabilidade aos Municípios, pois a União e os Estados é que têm que repassar as transferências constitucionais às Municipalidades.

tais emendas ocorrem via transposição de recursos de uma dotação para outra dotação, sem a criação de nova despesa; (b) via criação de nova despesa – neste caso ocorre a criação de nova despesa, específica, nos termos da classificação orçamentária. Em ambas as situações a emenda parlamentar tem de apontar a classificação completa da despesa; logo, do órgão/unidade orçamentária até o elemento de despesa, tanto da rubrica da qual se indica a anulação total ou parcial quanto da rubrica para a qual se destinam os recursos.[146] No caso da criação de nova despesa, esta nova classificação deve criar novo programa, com seu respectivo projeto/atividade, diferenciada das demais dotações, até seu elemento de despesa. Tais equívocos têm sido a principal causa de ilegalidade das emendas feitas por vereadores, que muitas vezes indicam de forma incompleta a rubrica da qual se anulam ou à qual se destinam os recursos.

E no caso de emendas ilegais?[147] Nestas situações, deve o Executivo vetá-las, por mais que isso possa implicar uma "crise institucional". Quanto maior a amplitude das emendas ilegais, maior o problema político e jurídico a ser administrado. A razão reside nos valores vetados, que não serão restituídos às suas dotações originais – já que a dotação original não fora aprovado pela Câmara – e que ficarão sujeitos ao previsto no § 8º

146. Nilton de Aquino Andrade, *Contabilidade Pública na Gestão Municipal*, pp. 75-94. Nesta obra o autor apresenta, de forma sistematizada, a classificação orçamentária oriunda da legislação existente: Lei 4.320/1964, Portarias SOF/STN-163/2001 e 42/1999 e Portarias Interministeriais 325, 327, 328, 339, 510 e 519/2001. A classificação completa da despesa orçamentária ocorre segundo os critérios institucional, funcional, estrutural programático, natureza por categoria econômica, modalidade de aplicação e elemento de despesa. Para tanto, há a identificação numérica do órgão, unidade e subunidade (institucional), da função e subfunção (funcional), do programa e projeto/atividade (estrutural programático, com a liberdade do gestor para identificar numericamente os programas e respectivos projetos e atividades), da despesa corrente/capital e grupo de natureza da despesa (categoria econômica), da aplicação direta ou indireta dos recursos (modalidade de aplicação) e do elemento de despesa. Exemplificativamente, na seguinte classificação completa: 02.04.01.12.361.1201.2.001.3390.30.01: 02   Poder Executivo; 02.04 – Secretaria da Educação; 02.04.01 – Divisão de Ensino Fundamental; 12 – função Educação; 361 – subfunção Ensino Fundamental; 1201 – programa de atendimento ao Ensino Fundamental; 2.001 – atividade de manutenção dos custeios dos prédios escolares; 3 – despesas correntes; 33 – outras despesas correntes; 3390 – aplicação direta; 3390.30 – material de consumo; 3390.30.01 – merenda escolar. Se um parlamentar quiser anular parcialmente a dotação acima mencionada, deverá descrevê-la na íntegra, até o elemento de despesa, como forma de sua identificação. Não pode a emenda apresentar parte da classificação da despesa.
147. Despesas que anulem dotação com pessoal ou que não identifiquem a dotação até o elemento de despesa, exemplificativamente.

do art. 166 da CF. Pode-se utilizar a linguagem metafórica para dizer que os valores vetados ficarão "suspensos", sem destinação específica, e não poderão ser utilizados, salvo mediante crédito adicional especial ou suplementar aprovado previamente pela Câmara Municipal de Vereadores.

A complexidade aumenta diante da aprovação de emendas que indiquem parte da classificação da despesa a ser anulada, o que conduzirá a uma "diminuição linear" das despesas passíveis de anulação, sem a restituição da redação original, pois isto é vedado. O problema é menor quanto à dotação para a qual se destinam os valores, pois se estiver incompleta o valor não será acrescido. Por fim, é necessário que ambas as dotações (de origem – anulação – e de destino) estejam completas para que a emenda possa prosperar, além de observar as vedações já comentadas.

(c) Sem relação com as duas situações vistas acima, também é possível a apresentação de emendas a fim de corrigir erros ou omissões existentes no projeto de lei, o que deve ser devidamente demonstrado.

(d) As emendas relacionadas com o texto do projeto de lei também são viáveis, sem olvidar os princípios da exclusividade, unidade e universalidade que incidem sobre as leis orçamentárias. Tais princípios determinam a estimativa total da receita e a fixação total da despesa, além de vedarem a inclusão de assuntos estranhos à matéria orçamentária. É por essa razão que as emendas ao texto do projeto de lei têm que se ater às disposições atinentes ao orçamento público, sem o acréscimo de questões que não tenham conexão ou pertinência, nos termos do § 8º do art. 165 da CF.[148]

A Lei 4.320/1964, recepcionada pela Constituição Federal de 1998, também apresenta restrições à apresentação de emendas parlamentares à LOA. Quanto ao disposto na alínea "a" do art. 33,[149] tal vedação tam-

---

148. CF, § 8º do art. 165: "§ 8º. A lei orçamentária anual não conterá dispositivo estranho à previsão da receita e à fixação da despesa, não se incluindo na proibição a autorização para abertura de créditos suplementares e contratação de operações de crédito, ainda que por antecipação de receita, nos termos da lei". O critério da conexão ou pertinência com a lei orçamentária deve ser utilizado para a análise dos projetos de emendas à LOA. Por esse motivo, emendas que visem a limitar a própria abertura de créditos adicionais suplementares pelo Executivo são legais (exemplos: vedação da anulação de mais de 50% de um elemento de despesa para fins da abertura de créditos adicionais suplementares sem a prévia autorização legislativa; vedação de o percentual autorizado para abertura de créditos adicionais suplementares incidir no acréscimo da despesa com a comunicação social sem a prévia autorização legislativa – dentre outros).

149. Lei 4.320/1964: "Art. 33. Não se admitirão emendas ao projeto de lei de orçamento que visem a: a) alterar a dotação solicitada para despesa de custeio, salvo

bém se encontra no art. 166, § 3º, III, da CF, apenas em outras palavras; o disposto na alínea "d" encontra-se revogado, especialmente pelos arts. 26 a 28 da Lei Complementar 101/200 – Lei de Responsabilidade Fiscal –, que disciplina a destinação de recursos públicos para instituições privadas; a alínea "b" traz imposição praticamente impossibilitadora de emendas parlamentares que versem sobre a realização de obras públicas, já que, mesmo estando prevista no PPA e na LDO, não será possível destinar recursos a determinada obra na LOA se o respectivo projeto não estiver aprovado pelos órgãos competentes. Aliás, não há sequer referência sobre qual órgão teria tal competência (o responsável pelo pagamento ou pela concessão da licença), nem sobre em que consistiriam tais projetos. Por uma questão mínima de coerência, nem o Executivo poderia encaminhar o projeto de lei do orçamento com a dotação de recursos para obras que não estivessem previamente aprovadas. Em vista do princípio da proporcionalidade,[150] a alínea "b" do art. 33 da Lei 4.320/1964 configura-se inconstitucional ao prever um meio demasiadamente excessivo (projeto aprovado) para o fim almejado (otimização dos recursos públicos). Por derradeiro, a alínea "c" apresenta congruência com a repartição de Poderes, já que os serviços públicos constituem atividades administrativas da competência do Executivo, não cabendo ao Legislativo nem instituí-los por lei, nem a concessão de dotação para seu funcionamento ou criação. Esta é uma incumbência do Executivo, que não pode ser usurpada pelo Legislativo, sob pena de romper com o equilíbrio e harmonia que devem haver entre as funções estatais.

A Lei 4.320/1964 (arts. 7º e 43) prevê que a Câmara pode autorizar o Executivo Municipal a abrir créditos adicionais suplementares, sem a específica autorização legislativa, até o percentual estabelecido no texto da LOA. Além disso, poderá a LOA prever a abertura "ilimitada" de créditos adicionais suplementares para as adequações com as despesas de pessoal.[151]

quando provada, nesse ponto, a inexatidão da proposta; b) conceder dotação para o início de obra cujo projeto não esteja aprovado pelos órgãos competentes; c) conceder dotação para instalação ou funcionamento de serviço que não esteja anteriormente criado; d) conceder dotação superior aos quantitativos previamente fixados em resolução do Poder Legislativo para concessão de auxílios e subvenções".

150. Observa-se o descumprimento do princípio da proporcionalidade em sentido estrito.

151. Esta disposição tem sido praxe nas leis orçamentárias, fundamentada na relevância das despesas com pessoal, já que o Executivo não pode deixar de atender a elas. O legislador tem de estar atento para que esta autorização não abranja outras despesas – como as despesas de capital – que poderiam descaracterizar a própria

No caso da superestimação da receita pelo Executivo, uma vez que ao parlamentar é vedado fazer emendas na estimativa, a alternativa mais adequada é a supressão na despesa fixada a fim de conformá-la à receita previsível. Entretanto, o mais conveniente é o encaminhamento de uma mensagem retificadora do próprio Executivo Municipal.

As emendas tempestivamente apresentadas, consoante os requisitos necessários,[152] devem ser levadas a votação, juntamente com a proposição principal, nos termos dos dispositivos do regimento interno.

4.8 Técnica legislativa municipal

A técnica legislativa deve observar a Lei Complementar 95/1998, que regulamenta o art. 59 da CF, enquanto lei nacional com validade para todos os entes federados. Há uma disciplina estrita a ser observada na montagem dos textos legislativos, a fim de lhes dar o máximo de racionalidade.

A numeração das espécies legislativas que independem da sanção/ veto do prefeito é da competência do Legislativo, uma vez que as demais serão da competência do Executivo, salvo quando competirem ao Legislativo a promulgação e publicação. Neste caso, deve o Parlamento requisitar ao Executivo o respectivo número. Ademais, deve-se observar: (a) emendas à lei orgânica – numeração própria, iniciada a partir da sua promulgação; (b) leis ordinárias, complementares e delegadas – numeração própria para cada espécie, em continuidade à numeração existente; (c) decretos legislativos e resoluções – numeração própria para cada espécie, iniciada em cada ano.

A estrutura das espécies legislativas é assim definida:[153]

peça orçamentária, diante de uma incondicional autorização para a abertura de créditos pelo Executivo Municipal.
152. A título exemplificativo, as emendas orçamentárias fora do prazo definido pela comissão responsável por sua análise e quaisquer emendas que não tenham a assinatura do seu proponente não serão levadas a votação, por intempestividade e pelo não-cumprimento dos seus requisitos essenciais, respectivamente.
153. Lei Complementar 95/1998: "Art. 3º. A lei será estruturada em 3 (três) partes básicas: I – parte preliminar, compreendendo a epígrafe, a ementa, o preâmbulo, o enunciado do objeto e a indicação do âmbito de aplicação das disposições normativas; II – parte normativa, compreendendo o texto das normas de conteúdo substantivo relacionadas com a matéria regulada; III – parte final, compreendendo as disposições pertinentes às medidas necessárias à implementação das normas de conteúdo substantivo, as disposições transitórias, se for o caso, a cláusula de vigência e a cláusula de revogação, quando couber".

I – Parte preliminar[154] – engloba a epígrafe, a ementa, o preâmbulo, o enunciado do objeto e sua aplicação. A epígrafe indica a espécie legislativa, seu número e a data da promulgação.[155] A ementa é um resumo extremamente objetivo da própria espécie legislativa, identificando-a através do seu objeto.[156] O preâmbulo traz a promulgação, apontando o órgão que a fez.[157] A identificação do objeto e o âmbito da sua aplicação devem estar explicitados no art. 1º, de forma clara e concisa.[158]

154. Lei Complementar 95/1998:

"Art. 4º. A epígrafe, grafada em caracteres maiúsculos, propiciará identificação numérica singular à lei e será formada pelo título designativo da espécie normativa, pelo número respectivo e pelo ano de promulgação.

"Art. 5º. A ementa será grafada por meio de caracteres que a realcem e explicitará, de modo conciso e sob a forma de título, o objeto da lei.

"Art. 6º. O preâmbulo indicará o órgão ou instituição competente para a prática do ato e sua base legal.

"Art. 7º. O primeiro artigo do texto indicará o objeto da lei e o respectivo âmbito de aplicação, observados os seguintes princípios: I – excetuadas as codificações, cada lei tratará de um único objeto; II – a lei não conterá matéria estranha a seu objeto ou a este não vinculada por afinidade, pertinência ou conexão; III – o âmbito de aplicação da lei será estabelecido de forma tão específica quanto o possibilite o conhecimento técnico ou científico da área respectiva; IV – o mesmo assunto não poderá ser disciplinado por mais de uma lei, exceto quando a subseqüente se destine a complementar lei considerada básica, vinculando-se a esta por remissão expressa."

155. A *epígrafe* localiza-se na parte superior do texto normativo e deve ser escrita em letra maiúsculas. Exemplo: LEI "COMPLEMENTAR N. 95, DE 26 DE FEVEREIRO DE 1998".

156. A *ementa*, enquanto descrição do objeto da espécie legislativa, deve ser destacada do seu texto, através de um recuo, logo abaixo da epígrafe. Não integra o texto da norma, e deve permitir a identificação do conteúdo da espécie legislativa. Deve-se evitar a simples remissão ao número de eventuais leis que estejam sendo alteradas, pois não permitirá ao intérprete a imediata identificação do seu conteúdo. Exemplo: "Dispõe sobre a elaboração, a redação, a alteração e a consolidação das leis, conforme determina o parágrafo único do art. 59 da Constituição Federal, e estabelece normas para a consolidação dos atos normativos que menciona".

157. O *preâmbulo* também não integra o texto da espécie legislativa. Localiza-se abaixo da ementa, sem recuo, acabando com dois pontos; só depois do preâmbulo é que há o art. 1º do texto normativo. Exemplo: "O PRESIDENTE DA REPÚBLICA: Faço saber que o Congresso Nacional decreta e eu sanciono a seguinte Lei Complementar:".

158. Neste caso, já está se falando do texto normativo. Exemplo: "Art 1º. A elaboração, a redação, a alteração e a consolidação das leis obedecerão ao disposto nesta Lei Complementar".

II – Parte normativa – esta parte corresponde ao desenvolvimento da própria espécie legislativa. O artigo[159] é o elemento aglutinador das mais diversas disposições de uma norma jurídica, desdobrado em parágrafos ou incisos, os parágrafos em incisos, os incisos em alíneas e as alíneas em itens.[160] Toda espécie legislativa deve ter somente um objeto, salvo as codificações, que, pela sua natureza complexa, poderão disciplinar objetos distintos, porém relacionados. Um mesmo objeto, por sua vez, não poderá ser trabalhado por mais de uma espécie legislativa, excetuando-se as situações em que a espécie subseqüente seja considerada complementar a uma principal, devendo, neste caso, haver a respectiva remissão expressa.

III – Parte final – esta parte contém as disposições transitórias, a cláusula de vigência e a cláusula de revogação, quando realmente necessárias. As disposições transitórias abarcam as medidas imprescindíveis para a implementação das normas previstas na espécie legislativa. A cláusula de revogação deve apontar expressamente as espécies normativas – ou suas partes – que passam a ser revogadas, vedando-se o uso da antiga e inócua expressão "revogam-se as disposições em contrário". Isso porque a lei posterior revoga naturalmente a lei anterior naquilo em que lhe for contrário. Devem ser apresentadas expressamente as dispo-

---

159. A numeração ordinária deve ser utilizada até o nono artigo (sem qualquer outra ligação com o texto. Exemplo: "Art. 1º. Esta lei..."), seguindo-se da numeração cardinal a partir do artigo dez (neste caso, após a numeração coloca-se um ponto. Exemplo: "Art. 10. A responsabilidade...").

160. Os *parágrafos* são utilizados para explicar o *caput*, complementando-o, ou para externar exceções. São identificados pelo símbolo "§", com a mesma logicidade da numeração utilizada para os artigos. No caso de um parágrafo único, será assim externado, seguido de ponto: "Parágrafo único. As disposições deste artigo não se aplicam (...)". Os incisos, as alíneas e os itens, identificados por números romanos (seguidos de hífen – exemplo: "I – as leis..."), letras (seguidas de meio parêntese – exemplo: "a) os atos...") e números arábicos (seguidos de hífen – exemplo: "1 – as portarias..."), respectivamente, são utilizados para a enumeração e a discriminação, a fim de facilitar a compreensão.

Eis como se reporta a Lei Complementar 95/1998: "Art. 10. Os textos legais serão articulados com observância dos seguintes princípios: I – a unidade básica de articulação será o artigo, indicado pela abreviatura 'Art.', seguida de numeração ordinal até o nono e cardinal a partir deste; II – os artigos desdobrar-se-ão em parágrafos ou em incisos; os parágrafos em incisos, os incisos em alíneas e as alíneas em itens; III – os parágrafos serão representados pelo sinal gráfico '§', seguido de numeração ordinal até o nono e cardinal a partir deste, utilizando-se, quando existente apenas um, a expressão 'parágrafo único' por extenso; IV – os incisos serão representados por algarismos romanos, as alíneas por letras minúsculas e os itens por algarismos arábicos; (...)".

sições revogadas de outras normas. A cláusula de vigência deve definir quando a espécie legislativa entra em vigor. Três situações são possíveis: (a) silêncio sobre a vigência – segue-se a Lei de Introdução ao Código Civil, de 1940, entrando a lei em vigor no prazo de 45 dias da sua publicação oficial, incluindo-se nesta contagem a data da publicação oficial até o término dos 45 dias; (b) vigência imediata – quando há a expressão "Esta lei entra em vigor na data da sua publicação", passível de uso para as espécies legislativas de pequena repercussão; (c) vigência determinada – quando há a estipulação de um período para a vigência, a contar da data da publicação oficial, necessário às leis cuja repercussão requeira maior conhecimento e difusão junto à sociedade. Nestes casos usa-se, exemplificativamente, a expressão: "Esta lei entra em vigor após decorridos 90 (noventa) dias de sua publicação oficial".[161] Por fim, salienta-se que estas cláusulas que integram a parte final da espécie legislativa somente devem constar no seu texto se realmente necessárias, uma vez que a redação legislativa deve prescindir de disposições estéreis e inúteis.

O artigo é o elemento básico de articulação da redação legislativa. Diante de normas com grande complexidade, como as codificações, os artigos podem ser agrupados em subseções, as subseções em seções, as seções em capítulos, os capítulos em títulos, os títulos em livros e os livros em partes.[162]

A redação legislativa, por sua vez, deve buscar o maior entendimento possível das disposições legislativas, ao invés de se privilegiar a forma, com preferência a palavras e expressões do conhecimento da maior

---

161. Lei Complementar 95/1998:
"Art. 8º. A vigência da lei será indicada de forma expressa e de modo a contemplar prazo razoável para que dela se tenha amplo conhecimento, reservada a cláusula 'entra em vigor na data de sua publicação' para as leis de pequena repercussão.

"§ 1º. A contagem do prazo para entrada em vigor das leis que estabeleçam período de vacância far-se-á com a inclusão da data da publicação e do último dia do prazo, entrando em vigor no dia subseqüente à sua consumação integral.

"§ 2º. As leis que estabeleçam período de vacância deverão utilizar a cláusula 'esta lei entra em vigor após decorridos (o número de) dias de sua publicação oficial'.

"Art. 9º. A cláusula de revogação deverá enumerar, expressamente, as leis ou disposições legais revogadas.

"Parágrafo único. (Vetado)."

162. Lei Complementar 95/1998, art. 10, VI e VII: "VI – os capítulos, títulos, livros e partes serão grafados em letras maiúsculas e identificados por algarismos romanos, podendo estas últimas desdobrar-se em Parte Geral e Parte Especial ou ser subdivididas em partes expressas em numeral ordinal, por extenso; VII – as subseções e seções serão identificadas em algarismos romanos, grafadas em letras minúsculas e postas em negrito ou caracteres que as coloquem em realce; (...)".

parte da população, salvo quando se tratar de terminologias técnicas; utilizar frases curtas, pautadas pela objetividade; primar pela uniformidade dos tempos verbais, preferindo-se o tempo presente ou futuro, a forma positiva, o singular e a terceira pessoa; as mesmas idéias devem ser expressas com as mesmas palavras, evitando-se termos ambíguos e expressões de cunho local. É inadequado o uso de expressões terminativas, como "para todos", "sem exceção", seja pela sua redundância, seja pelo fato de o Direito ser uma ciência cujas leis comportam exceção. O uso de siglas somente deve ocorrer quando forem de conhecimento notório, e na sua primeira referência devem estar por extenso.[163]

A alteração de espécies legislativas válidas, que somente pode ocorrer observando-se o devido processo legislativo, deverá observar:

(a) Revogação total – quando uma espécie legislativa é retirada na íntegra do ordenamento jurídico, o que normalmente acontece quando há a aprovação de nova norma jurídica que a altere consideravelmente.

---

163. Lei Complementar 95/1998: "Art. 11. As disposições normativas serão redigidas com clareza, precisão e ordem lógica, observadas, para esse propósito, as seguintes normas: I – para a obtenção de clareza: a) usar as palavras e as expressões em seu sentido comum, salvo quando a norma versar sobre assunto técnico, hipótese em que se empregará a nomenclatura própria da área em que se esteja legislando; b) usar frases curtas e concisas; c) construir as orações na ordem direta, evitando preciosismo, neologismo e adjetivações dispensáveis; d) buscar a uniformidade do tempo verbal em todo o texto das normas legais, dando preferência ao tempo presente ou ao futuro simples do presente; e) usar os recursos de pontuação de forma judiciosa, evitando os abusos de caráter estilístico; II – para a obtenção de precisão: a) articular a linguagem, técnica ou comum, de modo a ensejar perfeita compreensão do objetivo da lei e a permitir que seu texto evidencie com clareza o conteúdo e o alcance que o legislador pretende dar à norma; b) expressar a idéia, quando repetida no texto, por meio das mesmas palavras, evitando o emprego de sinonímia com propósito meramente estilístico; c) evitar o emprego de expressão ou palavra que confira duplo sentido ao texto; d) escolher termos que tenham o mesmo sentido e significado na maior parte do território nacional, evitando o uso de expressões locais ou regionais; e) usar apenas siglas consagradas pelo uso, observado o princípio de que a primeira referência no texto seja acompanhada de explicitação de seu significado; f) grafar por extenso quaisquer referências a números e percentuais, exceto data, número de lei e nos casos em que houver prejuízo para a compreensão do texto; g) indicar expressamente o dispositivo objeto de remissão, em vez de usar as expressões 'anterior', 'seguinte' ou equivalentes; III – para a obtenção de ordem lógica: a) reunir sob as categorias de agregação – subseção, seção, capítulo, título e livro – apenas as disposições relacionadas com o objeto da lei; b) restringir o conteúdo de cada artigo da lei a um único assunto ou princípio; c) expressar por meio dos parágrafos os aspectos complementares à norma enunciada no *caput* do artigo e as exceções à regra por este estabelecida; d) promover as discriminações e enumerações por meio dos incisos, alíneas e itens".

Entretanto, é possível a simples revogação total sem que ocorra substituição.

(b) Revogação parcial – quando parte de uma espécie legislativa é retirada do ordenamento jurídico (artigo, parágrafo, inciso, alínea ou item).

(c) Modificação de artigo – quando determinado artigo sofre alteração na sua redação (inclui as modificações em parágrafo, inciso, alínea ou item), com acréscimo, supressão ou alteração dos seus termos ou partes. Nestes casos, o artigo alterado passará a ter, no seu final, a sigla "(NR)", em parênteses, que significa "Nova Redação".

(d) Acréscimo de artigos – veda-se a renumeração dos demais artigos e das suas unidades de agrupação (subseções, seções...), utilizando-se o mesmo número do artigo anterior seguido de letras maiúsculas, na ordem alfabética, para identificar os artigos acrescidos, fazendo-se o mesmo com suas unidades de agrupação.[164]

Também há a vedação expressa de se utilizar de número de artigo vetado, revogado ou declarado inconstitucional para quaisquer processos de modificação de determinada espécie legislativa.[165]

---

164. Se o objetivo é acrescentar cinco artigos entre os arts. 15 e 16 de determinada lei, estes artigos serão numerados como 15A, 15B, 15C, 15D e 15E. A própria existência de letras em ordem alfabética após os números já identifica o acréscimo legislativo.

165. Eis como a Lei Complementar 95/1998 discorre sobre o processo de alteração de textos legais:

"Art. 12. A alteração da lei será feita: I – mediante reprodução integral em novo texto, quando se tratar de alteração considerável; II – mediante revogação parcial; III – nos demais casos, por meio de substituição, no próprio texto, do dispositivo alterado, ou acréscimo de dispositivo novo, observadas as seguintes regras: a) (revogado); b) é vedada, mesmo quando recomendável, qualquer renumeração de artigos e de unidades superiores ao artigo, referidas no inciso V do art. 10, devendo ser utilizado o mesmo número do artigo ou unidade imediatamente anterior, seguido de letras maiúsculas, em ordem alfabética, tantas quantas forem suficientes para identificar os acréscimos; c) é vedado o aproveitamento do número de dispositivo revogado, vetado, declarado inconstitucional pelo Supremo Tribunal Federal ou de execução suspensa pelo Senado Federal em face de decisão do Supremo Tribunal Federal, devendo a lei alterada manter essa indicação, seguida da expressão 'revogado', 'vetado', 'declarado inconstitucional, em controle concentrado, pelo Supremo Tribunal Federal', ou 'execução suspensa pelo Senado Federal, na forma do art. 52, X, da Constituição Federal'; d) é admissível a reordenação interna das unidades em que se desdobra o artigo, identificando-se o artigo assim modificado por alteração de redação, supressão ou acréscimo com as letras 'NR' maiúsculas, entre parênteses, uma única vez ao seu final, obedecidas, quando for o caso, as prescrições da alínea 'c'.

"Parágrafo único. O termo 'dispositivo' mencionado nesta Lei refere-se a artigos, parágrafos, incisos, alíneas ou itens."

5
LIMITES PARA A CONSTRUÇÃO E REVISÃO DAS LEIS ORGÂNICAS

Inicialmente, cumpre situar a posição que a lei orgânica ocupa no sistema normativo brasileiro. Tal qual a Constituição Federal e as Constituições Estaduais, em âmbito nacional e estadual, as leis orgânicas encontram-se no ápice do sistema normativo municipal, como fruto da autonomia auto-organizatória dos Municípios Brasileiros. É conseqüência da própria condição de ente federado das Municipalidades, que no exercício das suas competências constitucionais não se encontram em qualquer relação de subserviência diante da União ou dos Estados. Ao contrário. No exercício das suas competências o Município é tão autônomo quanto o Distrito Federal, os Estados e a própria União.

Por essa razão, não é um equívoco também denominar a lei orgânica de *Constituição Municipal*, já que há uma identificação muito grande com o regime jurídico normalmente atribuído ao poder constituinte derivado: (a) por mais que a denominação utilizada pela Constituição ao delegar aos Estados e Municípios a incumbência de construírem suas leis maiores seja de "Constituição" para os primeiros e "Lei Orgânica" para os segundos, em ambos os casos há expressa delegação constitucional para sua elaboração, oriunda do art. 11 do ADCT;[1] (b) não obstante o art. 11 do ADCT se refira aos Estados como possuidores de poder

---
1. ADCT. art. 11:
"Art. 11. Cada Assembléia Legislativa, com poderes constituintes, elaborará a Constituição do Estado, no prazo de 1 (um) ano, contado da promulgação da Constituição Federal, obedecidos os princípios desta.

"Parágrafo único. Promulgada a Constituição do Estado, caberá à Câmara Municipal, no prazo de 6 (seis) meses, votar a Lei Orgânica respectiva, em dois turnos

constituinte – no caso, derivado –, a disposição do parágrafo único deste dispositivo remete às Municipalidades um poder constituinte derivado implícito, pois observa os mesmos contornos do que fora concedido aos Estados; (c) a autonomia para a construção de uma Constituição é decorrente do pacto federativo e da respectiva repartição de competências, como um corolário da condição de entes federados, sem relação de subordinação ou controle entre a União, os Estados, o Distrito Federal e os Municípios; (d) há procedimentos formais para a construção e elaboração das leis orgânicas, decorrentes do próprio texto da Constituição Federal, que necessitam da maioria qualificada dos seus integrantes para a aprovação (dois terços dos parlamentares), em 2 turnos de votação, com interstício mínimo de 10 dias entre ambos, além da incidência de um processo legislativo especial.

Esta hermenêutica do art. 11 do ADCT – a de que a disposição do parágrafo único desse dispositivo remete às Municipalidades um poder constituinte derivado implícito – faz com que não seja possível a revogação total de uma lei orgânica; entretanto, é possível revisá-la, alterando-a substancialmente, nos termos da Constituição Federal, da Constituição Estadual e da própria Constituição local.

A lei orgânica é condição de validade para todas as demais espécies legislativas municipais, razão pela qual seus contornos encontram-se delineados no art. 29 da CF,[2] podendo abarcar outras competências munici-

de discussão e votação, respeitado o disposto na Constituição Federal e na Constituição Estadual."

2. CF, art. 29: "O Município reger-se-á por lei orgânica, votada em 2 (dois) turnos, com o interstício mínimo de 10 (dez) dias, e aprovada por dois terços dos membros da Câmara Municipal, que a promulgará, atendidos os princípios estabelecidos nesta Constituição, na Constituição do respectivo Estado e os seguintes preceitos: I – eleição do prefeito, do vice-prefeito e dos vereadores, para mandato de 4 (quatro) anos, mediante pleito direto e simultâneo realizado em todo o país; II – eleição do prefeito e vice-prefeito realizada no primeiro domingo de outubro do ano anterior ao término do mandato dos que devam suceder, aplicadas as regras do art. 77, no caso de Municípios com mais de 200.000 (duzentos mil) eleitores; III – posse do prefeito e do vice-prefeito no dia 1º de janeiro do ano subseqüente ao da eleição; IV – número de vereadores proporcional à população do Município, observados os seguintes limites: a) mínimo de 9 (nove) e máximo de 21 (vinte e um) nos Municípios de até 1.000.000 (um milhão) de habitantes; b) mínimo de 33 (trinta e três) e máximo de 41 (quarenta e um) nos Municípios de mais de 1.000.000 (um milhão) e menos 5.000.000 (cinco milhões) de habitantes; c) mínimo de 42 (quarenta e dois) e máximo de 55 (cinqüenta e cinco) nos Municípios de mais de 5.000.000 (cinco milhões) de habitantes; V – subsídios do prefeito, do vice-prefeito e dos secretários municipais fixados por lei de iniciativa da Câmara Municipal, observado o que dispõem os arts. 37, XI, 39, § 4º, 150, II, 153, III, e 153, § 2º, I; VI – o

pais decorrentes do texto constitucional.[3] A estes se somam os princípios das Constituições Federal e Estadual, conforme o próprio *caput* do art. 29 da CF. Há algumas importantes considerações acerca dos preceitos consignados nos incisos do citado art. 29, que já suscitaram dúvidas aos gestores locais:

(a) Posse do prefeito e do vice-prefeito – deve ocorrer no dia 1º de janeiro do ano subseqüente à eleição, o que impossibilita a posse em outra data, seja anterior, seja posterior a esta. Assim, deve ocorrer entre às 00h e 23h59min do dia 1º de janeiro, salientando-se que, se a posse não ocorrer nesta data, assume a função de prefeito o presidente da Câmara

subsídio dos vereadores será fixado pelas respectivas Câmaras Municipais em cada legislatura para a subseqüente, observado o que dispõe esta Constituição, observados os critérios estabelecidos na respectiva lei orgânica e os seguintes limites máximos: a) em Municípios de até 10.000 (dez mil habitantes), o subsídio máximo dos vereadores corresponderá a 20% (vinte por cento) do subsídio dos deputados estaduais; b) em Municípios de 10.001 (dez mil e um) a 50.000 (cinqüenta mil) habitantes, o subsídio máximo dos vereadores corresponderá a 30% (trinta por cento) do subsídio dos deputados estaduais; c) em Municípios de 50.001 (cinqüenta mil e um) a 100.000 (cem mil) habitantes, o subsídio máximo dos vereadores corresponderá a 40% (quarenta por cento) do subsídio dos deputados estaduais; d) em Municípios de 100.001 (cem mil e um) a 300.000 (trezentos mil) habitantes, o subsídio máximo dos vereadores corresponderá a 50% (cinqüenta por cento) do subsídio dos deputados estaduais; e) em Municípios de 300.001 (trezentos mil e um) a 500.000 (quinhentos mil) habitantes, o subsídio máximo dos vereadores corresponderá a 60% (sessenta por cento) do subsídio dos deputados estaduais; f) em Municípios de mais de 500.000 (quinhentos mil) habitantes, o subsídio máximo dos vereadores corresponderá a 75% (setenta e cinco por cento) do subsídio dos deputados estaduais; VII – o total da despesa com a remuneração dos vereadores não poderá ultrapassar o montante de 5% (cinco por cento) da receita do Município; VIII – inviolabilidade dos vereadores por suas opiniões, palavras e votos no exercício do mandato e na circunscrição do Município; IX – proibições e incompatibilidades, no exercício da vereança, similares, no que couber, ao disposto nesta Constituição para os membros do Congresso Nacional e na Constituição do respectivo Estado para os membros da Assembléia Legislativa; X – julgamento do prefeito perante o Tribunal de Justiça; XI – organização das funções legislativas e fiscalizadoras da Câmara Municipal; XII – cooperação das associações representativas no planejamento municipal; XIII – iniciativa popular de projetos de lei de interesse específico do Município, da cidade ou de bairros, através de manifestação de, pelo menos, 5% (cinco por cento) do eleitorado; XIV – perda do mandato do prefeito, nos termos do art. 28, parágrafo único".

3. É o caso, por exemplo, do art. 30, que apresenta importantes competências municipais, e do art. 182 da CF, que dispõe sobre os planos diretores. A lei orgânica não pode extrapolar as competências municipais prefiguradas pela Constituição Federal, sob pena de inconstitucionalidade.

Municipal, até que ocorra a devida posse, nos termos da lei orgânica.[4] Também os vereadores são empossados nessa data, em sessão anterior à sessão de posse do prefeito e vice-prefeito, já que é a Câmara Municipal que empossa o chefe do Executivo e seu respectivo substituto.

(b) Número de vereadores – inequivocamente, a hermenêutica do art. 29, IV, da CF remete às leis orgânicas a competência para a definição do número de vereadores de cada Município. Por essa razão, a manifestação da jurisprudência era pacífica quanto a essa competência municipal,[5] até o advento da Resolução 21.702 do TSE, calcada no RE 197.917, do STF. Esta resolução trouxe critérios aritméticos, numa espécie de retorno aos preceitos da escola jurídica da exegese, fundamentada em razões matemáticas para a definição da proporcionalidade referida no inciso IV do art. 29 da CF. Abusou-se dos princípios da razoabilidade e da proporcionalidade para justificar tal afronta à autonomia municipal, desrespeitando a redação constitucional, que confere legitimamente aos Municípios a competência para essa definição. Isso porque dois Municípios com o mesmo número de habitantes podem ter números distintos de vereadores em razão das suas particularidades e singularidades históricas, políticas, geográficas, sociais, culturais e econômicas, que vão conferir maior ou menor homogeneidade aos interesses coletivos a serem representados; e, conseqüentemente, um menor ou maior número de representantes do povo no Parlamento local. Além de desrespeitar abruptamente o texto constitucional, a citada resolução do TSE fere mortalmente os princípios da autonomia municipal e da democracia republicana.[6]

4. Se a lei orgânica silenciar a respeito, usam-se os mesmos preceitos consignados aos vereadores, que normalmente têm o prazo de 15 dias para a respectiva posse. Pode haver a necessidade, se previsto, de aprovação pelo Parlamento da justificativa apresentada.
5. Vários são os aportes jurisprudenciais respaldando a autonomia municipal para a definição do número de vereadores. Exemplificando: "*Ementa:* Constitucional – Câmara de Vereadores – Lei orgânica do Município – Autonomia para fixar o número de vereadores – Art. 29, IV, da CF   Princípio da proporcionalidade, de acordo com o número de habitantes, já adotado pelo legislador constituinte – Limite máximo – Possibilidade. O art. 29, IV, da CF deu autonomia aos Municípios para fixação do número de seus vereadores, inexistindo qualquer critério aritmético para estabelecer o número exato da quantia de vereadores, devendo ser obedecido o limite mínimo e o máximo imposto, incumbindo a cada Município fixar o seu limite, podendo este ficar no máximo estabelecido pela letra 'a' do inciso IV do art. 29 da CF – Apelação desprovida" (TJRS, 1ª Câmara Especial Cível, AC 70004570354, rel. Carlos Eduardo Zietlow Duro, j. 20.11.2002).
6. A diminuição da representatividade parlamentar fere todo o processo político, diminuindo os espaços para que interesses coletivos com menor representação,

(c) Subsídios dos vereadores e do prefeito, inviolabilidade e limite de gastos – estes temas serão detalhados no capítulo pertinente ao estatuto jurídico do vereador.

(d) Julgamento do prefeito perante o Tribunal de Justiça – o prefeito municipal responde politicamente, civilmente e criminalmente. Politicamente, diante do cometimento de infrações político-administrativas, cuja competência para definição das tipificações, procedimento e julgamento é da Câmara Municipal. O Parlamento pode abdicar dessa prerrogativa e determinar a observância da legislação federal (Decreto-lei 201/1967). Civilmente, diante de quaisquer matérias cíveis, sem foro privilegiado ou outra prerrogativa, na Justiça Comum, proveniente ou não de ato funcional, incluindo-se, neste espectro, a improbidade administrativa (Lei 8.429/1992) e a falta administrativa contra a lei das finanças públicas (Lei 10.028/2000). Criminalmente, com fulcro no inciso X do art. 29 da CF, que constitui foro privilegiado por prerrogativa de função, incidente em todas as matérias penais. O prefeito será processado e julgado perante o juízo de segundo grau da Justiça competente.[7] Segundo José Nilo de Castro,[8] a prerrogativa de função desaparece com a extinção do mandato. Ademais, em observância ao disposto no CPP, arts. 295 e 221, o prefeito tem direito a prisão especial enquanto não houver o trânsito em julgado da sentença condenatória, além do direito de ser inquirido – como testemunha – em local, dia e hora ajustados com o juiz.

(e) Organização das funções legislativas e fiscalizadoras da Câmara Municipal – tal preceito, por si, identifica tais funções como precípuas do Parlamento, que fundamenta essencialmente sua existência. Outrossim, confere amplos poderes para que as Câmaras Municipais conformem o exercício dessas funções, desde que consoantes às normas de repetição obrigatória oriundas da Constituição.

porém legítimos, possam ser representados por vereadores na Câmara Municipal. Em conseqüência, tendencialmente concentra poderes nas mãos dos grupos político-partidários tradicionais e economicamente mais fortes, diminuindo o surgimento de novas lideranças.

7. Exemplificativamente, diante dos crimes tipificados no Código Penal, o prefeito será processado e julgado pelo Tribunal de Justiça. Se a competência criminal for da Justiça Federal – malversação de recursos da União –, será processado e julgado pelo TRF, ocorrendo o mesmo no caso de crimes eleitorais, em relação ao TRE.

8. José Nilo de Castro, *Direito Municipal Positivo*, pp. 181-188. Segundo o autor, somente em situações realmente excepcionais é possível o afastamento preliminar do prefeito do seu cargo, já que este decorre do exercício de um poder constitucionalmente deferido a quem tem a legitimidade e a confiança do voto popular.

(f) Cooperação das associações representativas no planejamento municipal – fundamenta-se nos princípios democrático, republicano e participativo que suportam o Estado Democrático de Direito consignado na Constituição. Esta participação pode ocorrer através de instrumentos vinculantes e não-vinculantes,[9] que devem ser disciplinados pela própria Municipalidade, na lei orgânica e também na legislação infraconstitucional local. Não há e não pode haver a imposição de fórmulas prontas às Municipalidades, sejam fórmulas do Estado, sejam da União, pois os Municípios, como entes federados que são, têm autonomia de conformação dos instrumentos de participação e controle social nas políticas públicas locais. Esses devem existir, porém sua conformação compete aos Municípios.

(g) Iniciativa popular de projetos de lei de interesse específico do Município, da cidade ou de bairros, através de manifestação de, pelo menos, 5% do eleitorado – trata-se de norma de repetição obrigatória, conforme já exposto no subitem 4.5.1 deste trabalho.

(h) Perda do mandado do prefeito, nos termos do art. 28, parágrafo único da Constituição[10] – também é norma de repetição obrigatória, não obstante seja possível à lei orgânica dispor sobre outras situações que ensejem a perda do mandato e o respectivo procedimento.

Quanto aos princípios que vinculam as leis orgânicas municipais, observa-se o posicionamento de Mayr Godoy, para quem há princípios sensíveis e estabelecidos, como os previstos nos arts. 19, 34, VII, 37 e 41 da CF, a título exemplificativo, que expressamente vinculam todos os entes federados.[11] A estes somam-se os princípios implícitos, decorrentes

---

9. V. a taxonomia na nota de rodapé 44 do Capítulo 4.

10. Constituição Federal: "Art. 28. A eleição do Governador e do Vice-Governador de Estado, para mandato de quatro anos, realizar-se-á no primeiro domingo de outubro, em primeiro turno, e no último domingo de outubro, em segundo turno, se houver, do ano anterior ao do término do mandato de seus antecessores, e a posse ocorrerá em primeiro de janeiro do ano subseqüente, observado, quanto ao mais, o disposto no art. 77.

"§ 1º. Perderá o mandato o Governador que assumir outro cargo ou função na administração pública direta ou indireta, ressalvada a posse em virtude de concurso público e observado o disposto no art. 38, I, IV e V.

"§ 2º. Os subsídios do Governador, do Vice-Governador e dos Secretários de Estado serão fixados por lei de iniciativa da Assembléia Legislativa, observado o que dispõem os arts. 37, XI, 39, § 4º, 150, II, 153, III, e 153, § 2º, I."

11. Exemplificativamente, eis os arts. 19 e 34 da CF, que apresentam normas que obrigatoriamente devem ser observadas pelos Municípios: "Art. 19. É vedado à

da própria hermenêutica constitucional, como as disposições do art. 58, § 3º, da CF e o art. 11 da Constituição Estadual do Rio Grande do Sul.[12] Esses princípios implícitos têm como raiz os princípios expressos, como a independência e harmonia entre as funções estatais, dentre outros.[13]

O jurista Lênio Streck,[14] por sua vez, apresenta as normas de repetição obrigatória e as normas de imitação. Aquelas devem ser reproduzidas na lei orgânica, como o *quorum* para a deliberação das espécies legislativas, que, por sua vez, se fundamenta no princípio da democracia republicana. Já as normas de imitação podem ou não ser seguidas pelos Municípios, como o voto secreto para a análise do veto do Executivo e a vedação de recondução dos integrantes das Mesas Diretoras do Legislativo.[15]

Quando se analisa a alteração das leis orgânicas, através de emendas, deve-se ter em conta as normas que disciplinam sua construção. Não é possível emendá-las a fim de contrariar os princípios sensíveis e estabelecidos – na concepção de Mayr Godoy – ou as normas de repe-

---

União, aos Estados, ao Distrito Federal e aos Municípios: I – estabelecer cultos religiosos ou igrejas, subvencioná-los, embaraçar-lhes o funcionamento ou manter com eles ou seus representantes relações de dependência ou aliança, ressalvada, na forma da lei, a colaboração de interesse público; II – recusar fé aos documentos públicos; III – criar distinções entre brasileiros ou preferências entre si"; "Art. 34. A União não intervirá nos Estados nem no Distrito Federal, exceto para: (...) VII – assegurar a observância dos seguintes princípios constitucionais: a) forma republicana, sistema representativo e regime democrático; b) direitos da pessoa humana; c) autonomia municipal; d) prestação de contas da Administração Pública, direta e indireta; e) aplicação do mínimo exigido da receita resultante de impostos estaduais, compreendida a proveniente de transferências, na manutenção e desenvolvimento do ensino e nas ações e serviços públicos de saúde".

12. O art. 58, § 3º, da CF dispõe sobre a constituição de comissões parlamentares de inquérito, cujos requisitos devem ser observados por todos os entes federados, já que traduzem normas pertinentes à relação entre as funções estatais. O art. 11 da Constituição Estadual referida dispõe sobre o princípio da anterioridade para a fixação dos subsídios de prefeitos e vereadores, não somente em relação ao ano de início do novo mandato, mas também em relação à data da eleição.

13. Mayr Godoy, "Alargamento da autonomia municipal: superação do princípio da simetria com o centro como impositivo", disponível em *www.netcariri.com. br/admpub/auto.html*.

14. Lênio Streck, *Jurisdição Constitucional e Hermenêutica: uma Nova Crítica do Direito*, p. 582.

15. Tais disposições encontram-se nos arts. 66, § 4º, e 57, § 4º, da CF. Os Municípios podem prever nas suas leis orgânicas a apreciação do veto do prefeito através de voto aberto, como também a possibilidade de recondução dos membros da Mesa Diretora.

tição obrigatória – na construção de Lênio Streck –, ambos oriundos da Constituição Federal. Devem ser observados, criteriosamente, os limites dispostos no art. 29 da CF; como também a repartição constitucional de competências, cuja coluna vertebral encontra-se nos arts. 21 a 30 do texto constitucional. Por fim, a vedação de emendar também observa o § 4º do art. 60 da CF.[16]

Por mais que o ordenamento constitucional imponha limites à construção e à revisão das leis orgânicas, muito grande é a autonomia auto-organizatória para que as Municipalidades construam suas Constituições locais consoantes às suas particularidades e singularidades políticas, históricas, sociais e econômicas. A lei orgânica deve refletir as feições próprias de cada Municipalidade, seus contornos únicos, sua identidade inconfundível. Infelizmente, houve uma padronização na construção das Constituições locais, especialmente no ano de 1990, através de cópias *estandardizadas* de projetos feitos para orientar os trabalhos das Câmaras Legislativas. Ao invés de orientar, acabaram se transformando no próprio resultado final. Eis o porquê das muitas reformas que têm sido feitas nesses instrumentos, fruto de um amadurecimento institucional local, na busca de conformação de uma identidade própria.

As leis orgânicas comumente encontram-se estruturadas em cinco partes principais: I – o poder municipal – competências, direitos fundamentais, participação e controle social e vedações; II – organização dos Poderes – o funcionamento e a estruturação do Legislativo e do Executivo Municipais, especificando-se as relações de controle entre estas funções;[17] III – organização da Administração Municipal – disciplinam-se os servidores públicos, a organização administrativa, os bens e serviços públicos; IV – finanças municipais – sistema tributário, finanças e

---

16. Tal qual ocorre em nível nacional e estadual, não é possível apresentar emendas que rompam com as vedações do § 4º do art. 60 da CF:
"Art. 60. A Constituição poderá ser emendada mediante proposta: (...).
"( ).
"§ 4º. Não será objeto de deliberação a proposta de emenda tendente a abolir:
I – a forma federativa de Estado; II – o voto direto, secreto, universal e periódico; III – a separação dos Poderes; IV – os direitos e garantias individuais."
17. Quanto à Câmara Municipal, trabalham-se, exemplificativamente, questões atinentes ao Plenário, às sessões da Câmara, às sessões legislativas, à posse, à Mesa Diretora, às comissões, aos impedimentos, à perda do mandato, à licença, aos suplentes, aos subsídios, ao processo legislativo, além da fiscalização e controle. Quanto ao Executivo, disciplinam-se a posse, a substituição e sucessão do prefeito, as atribuições do chefe do Executivo, os impedimentos, a perda do mandato, a responsabilidade, a licença, os subsídios e os secretários municipais.

leis orçamentárias; V – planejamento, ordem econômica e social – plano diretor, sistema de informações e demais políticas públicas municipais, como educação e saúde, dentre outras.

As emendas à Constituição têm impulsionado o processo de reforma de leis orgânicas, seja pelas normas de repetição obrigatória, seja pelas normas de imitação. De um total de 56 emendas constitucionais, 25 influenciam diretamente o plexo de autonomias municipais:

Emenda 3/1993 – Alterou vários artigos da CF. Acrescentou o § 6º ao art. 150 passando a exigir lei específica que regule exclusivamente a matéria para a extinção do crédito tributário, como também para a concessão de subsídios e redução da base de cálculo. Revogou a possibilidade de cobrança do imposto municipal sobre a venda a varejo de combustíveis líquidos e gasosos, previsto anteriormente, no art. 156, III. Com o acréscimo do § 4º ao art. 167 passou a ser válida a vinculação de receitas próprias dos Estados e Municípios à União para a prestação de garantia ou contragarantia e para o pagamento de débitos para com esta.

Emenda 6/1995 – Alterou o inciso IX do art. 170, o art. 171 e o § 1º do art. 176 da CF, modificando a disciplina existente sobre a ordem econômica, especialmente com a exclusão da possibilidade de incentivos às empresas brasileiras de capital nacional. Aliás, tal conceito foi suprimido.

Emenda 14/1996 – Modificou os arts. 34, 208, 211 e 212 da CF e deu nova redação ao art. 60 do ADCT. Esta Emenda alterou conceitualmente importantes dispositivos da educação pública e respectiva repartição de competências entre os entes federados. Através da alteração do art. 60 do ADCT criou-se o FUNDEF, com forte intervenção na autonomia financeira dos entes federados, com a destinação compulsória de recursos para este Fundo financiador do Ensino Fundamental, que perdurou de 1996 a 2006. O arts. 34, 212 e 60 do ADCT foram, posteriormente, modificados pelas ECs 29/2000, 52/2006 e 53/2006, inclusive com a transformação do FUNDEF em FUNDEB.

Emenda 15/1996 – Deu nova redação ao § 4º do art. 18 da CF. Esta Emenda alterou o processo de criação e de incorporação de Municípios, delegando à lei complementar federal a definição do período de consubstanciação destes processos e os elementos essenciais dos Estudos de Viabilidade Municipal. Ademais, as populações envolvidas devem ser consultadas, previamente, mediante plebiscito. A criação e a incorporação de Municípios continuam sendo ultimadas por lei estadual; entretanto, desde 1996, data desta Emenda, sustaram-se estes processos em todo o país, uma vez que a lei complementar federal referida ainda inexiste; logo, ainda não há os critérios norteadores dos processos emancipatórios.

Emenda 16/1997 – Deu nova redação ao § 5º do art. 14, ao *caput* do art. 28, ao inciso II do art. 29, ao *caput* do art. 77 e ao art. 82 da CF. Esta Emenda trouxe novos contornos ao processo político, seja ao instituir o instituto da reeleição, seja ao definir o primeiro domingo de outubro do ano anterior ao término do mandato como o dia das eleições municipais.

Emenda 19/1998 – Modificou o regime e dispôs sobre princípios e normas da Administração Pública, servidores e agentes políticos, controle de despesas e finanças públicas e custeio de atividades a cargo do Distrito Federal, e deu outras providências". As alterações da Emenda Constitucional 19/1998 são profundas, atingindo a Administração de todos os entes federados. Assim, estabeleceu a iniciativa exclusiva da Câmara para leis que estabeleçam o subsídio do prefeito, do vice-prefeito e dos secretários municipais; incluiu o princípio da moralidade no *caput* do art. 37, além de alterar vários dos seus incisos, como a compulsoriedade da revisão geral anual, definição da incompatibilidade na acumulação de cargos, empregos e funções, a participação dos usuários na Administração Pública, contrato de gestão, dentre outros; supressão do regime jurídico único do art. 39, além da obrigatoriedade de instituição para todos os entes federados de conselho de política de administração e de remuneração de pessoal, formado por servidores de todas as funções estatais, ressalvando-se a Medida Cautelar na ADI 2.135;[18] o § 1º do art. 39 traz a criação de escolas de governo; o § 2º dispõe sobre as escolas de governo; o § 3º dispõe sobre a aplicação de preceitos do at. 7º a todos os cargos públicos; o § 4º, sobre a instituição do subsídio para todo integrante de poder, como vereadores, secretários, vice-prefeito e prefeito; o § 5º, sobre a possibilidade da criação de subtetos salariais, observando-se o inciso XI do art. 37; o § 6º, sobre a transparência na publicidade da

---

18. Registre-se que o Pleno do STF, em 2.8.2007, por maioria de votos, deferiu parcialmente a cautelar para suspender a eficácia do art. 39, *caput*, da CF, com a redação dada pela EC 19/1998. A decisão – como é próprio das medidas cautelares – teve efeitos *ex nunc*, subsistindo a legislação editada nos termos da emenda declarada suspensa.
A vigência de liminar do STF que declara a inconstitucionalidade da redação dada ao art. 39 da CF pela EC 19/1998, retornando à redação anterior, que remetia ao regime jurídico único. Enquanto a liminar não for cassada pelo STF, ou enquanto o mérito da ação não for julgado em sentido contrário, fica vedada a criação de empregos públicos (ADI 2.135).

remuneração e subsídios dos cargos e empregos públicos; o § 7º, sobre a vinculação a programas de qualidade, treinamento e desenvolvimento, modernização, reaparelhamento e racionalização do serviço público, inclusive sob a forma de adicional ou prêmio de produtividade de recursos orçamentários; o art. 41 foi alterado a fim de prever o estágio probatório para os servidores de cargos públicos no prazo de três anos, somando-se as situações em que pode ocorrer a perda do cargo público; os arts. 51 e 52 sofreram alterações para consignar a necessidade de lei para a fixação da remuneração dos servidores da Câmara dos Deputados e do Senado – o que se aplica às Câmaras Municipais; o inciso X do art. 167 foi incluído para prever a vedação de quaisquer empréstimos, mesmo por antecipação de receita, para o pagamento de pessoal; inclusão de sete parágrafos no art. 169, com a instituição da sanções para os entes federados que extrapolarem o limite de gastos com pessoal, com medidas para a regularização da situação, como a extinção de cargos em comissão/funções de confiança, servidores não-estáveis e servidores estáveis; alteração do art. 173, prevendo o estatuto das empresas públicas e sociedades de economia mista e os respectivos critérios a serem observados na sua elaboração.

Emenda 20/1998 – Modificou o sistema de previdência social, estabelecendo normas de transição e deu outras providências. As disposições desta Emenda abrangeram tanto a previdência dos trabalhadores da iniciativa privada como os servidores públicos. Trouxe a possibilidade da criação da previdência privada complementar e a vedação da aplicação dos recursos da previdência pública para outros fins.

Emenda 25/2000 – Alterou o inciso VI do art. 29 e acrescentou o art. 29-A à CF, que dispõem sobre limites de despesas com o Poder Legislativo Municipal. Estas alterações em muito influenciaram a autonomia municipal, já que apresentam limites máximos, de acordo com o tamanho do Município, para a fixação dos subsídios dos vereadores. Além disso, também fixaram limites máximos para o total da despesa do Poder Legislativo em relação à receita tributária e às transferências constitucionais do exercício anterior, que variam de acordo com o número de habitantes. Ademais, tipifica novos crimes de responsabilidade do prefeito, ao qual se soma, de forma inovadora, o presidente da Câmara Municipal, que responderá por crime de responsabilidade se gastar mais de 70% da sua receita com a folha de pagamento.

Emenda 26/2000 – Alterou a redação do art. 6º da CF, acrescendo a habitação como um direito fundamental social.

LIMITES PARA A CONSTRUÇÃO E REVISÃO DAS LEIS ORGÂNICAS 139

Emenda 29/2000 – Alterou os arts. 34, 35, 156, 160, 167 e 198 da CF e acrescentou artigo ao Ato das Disposições Constitucionais Transitórias, para assegurar os recursos mínimos para o financiamento das ações e serviços públicos de saúde. Esta Emenda permite a intervenção da União nos Estados e dos Estados nos Municípios se os mínimos estipulados constitucionalmente para serem aplicados em educação e saúde não forem cumpridos. A Emenda 14 somente previra a intervenção no caso da educação. Também disciplinou a progressividade do IPTU em razão do valor do imóvel, com a possibilidade de alíquotas diferenciadas (art. 156). A alteração no art. 160 passou a permitir a retenção de repasses constitucionais pela União e Estados para o pagamento de seus créditos e diante do descumprimento do mínimo a ser aplicado em ações de saúde. O art. 167 passou a permitir a vinculação da receita de impostos às ações e serviços de saúde, além do art. 198, que prevê seu financiamento conforme percentuais definidos em lei complementar. Por fim, acresceu o art. 77 ao ADCT, com percentuais vinculantes a todos os entes federados para a aplicação na saúde, fixando, até que advenha a lei complementar federal, o mínimo de 15% a todos os Municípios dos recursos dos arts. 156, 158 e 159, I, "b", e § 3º.

Emenda 30/2000 – Alterou a redação do art. 100 da CF e acrescentou o art. 78 ao ADCT, referente ao pagamento de precatórios judiciários. A principal inovação está na instituição dos pagamentos de pequeno valor, a serem definidos por lei de cada ente federado, que não se encontram sujeitos ao regime dos precatórios. O art. 78 do ADCT passou a admitir o parcelamento no pagamento dos precatórios, a decomposição de parcelas e o abatimento de tributos da entidade devedora caso o parcelamento não seja cumprido.

Emenda 31/2000 – Alterou o ADCT, introduzindo artigos que criaram o Fundo de Combate e Erradicação da Pobreza. Este Fundo foi criado em nível federal, até 2010. Entretanto, o art. 82 do ADCT impôs aos Estados, Distrito Federal e Municípios o dever de criar tais Fundos – no caso dos Municípios, mediante o adicional de 0,5% do imposto sobre serviços a incidir sobre serviços supérfluos. Este artigo afronta a autonomia municipal, ao impor a criação de um Fundo de natureza contábil e por prever lei federal para definir o que sejam *serviços supérfluos*, olvidando-se que competiria a cada Município fazê-lo, consoante as particularidades e singularidades locais.

Emenda 32/2001 – Alterou dispositivos dos arts. 48, 57, 61, 62, 64, 66, 84, 88 e 246 da CF e deu outras providências. Com esta Emenda Constitucional, diante de convocação extraordinária do Congresso

Nacional, as medidas provisórias em vigor devem ser incluídas automaticamente na pauta da convocação. Aliás, foi esta Emenda que alterou substancialmente as normas incidentes às medidas provisórias, especialmente com a imposição de limites negativos e com a vedação da reedição ilimitada destas medidas. Esta alteração constitucional também foi responsável pelo decreto autônomo, nos termos do inciso VI do art. 84, passível de imitação nas Constituições Estaduais e leis orgânicas.

Emenda 34/2001 – Deu nova redação à alínea "c" do inciso XVI do art. 37 da CF. Esta alteração acresceu mais uma possibilidade de cumulação de cargos/empregos públicos, qual seja, os privativos de profissionais de saúde, com profissões regulamentadas.

Emenda 37/2002 – Alterou os arts. 100 e 156 da CF e acrescentou os arts. 84, 85, 86, 87 e 88 ao ADCT. As principais modificações abarcam os limites à lei complementar federal acerca do ISS (art. 156 e 88 do ADCT) e as definições pertinentes aos débitos/obrigações de pequeno valor que, enquanto não forem disciplinados em cada Municipalidade através de lei, observarão valor igual ou inferior a 30 salários mínimos (arts. 86 e 87 do ADCT).

Emenda 39/2002 – Acrescentou o art. 149-A à CF (instituindo contribuição para o custeio do serviço de iluminação pública nos Municípios e no Distrito Federal). Tal Emenda possibilitou às Municipalidades a substituição da inconstitucional taxa de iluminação pública por esta contribuição, acrescendo-a ao rol das competências tributárias municipais.

Emenda 40/2003 – Alterou o inciso V do art. 163 e o art. 192 da CF e o *caput* do art. 52 do ADCT. O art. 163 passou a requerer lei complementar a fim de disciplinar a fiscalização financeira da Administração direta e indireta.

Emenda 41/2003 – Alterou os arts. 37, 40, 42, 48, 96, 149 e 201, revogou o inciso IX do § 3º do art. 142 da CF e dispositivos da Emenda Constitucional 20, de 15.12.1988, e deu outras providências. O art. 37, XI, passou a melhor normatizar os tetos remuneratórios: nenhum servidor em qualquer ente federado poderá perceber mais que o ministro do STF e, em nível municipal, mais que o prefeito. O art. 149, § 1º, ao invés de uma possibilidade, passou a impor aos Estados, Distrito Federal e Municípios a criação de regimes próprios de previdência social aos seus servidores. Enfim, esta Emenda redefiniu muitas normas pertinentes à previdência pública, alterando e complementando a Emenda Constitucional 20.

Emenda 42/2003 – Alterou o sistema tributário nacional e deu outras providências. O art. 37, XXII, passou a prever a atuação integrada dos sistemas de fiscalização dos entes federados, além da inclusão de nova competência ao Senado, no art. 52, XV, que deve avaliar a funcionalidade do sistema tributário nacional, ou seja, a atuação de todos os entes federados. O art. 146, por sua vez, passou a requerer tratamento diferenciado e favorecido às micro e pequenas empresas, prevendo, inclusive, a integração mediante regime único de arrecadação para todos os entes federados. Ademais, novo limite à instituição de tributos foi acrescido no art. 150, III, "c", vedando a cobrança de tributos em interstício inferior a 90 dias da data de publicação da lei que os instituiu ou os aumentou, sem olvidar o princípio da anterioridade anual. O art. 153 possibilitou que os Municípios assumam a fiscalização e cobrança do imposto territorial rural, percebendo a totalidade dos seus valores (art. 158, II). O § 4º do art. 159 garantiu 25% dos recursos da CIDE dos Estados – que é de 29% do total arrecadado pela União – para os Municípios, observando-se sua vinculação a programas de infra-estrutura e transportes. Por fim, o art. 167 excepcionou as atividades da Administração Tributária da vedação de vinculação da receita de imposto a órgão, fundo ou despesa (inciso IV). O art. 91 do ADCT previu a destinação de 25% do total percebido da União pelos Estados, dos recursos de compensação dos incentivos às exportações.

Emenda 45/2004 – Esta emenda incluiu o inciso LXXVIII ao art. 5º, a fim de garantir a todo cidadão uma razoável duração em processos judiciais e administrativos. O art. 102, III, "d", atribui competência ao STF para julgar válida lei local contestada em face de lei federal.

Emenda 47/2005 – Alterou os arts. 37, 40, 195 e 201 da CF, para dispor sobre a previdência social, e deu outras providências. Esta Emenda trouxe novas normas referentes à previdência, válidas para todos os entes federados, além de excluir dos limites do teto remuneratório do art. 37, XI, as parcelas de caráter indenizatório.

Emenda 50/2006 – Modificou o art. 57 da CF. É norma de imitação para as Municipalidades, pois reduz o recesso parlamentar do Congresso Nacional, vedando o pagamento de quaisquer parcelas indenizatórias para as convocações extraordinárias. Assim, poderão as leis orgânicas disciplinar esta matéria de forma diversa.

Emenda 51/2006 – Acrescentou os §§ 4º, 5º e 6º ao art. 198 da CF. Esta Emenda disciplinou a atividade dos agentes comunitários de saúde e dos agentes de combate às endemias, que poderão ser contratados mediante processo seletivo, salientando-se que, no caso dos que estejam no exercício de tais atividades quando da vigência desta Emenda, se submetidos a tal processo seletivo anteriormente, dele estarão dispensados.

Lembra-se que a criação de tais cargos/empregos é da competência dos Municípios.

Emenda 53/2006 – Deu nova redação aos arts. 7º, 23, 30, 206, 208, 211 e 212 da CF e ao art. 60 do ADCT. O art. 7º passa a consignar, no inciso XV, como um direito social, a assistência gratuita em creches e pré-escolas a filhos e dependentes do trabalhador, do nascimento até os 5 anos de idade. O parágrafo único do art. 23 foi alterado a fim de registrar que várias leis complementares disciplinarão a cooperação entre os entes federados. O art. 30, VI, consigna expressamente a competência municipal para o Ensino Infantil e Fundamental. O art. 206 teve o acréscimo de importantes princípios do ensino, além da fixação, em parágrafo único, de lei sobre os trabalhadores da Educação Básica e dos prazos para a adequação dos planos de carreiras de todos os entes federados. O art. 208 trouxe como dever do Estado, garantido aos cidadãos, a Educação Infantil às crianças de até cinco anos de idade, consignando-se no art. 212 a contribuição do salário-educação como fonte adicional do seu financiamento. O art. 60 do ADCT institui o FUNDEB/Fundo de Manutenção e Desenvolvimento da Educação Básica e de Valorização dos Profissionais da Educação, em substituição ao FUNDEF.

Emenda 55/2007 – Alterou o art. 159 da CF, aumentando a entrega de recursos pela União ao Fundo de Participação dos Municípios. Esta alteração acresceu 1% – de 47% para 48% – do montante do IR e do IPI para os Municípios, a serem entregues no primeiro decênio do mês de dezembro de cada ano.

As Emendas Constitucionais acima citadas são as que mais influenciam a autonomia das Municipalidades, de forma direta, remetendo a processos revisionais das próprias leis orgânicas. Frisa-se que em todas estas Emendas há tanto normas de repetição obrigatória como normas de mera imitação, além de normas que sequer compete às Municipalidade disciplinar, nem por repetição, mas somente sofrer seus efeitos diretos.

Os processos de modificação das leis orgânicas e, principalmente, os processos revisionais, que têm amplitude e abrangência maiores, não podem prescindir da necessária participação da população, que deve ser envolvida nos processos de elaboração, discussão e votação das respectivas propostas. É condição de legitimidade democrática desse que é o mais relevante instrumento jurídico municipal, verdadeiro *topos* hermenêutico do sistema normativo local.

6

O REGIME JURÍDICO DO VEREADOR

6.1 Prerrogativas. 6.2 Incompatibilidades, extinção e cassação de mandato. 6.3 Suplência e filiação partidária.

Discorrer sobre o regime jurídico parlamentar em nível municipal requer a compreensão do vereador enquanto ente pertencente a uma função estatal – Legislativo – que integra o governo local. Ao mesmo tempo em que deve incorporar as funções da Câmara Municipal como deveres-poderes, exercendo-as na sua plenitude, também participa na definição das diretrizes, objetivos e metas a serem concretizados pelo governo, num paradoxo que agrega complexidade à atuação parlamentar.[1]

Ao mesmo tempo em que fiscaliza a Administração Pública, o vereador participa da construção do tecido legislativo que vai nortear as atividades administrativas, uma vez que o principio da legalidade em

---

1. "Paradoxo" significa contradição, situação conflitante e de difícil compreensão, pela sua ambigüidade. Segundo Francesco Carnelutti, os "paradoxos são as luzes ofuscantes do saber" ("Verdade, certeza e dúvida", *Anuário Ibero-Americano de Direitos Humanos* 2001/2002). O paradoxo evidencia-se pelo fato de o Parlamento integrar o governo, ao mesmo tempo em que exercita o papel de fiscalizador das ações do próprio governo. O que fundamenta a atuação fiscalizadora é a execução das políticas, diretrizes e metas definidas pelo Parlamento em conjunto com o Executivo (com proeminência ao Legislativo), especialmente na legislação orçamentária, que será executada pelos órgãos da Administração Pública. Aliás, a ambigüidade também é saliente nesta posição ocupada pelo chefe do Executivo – prefeito – e seus agentes políticos – secretários municipais –, já que estes, ao mesmo tempo em que encarnam a autoridade administrativa maior em nível municipal, também exercem uma posição de governo, definidora das políticas públicas e das formas de sua execução.

sentido estrito, incidente na Administração Pública, somente permite ao administrador efetivar aquilo que estiver previsto em lei.[2]

A importância do vereador faz com que seja possuidor de um mandato, delegado pelo povo, mediante sufrágio direto, universal e secreto, em sistema proporcional e partidário. O número de vereadores eleitos por agremiação partidária depende do quociente alcançado pelo respectivo partido político ou coligação, identificando-se os eleitos pela ordem decrescente da votação obtida pelos candidatos. Este mandato é protegido constitucionalmente, e somente nas situações previstas na Constituição pode ocorrer a sua perda.[3]

O regime jurídico dos vereadores pode ser compreendido sob dois prismas distintos, porém complementares à atividade parlamentar: as prerrogativas e as limitações no exercício da vereança. As prerrogativas conferem poderes, direitos e condições para o exercício da atividade parlamentar. As limitações traduzem imposições éticas, consubstanciadas em impedimentos/incompatibilidades, cujo descumprimento pode acarretar a perda do mandato parlamentar.

Porém, antes de adentrar esse estudo, importa destacar algumas considerações quanto à condição do vereador de segurado do Regime Geral de Previdência Social. Isso porque em março/2003 o STF declarou a inconstitucionalidade do § 1º do art. 13 da Lei 9.506/1997, em mandado de segurança interposto pelo Município de Tibagi, considerando inconstitucional a contribuição previdenciária dos agentes políticos, por dois motivos: (a) a impossibilidade de qualificação dos agentes políticos enquanto trabalhadores, diante da inexistência de vínculo celetista, mas sim de um vínculo político; (b) a inconstitucionalidade da Lei 9.506/1997, que é uma lei federal ordinária, enquanto a criação de nova figura de segurado obrigatório somente poderia ocorrer através de lei federal complementar, em vista do disposto no art. 195, II, da CF.

Por mais que tal decisão não tenha efeitos *erga omnes*, representa, inquestionavelmente, uma orientação no sentido da inconstitucionalidade de tal contribuição, cabendo aos gestores públicos duas alternativas: (a) continuar o pagamento da contribuição; (b) sustar o pagamento, notificando administrativamente o INSS acerca dessa decisão e respectivo fundamento jurídico. Ao mesmo tempo, recomenda-se a interposição

---

2. Como a produção de leis compete ao Parlamento, pode-se afirmar que sem a maioria parlamentar o Executivo não governa! Não olvidar que as leis orçamentárias, pelo fato de serem leis, devem ser submetidas à apreciação parlamentar, que pode modificar a conformação das proposições encaminhadas pelo Executivo.

3. Observar os arts. 29, IX, 54 e 55 da CF.

de ação de repetição do indébito, buscando o ressarcimento aos cofres públicos dos valores já pagos pelo Erário Municipal e pelos próprios agentes políticos a título de contribuição previdenciária, requerendo, em termos de exceção, a declaração de inconstitucionalidade do § 1º do art. 13 da Lei 9.506/1997 e a suspensão do pagamento da contribuição previdenciária até a decisão do mérito. Mais adequado e cauteloso é requerer o depósito dos valores, até o trânsito em definitivo da sentença, no caso de interposição de medida judicial.[4]

6.1 Prerrogativas

O exercício da atividade parlamentar nas Câmaras Municipais requer o empoderamento do vereador, a fim de que este possa cumprir com o mister assumido. Esse empoderamento comumente recebe a denominação de *prerrogativas*, dividindo-se em prerrogativas regimentais, penais, inviolabilidade, diárias, licença e subsídios. A fruição destas prerrogativas somente alcança o vereador titular, sem possibilidade de abranger os suplentes, salvo quando no exercício do mandato. Dessa forma, citam-se as seguintes prerrogativas:

(a) Regimentais – são aquelas definidas no regimento interno da Câmara de Vereadores e que delineiam a funcionalidade do Parlamento e o campo de atuação de cada um dos vereadores. Suas normas traduzem verdadeiro direito subjetivo ao parlamentar quanto ao seu cumprimento. Entretanto, por mais que o regimento interno seja o instrumento mais adequado, ressalva-se a possibilidade da estipulação de outras prerrogativas em resoluções esparsas ou em outras espécies legislativas.[5]

(b) Penais – o vereador dispõe da prerrogativa da prisão especial, nos termos do art. 295 do CPP,[6] até a sentença condenatória transitada

4. Para maiores informações, v. o Parecer Jurídico 005/2007, emitido pela Federação das Associações de Municípios do Estado do Rio Grande do Sul, firmado pelo autor desta obra (disponível em *http://ww2.famurs.com.br/informacoesFamurs/ visualizaConteudoSearch.php?codConteudo=1946&codOntologia=38*).

5. Pode-se exemplificar com a instituição, mediante lei ou decreto legislativo, de determinada condecoração, consagrando aos parlamentares a iniciativa da sua proposição.

6. "Art. 295. Serão recolhidos a quartéis ou a prisão especial, à disposição da autoridade competente, quando sujeitos a prisão antes de condenação definitiva: I – os ministros de Estado; II – os governadores ou interventores de Estados ou Territórios, o prefeito do Distrito Federal, seus respectivos secretários, os prefeitos municipais, os vereadores e os chefes de polícia; III – os membros do Parlamento Nacional, do Conselho de Economia Nacional e das Assembléias Legislativas dos Estados; IV – os cidadãos inscritos no 'Livro de Mérito'; V – os oficiais das Forças

em julgado, que consiste na sua prisão em local distinto da prisão comum ou em cela específica e distinta. Não é sequer permitido que seja transportado com presos comuns.

(c) Inviolabilidade – a inviolabilidade traduz uma das mais importantes prerrogativas para o exercício da vereança. É o cerne onde repousa a autonomia do parlamentar no exercício dos seus deveres-poderes, especialmente os deveres-poderes de fiscalização/controle, de legislação e de julgamento. A inviolabilidade garante ao parlamentar a incolumidade no exercício das suas atividades, uma vez que é protegido constitucionalmente pelas suas opiniões, palavras e votos, preservando-o no cumprimento dos seus deveres constitucionais. É a inviolabilidade que encoraja e impulsiona o parlamentar no exercício de um mandato autônomo, reto, livre de quaisquer ameaças e intimidações, consignando uma "imunidade" ao parlamentar.[7] O fundamento repousa no art.

Armadas e os militares dos Estados, do Distrito Federal e dos Territórios; VI – os magistrados; VII – os diplomados por qualquer das faculdades superiores da República; VIII – os ministros de confissão religiosa; IX – os ministros do Tribunal de Contas; X – os cidadãos que já tiverem exercido efetivamente a função de jurado, salvo quando excluídos da lista por motivo de incapacidade para o exercício daquela função; XI – os delegados de polícia e os guardas-civis dos Estados e Territórios, ativos e inativos.

"§ 1º. A prisão especial, prevista neste Código ou em outras leis, consiste exclusivamente no recolhimento em local distinto da prisão comum.

"§ 2º. Não havendo estabelecimento específico para o preso especial, este será recolhido em cela distinta do mesmo estabelecimento.

"§ 3º. A cela especial poderá consistir em alojamento coletivo, atendidos os requisitos de salubridade do ambiente, pela concorrência dos fatores de aeração, insolação e condicionamento térmico adequados à existência humana.

"§ 4º. O preso especial não será transportado juntamente com o preso comum.

"§ 5º. Os demais direitos e deveres do preso especial serão os mesmos do preso comum."

7. Eis um importante acórdão do STF: "*Ementa:* Recurso extraordinário – Vereador – Inviolabilidade por suas manifestações no exercício do mandato e na circunscrição do Município – Imunidade material absoluta – Interpretação do inciso VI do art. 29 da CF. 1. Parlamentar – Inviolabilidade por suas opiniões, palavras e votos – Imunidade de ordem material – Garantia constitucional que obsta à sua submissão a processo penal por atos que se caracterizam como delitos contra a honra, em decorrência de manifestações havidas no exercício das funções inerentes ao mandato e nos limites da circunscrição do Município que representa. 2. Excessos cometidos pelo vereador em suas opiniões, palavras e votos, no âmbito do Município e no exercício do mandato – Questão a ser submetida à Casa Legislativa, nos termos das disposições regimentais – Recurso extraordinário conhecido e provido" (RE 140.867-MS, rel. designado Min. Marco Aurélio, rel. para o acórdão Min. Maurício Corrêa, j. 3.6.1996, *DJU* 4.5.2001).

29, VIII,[8] da CF, e há cinco requisitos essenciais a serem analisados cumulativamente: (c.1) quanto ao objeto – a inviolabilidade cinge-se exclusivamente às manifestações dos vereadores consubstanciadas em votos, palavras e opiniões. A inviolabilidade quanto ao voto significa que o agente político não pode ser pessoalmente responsabilizado pelos seus votos em Plenário quando da análise das proposições submetidas ao colegiado, independentemente dos vícios que estas possam ter. Isso não significa que o Estado seja irresponsável, até mesmo porque há a responsabilidade estatal quanto aos danos causados pela execução de lei inconstitucional. O que há é a inviolabilidade pessoal do vereador quanto aos seus votos em Plenário. A inviolabilidade quanto às palavras e opiniões abarca o incomensurável universo compreendido pela linguagem, nas suas mais diversas e plurais manifestações. Compreende tanto a linguagem escrita como a linguagem falada, alcançando também a linguagem dos sinais (língua brasileira de sinais-*libras*). Onde houver linguagem poderá haver a inviolabilidade parlamentar; (c.2) quanto ao local – *prima facie*, a inviolabilidade não abrange as manifestações feitas pelo vereador fora do território do Município no qual exerce o mandato. Dentro do âmbito municipal o parlamentar encontra-se amparado seja por manifestações feitas no Plenário da Câmara, seja em qualquer outro local, desde que no Município. Esse tem sido o entendimento jurisprudencial, por mais que a manifestação referida possa repercutir, via veículo de comunicação, nos habitantes do referido Município. Porém, há situações que devem conduzir a um entendimento mais razoável desse requisito, sob pena do seu desnaturamento. Uma delas diz respeito aos veículos de comunicação, mais especificamente o rádio e a televisão, já que os Municípios menores dependem da transmissão ocorrida nos Municípios maiores, e o deslocamento a outro Município para conceder uma entrevista não pode ser impeditivo para que o agente político tenha o amparo da inviolabilidade. No mesmo caso os artigos em jornais de grande circulação – regional ou estadual. Outra situação análoga evidencia-se com a Internet, cujas páginas podem ser alimentadas em qualquer local do globo terrestre e que também não podem acarretar a perda da inviolabilidade nas situações em que a presença do parlamentar na circunscrição territorial esteja descaracterizada. Tais considerações não

---

8. CF, art. 29: "O Município reger-se-á por lei orgânica, votada em 2 (dois) turnos, com o interstício mínimo de 10 (dez) dias, e aprovada por dois terços dos membros da Câmara Municipal, que a promulgará, atendidos os princípios estabelecidos nesta Constituição, na Constituição do respectivo Estado e os seguintes preceitos: (...) VIII – inviolabilidade dos vereadores por suas opiniões, palavras e votos no exercício do mandato e na circunscrição do Município; (...)".

pretendem desconsiderar o texto constitucional quanto ao requisito da circunscrição territorial, porém trazem a necessidade da sua adequação às mais diversas situações a que a complexa sociedade do século XXI nos remete. A inviolabilidade busca possibilitar o exercício autônomo da atividade parlamentar, razão pela qual não pode deixar de incidir naquelas situações onde a manifestação do vereador, mesmo que fora da circunscrição territorial, seja relevante para o exercício do mandato, mormente quando se tratar do uso dos mais diversos veículos de comunicação; (c.3) quanto ao ânimo – o TJRS tem manifestado reiteradamente que a inviolabilidade não incide nas situações onde for clara a existência do *animus injuriandi, difamandi* ou *calumniandi*. Esse posicionamento, adotado nesta obra, coaduna-se com os princípios gerais do Direito, que não pode amparar a má-fé.[9] A intenção nitidamente manifestada de lesar

9. Outro importante acórdão, do TJRS: "*Ementa:* Civil – Responsabilidade – Danos morais – Inviolabilidade de vereador – Excesso comprovado – Indenização devida. 1. O deferimento da assistência judiciária no correr do processo somente se justifica diante de comprovada necessidade – Vereador do Município, que também exerce atividade de mecânico chapeador – Pedido já indeferido que, no entanto, pode ser renovado, desde que novas provas tenham sido juntadas – Inocorrência na espécie – Pedido indeferido. 2. Nulidade pela entrega simultânea dos memoriais – Ausência de prejuízos ao réu – Princípios do contraditório e da ampla defesa que não sofreram limitações – Questão, aliás, preclusa, porquanto a alegação veio somente no momento da entrega do memorial. 3. Inviolabilidade de vereador pelas opiniões, palavras e votos no exercício do mandato – Ponderação de limites razoáveis entre a crítica mais dura e a ofensa – Caso em que o vereador tachou o prefeito municipal de ter-se apropriado de verbas públicas – Prova insuficiente neste sentido – Precedentes do STF – Apelo improvido" (5ª Câmara Cível, ACível 70002268027, rel. Des. Carlos Alberto Bencke, j. 11.10.2001).

Neste caso específico, cabe reproduzir parte da manifestação do Relator, Des. Carlos Bencke: "Quanto ao mérito, melhor sorte não socorre ao apelante, não obstante reconhecer que a questão não se mostra pacificada. Há uma tênue linha a separar a crítica parlamentar, mesmo que seja dura e por vezes ácida em demasia, da ofensa pessoal. Que houve ofensa, penso ser despiciendo citar todos os adjetivos lançados em público contra o Prefeito, ora autor. A sentença repetiu os principais momentos dos depoimentos das testemunhas arroladas, colocando-os no contexto probatório como fator vital para a condenação do ofensor. (...). Resta, então, saber se pode ser considerada como simples crítica à atividade do Executivo, feita por um parlamentar dentro da circunscrição do Município, ou extrapolou o linde que permite excepcionar o princípio da inviolabilidade do vereador. Diz o colendo STF, relator o Min. Sepúlveda Pertence, no RE n. 210.917, que aquela Corte tem seguido linha intermediária na interpretação do art. 53 da CF (que o art. 29, VIII, praticamente repete, com alguns acréscimos), no sentido de recusar, de um lado, fazer desta garantia um privilégio pessoal do político que detenha um mandato e, de outro, deixar ao desabrigo da garantia manifestações que o contexto torna um prolongamento necessário da atividade do Parlamento. Assim, a Corte Suprema nacional adota a

outrem através da injúria, difamação ou calúnia não pode ser protegida pelo ordenamento jurídico, não importando o *status* de quem proferir tais ofensas. Assim, inexistindo tal intenção, estará o vereador amparado pela inviolabilidade. Ressalva-se que tais considerações abrangem os chamados crimes contra a honra, o que não se aplica a outros tipos criminais que podem ser amparados pela inviolabilidade;[10] (c.4) quanto ao mandato – é de crucial importância o exercício do mandato pelo parlamentar. Por essa razão que nos períodos de licença o vereador não estará amparado pela inviolabilidade, o mesmo ocorrendo em relação aos suplentes, que enquanto não estiverem no exercício do mandato também não terão tal prerrogativa; (c.5) quanto aos efeitos – a inviolabilidade abrange, mais especificamente, os crimes contra a honra – injúria, difamação e calúnia –, estancando tanto os eventuais inquéritos que sejam abertos como qualquer ação penal interposta; posição defendida neste trabalho, desde que presentes os demais requisitos.[11] O remédio ade-

teoria de que a inviolabilidade alcança toda manifestação do congressista onde se possa identificar um laço de implicação recíproca entre o ato praticado, ainda que fora do estrito exercício do mandato, e a qualidade de mandatário político do agente. A espécie dos autos demonstra que as palavras ofensivas foram proferidas em uma festa popular, no interior de pequeno Município deste Estado e perante um número expressivo de pessoas. As palavras utilizadas, por outro lado, não se mostravam adequadas para o momento. Não havia, como pretende fazer crer, discussão a respeito do transporte escolar do Município. Praticamente foi ele, ofensor, quem deu início à discussão diante das testemunhas que terminaram por depor em audiência. Até poderiam ter tocado no assunto, mas o transporte escolar – que seria a motivação política para criticar o chefe do Executivo Municipal – nenhuma relação tinha com a especulação posterior, de que o Prefeito estaria subtraindo dinheiro público na sua administração".

10. A título exemplificativo podem ser citadas as tipificações do art. 286 (incitação ao crime) e 287 (apologia de crime ou criminoso) do CP brasileiro.

11. Eis dois importantes julgados, do STF e do STJ, respectivamente:

"*Habeas corpus – Vereador – Crime contra a honra – Recinto da Câmara Municipal – Inviolabilidade (CF, art. 29, VIII, com a redação dada pela Emenda Constitucional n. 1/92) – Trancamento da ação penal – Pedido deferido – Estatuto político-jurídico dos vereadores e inviolabilidade penal*. A Constituição da República, ao dispor sobre o estatuto político-jurídico dos Vereadores, atribuiu-lhes a prerrogativa da imunidade parlamentar em sentido material, assegurando a esses legisladores locais a garantia indisponível da inviolabilidade, 'por suas opiniões, palavras e votos, no exercício do mandato e na circunscrição do Município' (CF, art. 29, VIII). Essa garantia constitucional qualifica-se como condição e instrumento de independência do Poder Legislativo local, eis que projeta, no plano do direito penal, um círculo de proteção destinado a tutelar a atuação institucional dos membros integrantes da Câmara Municipal. A proteção constitucional inscrita no art. 29, VIII, da Carta Política estende-se – observados os limites da circunscrição territorial do

quado é o *habeas corpus*. Dá-se a mesma incidência na esfera civil, já que o vereador não poderá ser responsabilizado pecuniariamente pelo cometimento de um ou mais atos que não configurem ilicitude.[12]

Município – aos atos do Vereador praticados *ratione officii*, qualquer que tenha sido o local de sua manifestação (dentro ou fora do recinto da Câmara Municipal) *Imunidade formal – Prévia licença da Câmara Municipal – Prerrogativa constitucional não outorgada pela Carta Política ao Vereador*. Os Vereadores – embora beneficiados pela garantia constitucional da inviolabilidade – não dispõem da prerrogativa concernente à imunidade parlamentar em sentido formal, razão pela qual podem sofrer persecução penal, por delitos outros (que não sejam crimes contra a honra), independentemente de prévia licença da Câmara Municipal a que se acham organicamente vinculados. Doutrina. Jurisprudência (STF). *Trancamento da ação penal nos crimes contra a honra.* O vereador, atuando no âmbito da circunscrição territorial do Município a que está vinculado, não pode ser indiciado em inquérito policial e nem submetido a processo penal por atos que, qualificando-se como delitos contra a honra (calúnia, difamação e injúria), tenham sido por ele praticados no exercício de qualquer das funções inerentes ao mandato parlamentar: função de representação, função de fiscalização e função de legislação. A eventual instauração de *persecutio criminis* contra o Vereador, nas situações infracionais estritamente protegidas pela cláusula constitucional de inviolabilidade, qualifica-se como ato de injusta constrição ao *status libertatis* do legislador local, legitimando, em conseqüência do que dispõe a Carta Política (CF, art. 29, VIII), a extinção, por ordem judicial, do próprio procedimento penal persecutório" (STF, 1ª Turma, HC 74.201-MG, rel. Min. Celso de Mello, j. 12.11.1996, *DJU* 13.12.1996, p. 50.164; *Ement.* 01854-04/745).

"*Ementa:* Processual penal – *Habeas corpus* substitutivo de recurso ordinário – Vereador – Inviolabilidade. O vereador, atuando no âmbito da circunscrição territorial do Município a que está vinculado e na defesa da honorabilidade da sua atuação parlamentar, em meio a atrito, não pode ser submetido a processo penal pela prática de crime contra a honra, pois, presente o nexo entre o exercício do mandato e a manifestação do parlamentar, incide a inviolabilidade prevista na Carta Magna (art. 29, VIII) – Recurso provido" (STJ, 5ª Turma, RHC 9.857-SP, 2000/0031840-0, rel. Min. Félix Fischer, j. 2.8.2001, *DJU* 27.8.2001).

Em contrapartida, há decisões jurisprudenciais que não viabilizam o uso do *habeas corpus* para o trancamento de ação penal privada diante de eventual crime contra a honra, pois a instrução seria crucial para a averiguação do próprio crime. Nesse sentido: STJ, 6ª Turma, RHC 1.099, 2001/0006400-0, j. 22.5.2001, rel. Min. Vicente Leal, *DJU* 11.6.2001.

12. Mais um acórdão acerca da inviolabilidade: "*Ementa:* Constitucional – Vereador – Imunidade material – CF, art. 29, VIII – Responsabilidade civil. I – Imunidade material dos vereadores por suas palavras e votos no exercício do mandato, no Município e nos limites dos interesses municipais e a pertinência para com o mandato. II – Precedentes do STF: RE n. 140.867-MS; HC n. 75.621-PR, Moreira Alves, *DJU* 27.3.1998; RHC n. 78.026-ES, O. Gallotti, 1ª Turma, 3.11.1998. III – A inviolabilidade parlamentar alcança também o campo da responsabilidade civil – Precedente do STF: RE n. 210.917-RJ, S. Pertence, Plenário, 12.8.1998. IV – Recurso extraordinário conhecido e provido" (STF, 2ª Turma, RE 220.687-MG, rel. Min. Carlos Velloso, j. 13.4.1999, *DJU* 28.5.1999, p. 25; *Ement.* 01952-08/1.514).

(d) Diárias – as diárias são verbas de caráter indenizatório, caracterizadas pela sua eventualidade, a fim de suportar despesas extraordinárias quando da viagem de parlamentar a outros Municípios, seja para representar a Câmara Municipal, seja para agir no interesse da coletividade que representa. Em razão dessa natureza indenizatória, não participam dos índices que formam a despesa total de pessoal nem da folha de pagamento.[13] Sua instituição e sua normatização ocorrem via resolução da Mesa Diretora, não obstante seja possível a estipulação de normas no regimento interno ou em resolução do Plenário.[14] Quanto ao seu valor, pode ser fixado em moeda corrente ou em percentual do subsídio do vereador, recomendando-se a primeira hipótese, em razão do melhor controle. Em virtude do seu caráter indenizatório, não se vinculam ao princípio da anterioridade – o que permite a revisão dos seus valores no decorrer do mandato. A liberação das diárias,[15] após seu requerimento, ocorre por ato da Mesa Diretora, que também definirá os respectivos adiantamentos,[16] quando necessário. Por se consubstanciar em ato administrativo, a liberação das diárias somente pode ocorrer quando efetivamente estiver presente o interesse público, sob pena de invalidação, já que se encontra sob o controle jurisdicional.[17] Por fim, é obrigatória a presta-

13. Conforme a Lei de Responsabilidade Fiscal e art. 29-A da CF.
14. Questões pertinentes à prestação de contas, número de diárias, limites máximos – dentre outras.
15. Há Câmaras de Vereadores que submetem os pedidos de diárias à aprovação do Plenário, via projeto de resolução. Tal medida é desnecessária; entretanto, por mais que os vereadores sejam invioláveis pelos seus votos, a aprovação em Plenário traduz inequívoca manifestação da Câmara Municipal a favor de determinada representação do Parlamento ou na defesa de interesses da coletividade, mormente quando se tratar de viagens para outros Estados da Federação. Deve-se cuidar para tais procedimentos não se transformem em excessiva e despicienda burocracia.
16. O adiantamento é utilizado quando a despesa pública não pode ser realizada de acordo com o regime normal de empenho. Nas situações em que o vereador se desloca com veículo próprio, as despesas com gasolina e pedágio, por exemplo, são suportadas através do regime do adiantamento. Quando o parlamentar se desloca com ônibus/avião, o deslocamento de táxi é pago através do adiantamento. Assim, as diárias cobrem os custos da representação, incluindo a estadia (quando houver) e a alimentação, não englobando os custos do transporte e do evento de que participar.
17. Deve-se cuidar dos eventos/atividades para os quais ocorre a liberação de diárias, seja para os vereadores, seja para os servidores da Câmara Municipal. No caso de eventos/cursos deve-se analisar minuciosamente quem os promove, sua programação, os painelistas/palestrantes, sua carga horária, dentre outros pontos, sob pena de desvirtuação do interesse público e respectiva invalidação. Neste caso, a responsabilidade será dos vereadores que usufruíram das diárias e adiantamentos, sem deixar de observar a responsabilidade solidária do presidente da Câmara, que é o ordenador da despesa.

ção de contas dos valores percebidos (diárias e adiantamentos), que deve ocorrer através de notas fiscais ou documentos afins que comprovem o cumprimento do dever assumido (certificado de participação...).[18]

(e) Licenças – as licenças exsurgem diante de situações que impossibilitem ou dificultem sobremaneira o exercício do mandato parlamentar. Devem estar disciplinadas na lei orgânica e no regimento interno, circunscritos aos limites constitucionais. Não se confundem com os impedimentos e incompatibilidades, uma vez que estes se impõem coativamente ao parlamentar, enquanto a licença é uma prerrogativa do Plenário. Nas palavras de José Nilo de Castro: "O Plenário da Câmara é que decidirá sobre a concessão da licença, discricionária e soberanamente. É dizer: possui o vereador direito à licença, mas não o direito subjetivo à sua concessão. O Plenário pode negá-la, tanto esta, para ocupar cargo público de provimento em comissão, como as outras (...)".[19] Por mais que esse posicionamento seja uma referência na matéria, as normas constitucionais sobre ela incidentes, esculpidas no art. 56 da CF, são aplicadas com maior transigência. Inicialmente, importa destacar que as licenças somente podem ser requeridas pelo vereador interessado em três situações: (a) assunção de cargo na Municipalidade ou em nível estadual ou federal; (b) motivos de saúde; (c) interesse particular. Quanto à assunção de cargo de primeiro escalão[20] em nível municipal, estadual ou federal, segue-se a regra do inciso I do art. 56 da CF,[21] conduzindo à licença do

---

18. Minimamente, deve o parlamentar apresentar notas fiscais dos custos da estadia, alimentação, transportes – enfim, documentos que comprovem o cumprimento da missão. Se previsto no regimento interno, em resolução do Plenário ou em outra espécie legislativa, deverá o parlamentar apresentar relatório escrito das atividades desenvolvidas.

19. José Nilo de Castro, *Direito Municipal Positivo*, p. 102.

20. Esta terminologia abarca os agentes políticos, compreendidos os secretários municipais, estaduais e ministros em nível federal, como também as presidências dos entes da Administração indireta.

21. CF, art. 56:

"Art. 56. Não perderá o mandato o deputado ou senador: I – investido no cargo de ministro de Estado, governador de Território, secretário de Estado, do Distrito Federal, de Território, de Prefeitura de Capital ou chefe de missão diplomática temporária; II – licenciado pela respectiva Casa por motivo de doença, ou para tratar, sem remuneração, de interesse particular, desde que, neste caso, o afastamento não ultrapasse 120 (cento e vinte) dias por sessão legislativa.

"§ 1º. O suplente será convocado nos casos de vaga, de investidura em funções previstas neste artigo ou de licença superior a 120 (cento e vinte) dias.

"§ 2º. Ocorrendo vaga e não havendo suplente, far-se-á eleição para preenchê-la se faltarem mais de 15 (quinze) meses para o término do mandato.

parlamentar. No caso de o parlamentar ser servidor público concursado em quaisquer dos níveis da Federação, como também nos casos em que pretender assumir cargo em comissão em nível estadual ou federal, serão observadas as regras do art. 38 da CF[22] e, não havendo compatibilidade de horários, poderá obter a respectiva licença. Quanto à licença-saúde, esta se constituirá num direito subjetivo do vereador, desde que embasada em elementos que comprovem sua necessidade. A licença para tratar de assuntos particulares, por sua vez, limitada ao período máximo de 120 dias por ano, não depende de maiores justificativas; entretanto, estará sujeita ao crivo do Plenário. Observa-se que a licença para tratar de assuntos particulares não será remunerada, enquanto a licença-saúde o será, ressalvando-se que a vinculação do parlamentar ao Regime Geral de Previdência Social faz com que a Câmara tenha a obrigação de pagar seus subsídios até o 15º dia após a licença, cabendo ao INSS o pagamento a partir deste período.[23] No caso da licença para assumir cargo, dependerá de disposição na lei orgânica, ressalvando-se as funções de primeiro escalão em nível municipal, em que facultada a escolha do subsídio. A licença para a assunção de cargo e a licença-saúde poderão ser deferidas pela Mesa Diretora, se assim estiver previsto na lei orgânica e no regimento interno, comunicando-se ao Plenário, uma vez que se trata de direito subjetivo do vereador. No caso da negativa dessas licenças, poderá o parlamentar obtê-las pelas vias judiciais competentes.[24] Em sentido

"§ 3º. Na hipótese do inciso I, o deputado ou senador poderá optar pela remuneração do mandato."

22. CF, art. 38: "Ao servidor público da Administração direta, autárquica e fundacional, no exercício de mandato eletivo, aplicam-se as seguintes disposições: I – tratando-se de mandato eletivo federal, estadual ou distrital, ficará afastado de seu cargo, emprego ou função; II – investido no mandato de prefeito, será afastado do cargo, emprego ou função, sendo-lhe facultado optar pela sua remuneração; III – investido no mandato de vereador, havendo compatibilidade de horários, perceberá as vantagens de seu cargo, emprego ou função, sem prejuízo da remuneração do cargo eletivo, e, não havendo compatibilidade, será aplicada a norma do inciso anterior; IV – em qualquer caso que exija o afastamento para o exercício de mandato eletivo, seu tempo de serviço será contado para todos os efeitos legais, exceto para promoção por merecimento; V – para efeito de benefício previdenciário, no caso de afastamento, os valores serão determinados como se no exercício estivesse".

23. Informações 17 e 34 de 2002 do TCE/RS. V., nesse sentido, acórdão do TJRS: "Apelação cível – Ação ordinária – Vereador – Licença de saúde – Contribuição para o INSS – Remuneração devida pelo Município apenas em relação aos primeiros 15 dias de afastamento" (AC 70002878239, rel. Des. Adão Sérgio do Nascimento Cassiano, j. 21.6.2003).

24. Importante acórdão do TJRS concedeu o direito ao vereador de obter a licença para assumir cargo em comissão em órgão do Instituto Rio Grandense do

inverso, no caso da licença-saúde, poderão a Mesa Diretora ou o Plenário cassá-la diante de evidências que demonstrem a inexistência de motivos para o afastamento do edil.[25] Já a licença para tratar de assuntos particulares dependerá, necessariamente, da aprovação do Plenário, que poderá revogá-la a qualquer tempo. Por fim, sempre que a licença ultrapassar o lapso temporal de 120 dias haverá o direito subjetivo do suplente de ser chamado, o que também acontecerá no caso da licença para a assunção de cargo. Nada impede que a lei orgânica estabeleça períodos inferiores a 120 dias para que o suplente seja convocado, especialmente no caso das licenças-saúde e para tratar de assuntos particulares. De qualquer forma, o parlamentar licenciado poderá retornar à sua função a qualquer tempo.[26] Por fim, no caso do vereador eleito para outro mandato eletivo, incorre na vedação do art. 55, II, "d" da CF, já que é defeso ser titular de mais de um cargo ou mandato público eletivo. No caso de ser suplente em eleição à Assembléia Legislativa ou Câmara dos Deputados, somente poderá assumir, nos casos de vacância, mediante a renúncia do mandato de vereador, não cabendo, nesses casos, a licença.[27] A situação fica mais complexa diante de vereador suplente de deputado que se licencia, em

Arroz, que fora negado pela presidência da Câmara Municipal de Vereadores (3ª Câmara, AC 70001037175, rel. Des. Perciano Bertoluci, j. 3.8.2000).
25. Eis paradigmático acórdão do TJRS, calcado no princípio da moralidade: "Direito público não-especificado – Ações cautelar, anulatória e indenizatória – Santa Maria – Vereador – Licença para tratamento de saúde – Revogação – Princípio da moralidade – Conseqüências – Ações ajuizadas por vereador de Santa Maria que, após ter sido visto em boa saúde e freqüentando eventos políticos e sociais, teve a licença para tratamento médico anulada pelo Presidente da Câmara de Vereadores (Ato Legislativo n. 37/1998) – Tornado sem efeito o Ato Legislativo n. 38/1998, que censurou publicamente a conduta do vereador, em virtude da concessão de liminar na ação cautelar – Devolução da parte variável correspondente ao período não-trabalhado (Ato Legislativo n. 39/1998) – Legalidade dos atos praticados pela autoridade do Poder Legislativo Municipal, respaldados pelo princípio da moralidade administrativa – Ação indenizatória improcedente – Apelação improvida" (3ª Câmara, AC 70011135787, rel. Des. Nelson Antônio Monteiro Pacheco, j. 15.9.2005).
26. "Por igual, pode o licenciado reassumir suas funções na Câmara, no decorrer da licença, sem maiores formalidades, bastando que compareça à sessão e declare à Mesa, para constar da ata, sua reassunção; desde esse momento cessa o exercício do suplente que o substituía na vereança" (Hely Lopes Meirelles, *Direito Municipal Brasileiro*, 16ª ed., pp. 641-642).
27. "Tomando posse de outro mandato eletivo o suplente perde automaticamente a suplência remanescente. E assim é porque pelo nosso sistema político-jurídico não há possibilidade de acumulação de mandatos eletivos, muito embora possa o candidato concorrer simultaneamente a mais de uma eleição. Investido no exercício de um mandato, estende-se renunciado o outro" (Hely Lopes Meirelles, *Direito Municipal Brasileiro*, 16ª ed., p. 643).

caráter temporário, seja para assumir uma secretaria estadual, seja por motivos de saúde, dentre outras situações. Nestes casos, por uma questão de razoabilidade, não há que se discorrer sobre a titularidade de dois cargos eletivos, desde que o parlamentar obtenha a licença do Plenário da Câmara Municipal de Vereadores para assumir o cargo de deputado, retornando à função quando o titular do mandato retornar da licença.[28] Não obtida a licença pelo Plenário, não poderá assumir o cargo de deputado, mesmo que temporariamente, salvo se renunciar.

(f) Subsídios – os vereadores percebem subsídios, nos termos do § 4º do art. 39 da CF,[29] definidos em lei municipal publicada até o dia das eleições, para a legislatura subseqüente, em percentual dos subsídios dos deputados estaduais ou em valor fixo. O princípio da anterioridade encontra-se presente no processo de definição dos subsídios dos parlamentares locais, como também do prefeito e do vice-prefeito, consoante o art. 29, VI, da CF, e os princípios constitucionais da imparcialidade e da moralidade.[30] A necessidade de lei específica encontra-se discipli-

28. Só pode haver a titularidade concomitante dos dois mandatos se o vereador assumir o mandato de deputado em definitivo sem a renúncia do mandato local ou se não obtiver a licença do Plenário da Câmara Municipal (nos casos em que há a licença do titular do mandato de deputado). Se obtiver a licença do Plenário, continuará o titular do mandato de vereador, porém não será o titular do mandato de deputado, em razão do seguinte entendimento: o exercício da titularidade requer o "domínio" do mandato, e não somente a sua "posse"; significa que o exercício contínuo e definitivo do mandato, e não seu exercício temporário.
29. Constituição Federal, art. 39, "§ 4º. O membro de Poder, o detentor de mandato eletivo, os Ministros de Estado e os Secretários Estaduais e Municipais serão remunerados exclusivamente por subsídio fixado em parcela única, vedado o acréscimo de qualquer gratificação, adicional, abono, prêmio, verba de representação ou outra espécie remuneratória, obedecido, em qualquer caso, o disposto no art. 37, X e XI".
30. CF, "Art. 29. (...) VI – o subsídio dos vereadores será fixado pelas respectivas Câmaras Municipais em cada legislatura para a subseqüente, observado o que dispõe esta Constituição, observados os critérios estabelecidos na respectiva Lei Orgânica e os seguintes limites máximos: (...)". A Constituição do Estado do Rio Grande do Sul, por exemplo, estabelece: "Art. 11. A remuneração do prefeito, vice-prefeito e dos vereadores será fixada pela Câmara Municipal, em cada legislativa para a subseqüente, em data anterior à realização das eleições para os respectivos cargos, observado o que dispõe a Constituição Federal". Não olvidar que os princípios estabelecidos na Constituição Estadual são de observância obrigatória às Municipalidades, conforme o *caput* do art. 29 da Constituição da República. A fim de concretizar o princípio da anterioridade, somam-se a estas disposições legais os princípios da imparcialidade e da moralidade, que vedam a autoconcessão de vantagens, remetendo a definição dos subsídios para os anos anteriores ao mandato que se iniciará com os respectivos subsídios.

nada no inciso X do art. 37 da CF.[31] O processo legislativo que não for ultimado até o dia das eleições, com a respectiva publicação da lei específica, estará sob o manto da inconstitucionalidade. Quanto à polêmica da gratificação natalina (13º salário) e do adicional de férias, por mais que existam fortes divergências jurisprudenciais a esse respeito,[32] exsurge com maior consistência e fundamentação jurídica o posicionamento favorável a ambos, desde que previstos na lei municipal que fixou os subsídios. Aliás, o regime dos subsídios não traz a vedação dessas parcelas, seja pela hermenêutica dos arts. 37 e 39 da CF, seja pelo seu percebimento em carreiras também amparadas por esse regime.[33] O recebimento de retribuição pecuniária de caráter indenizatório para o comparecimento às reuniões ocorridas em sessões extraordinárias, durante o recesso, também pode ocorrer, desde que previsto em lei municipal ou em resolução da Câmara, não se sujeitando ao princípio da anterioridade.[34] Isso porque a Emenda Constitucional 50/2006 somente abrange o Congresso Nacional, constituindo-se em norma de mera imitação, que pode ou não ser seguida pelos demais entes federados, nos termos da sua

---

31. CF, art. 37, X: "X – a remuneração dos servidores públicos e o subsídio de que trata o § 4º do art. 39 somente poderão ser fixados ou alterados por lei específica, observada a iniciativa privativa em cada caso, assegurada revisão geral anual, sempre na mesma data e sem distinção de índices; (...)". Nesse sentido estão a Informação 010/2005 e o Parecer 71/2001 do TCE/RS. Assim, a estipulação dos subsídios dos agentes políticos municipais que não observe o princípio da anterioridade (com exceção dos subsídios dos secretários municipais) ou que não seja instituída através de lei específica restará inconstitucional, sem efeito, restituindo-se a definição anterior que se encontrava em vigência.

32. A título exemplificativo, citam-se o acórdão da ADI 70017993908, do Município de Capão do Cipó, julgada em 7.5.2007, que declara a inconstitucionalidade da gratificação natalina aos agentes políticos locais, pela sua incompatibilidade com o regime dos subsídios, e o acórdão da ADI 70015120249, do Município de Progresso, julgada em 21.8.2006, pela improcedência da declaração de inconstitucionalidade da gratificação natalina aos agentes políticos locais.

33. Também com esse entendimento o TCE/RS – o que se apreende no Parecer 01/2006, do Dr. Alexandre Mariotti, acolhido pelo Pleno em março/2007, como também nos Pareceres 021/2004, 20/2004 e 08/2002.

34. Os Pareceres 15/2002 e 05/2007 do TCE/RS também afirmam este posicionamento. Neste último, o parecer do auditor substituto de conselheiro Alexandre Mariotti consignou: "Em síntese, (a) a inovação normativa introduzida pela Emenda Constitucional n. 50/2006 não tem aplicação obrigatória no âmbito dos Municípios; (b) é indispensável, em face do princípio da legalidade, previsão em lei municipal ou em resolução da Câmara de Vereadores do pagamento de indenização a vereadores pelo comparecimento a sessões extraordinárias; (c) eventual vedação constante da lei orgânica do Município implica necessidade de sua alteração formal; (...)".

autonomia constitucional.³⁵ Cabe salientar que os subsídios dos vereadores sofrerão o reajuste no percentual definido na revisão geral anual – art. 37, X, da CF –, se assim estiver estabelecido na legislação municipal instituidora da data-base e concessiva da revisão. Por lógico, tais revisões não poderão extrapolar os limites estabelecidos no art. 29, VI, da CF. No que tange às ajudas de custo, o entendimento do TCE/RS é no sentido de que tais parcelas integram os subsídios dos parlamentares;³⁶ porém, nos termos da retribuição para o comparecimento em sessões extraordinárias durante o recesso, pode-se defender a instituição dessas ajudas (resolução do Plenário ou lei específica), desde que previamente definidos os montantes e os respectivos fins.³⁷ Por óbvio, não é possível a revogação da lei instituidora dos subsídios, nem sua alteração no decorrer do mandato, já que se trata de norma jurídica sujeita a procedimentos especiais para sua validade e vigência. Ademais, não há óbices para a estipulação de verba de representação ao presidente da Câmara, de caráter indenizatório (não observada a anterioridade), desde que instituída em lei específica e adequada à realidade municipal; difere das diárias e ajudas de custo pela desnecessidade de prestação de contas, pois se considera inerente ao ônus do exercício da função de presidente do Legislativo Municipal.

6.2 Incompatibilidades, extinção e cassação de mandato

Discorrer sobre incompatibilidades é expor as proibições, os impedimentos, as vedações às quais o vereador está submetido após o término da competência da Justiça Eleitoral – ou seja, após sua diplomação. O pressuposto para o estudo das incompatibilidades é a existência de um mandato válido e legitimado pelo processo eleitoral, que exige um comportamento ético do seu possuidor enquanto condição para o exercício autônomo do mandato concedido pelo povo. O art. 29, IX, da CF traz a necessidade da observância, sempre que possível e consoante às particularidades e singularidades locais, dos mesmos impedimentos re-

---

35. Esta norma equipara-se ao disposto no § 4º do art. 57, que também somente se aplica ao Congresso Nacional.
36. Pareceres 03/2002 e 55/2002 do TCE/RS.
37. Parcelas análogas existem na Câmara dos Deputados e não podem ser descartadas, desde que os fins para os quais esses valores possam ser utilizados estejam claramente definidos, exigindo-se a efetiva comprovação dessas despesas, que devem ter o caráter indenizatório. A instituição ou não de parcelas com esse caráter compete aos parlamentares, constituindo-se em questão *interna corporis*, atinente à gestão do Parlamento Municipal.

servado aos deputados federais e senadores na Constituição Federal e aos deputados estaduais na Constituição do Estado.[38] Por conseqüência, há a remissão aos arts. 54 e 55 da CF.[39]

O estudo sistemático das incompatibilidades incidentes aos vereadores requer sua divisão naquelas que incidem após sua diplomação e nas que ocorrem após sua posse. Por óbvio, as primeiras incidem também após a posse do parlamentar, cumulativamente.

A análise das incompatibilidades é feita com base no disposto na Constituição Federal, resguardando-se a autonomia municipal para sua adequação ao interesse local na lei orgânica.

Assim, não deve o vereador, sob pena de perda do mandato, desde a expedição do seu diploma:[40]

(a) Firmar ou manter contrato com pessoa jurídica de direito público, autarquia, empresa pública, sociedade de economia mista ou empresa concessionária de serviço público, salvo quando o contrato obedecer a cláusulas uniformes – vedação que abrange todas as pessoas da Administração direta e indireta em nível municipal, seja com personalidade de direito público, seja de direito privado. Abrange, também, os consórcios públicos (Lei 11.107/2005) dos quais faça parte o Município do parlamentar e as fundações com personalidade jurídica de direito privado criadas pela Municipalidade. Além disso, em razão da difícil distinção entre concessões e permissões de serviços públicos e com base no conflito de interesses que pode exsurgir de posições ambivalentes, estas últimas também devem ser incluídas no rol de vedações. Isso porque os princípios da moralidade, razoabilidade e imparcialidade incidem enfaticamente no processo hermenêutico, possibilitando melhor compreensão das regras jurídicas e evitando a não-aplicação de determinada norma a situações equivalentes. A problemática surge diante da conceituação do que sejam *cláusulas uniformes*, uma vez que sua existência possibilitaria a formalização desses contratos pelos edis. Segundo José Afonso da Silva: "Típicos contratos de cláusulas uniformes são os chamados contratos de adesão, que são os de conteúdo predeterminado por um

---

38. CF, art. 29, IX: "IX – proibições e incompatibilidades, no exercício da vereança, similares, no que couber, ao disposto nesta Constituição para os membros do Congresso Nacional e na Constituição do respectivo Estado para os membros da Assembléia Legislativa; (...)".

39. A Constituição Estadual do rio Grande do Sul, por exemplo, remete ao texto da Constituição Federal, sem qualquer acréscimo.

40. Os impedimentos são analisados com base nos arts. 54 e 55 da CF.

O REGIME JURÍDICO DO VEREADOR 159

dos contratantes. Suas cláusulas são sempre as mesmas, quaisquer que sejam os demais contratantes. Trata-se de uma repetição de contrato, variando apenas o nome de uma das partes. Por isso mesmo, geralmente é impresso, deixando-se um claro onde se inscrevem o nome e qualificação do outro contratante. Não se pode dar uma enumeração completa desses contratos, mas são de cláusulas uniformes, em regra: os contratos de seguro, de transportes, de fornecimento de luz, força, gás e água, os de prestação dos serviços de telefones e telégrafos, certos contratos bancários (...)".[41] Mesmo diante da posição do eminente publicista José Nilo de Castro, que não considera os contratos administrativos como possuidores de cláusulas uniformes e por entender haver uma insuprível incompatibilidade do vereador quando contratado, adota-se o posicionamento, nesta obra, pela consideração dos contratos administrativos como contratos de cláusulas uniformes, especialmente pela sua similitude com os contratos de adesão, desde que precedidos do certame licitatório.[42] Somente em situações excepcionais de contratação com base na dispensa ou inexigibilidade é que este caráter será mantido. Assim, é lícita a contratação firmada por vereadores com entes da Administração direta e indireta, desde que precedida do devido certame licitatório, cujas cláusulas estejam consoantes ao regime jurídico-administrativo, mormente com os princípios da moralidade, imparcialidade e eficiência.[43]

41. José Afonso da Silva, *O Prefeito e o Município*, p. 74.
42. Hely Lopes Meirelles, *Licitação e Contrato Administrativo*, 14ª ed., 2ª tir., pp. 195-196. Nessa obra Hely expõe que as particularidades dos contratos administrativos, especialmente pela determinação unilateral da Administração da quase-totalidade das suas cláusulas, fez com que muitos administrativistas negassem sua condição de contratos, citando o exemplo de Oswaldo Aranha Bandeira de Mello. De outra parte, houve administrativistas, como Mário Masagão, que fundamentaram os contratos administrativos enquanto contratos com base na comparação com os contratos de adesão.
43. Comunga deste posicionamento a Consulta 456.861, formalizada pelo Município de Aguanil ao TCE/MG, no ano de 1998, que se manifestou pela possibilidade da contratação de posto de combustível pertencente a vereador, desde que precedida do certame licitatório. Nesta consulta houve a utilização de posicionamento de "Adilson de Abreu Dallari – 'o contrato administrativo precedido de licitação pode ser entendido como contrato regido por cláusulas uniformes, não acarretando nem inelegibilidade, nem vedação ou impedimento' (in artigo publicado na *Revista do TCE/SP*, 1993, pp. 29-32)". Também a Consulta 440.512, do Município de Indianópolis, em 2000, manifesta-se neste sentido. Já a Consulta 465.192, do deputado Álvaro Dias, em 2000, apresenta posicionamento em sentido contrário, ou seja, pela vedação da contratação de empresa pertencente a vereador com o Município ou ente abarcado pela proibição constitucional, mesmo que precedida do certame licitatório. Já a AC 37.603-8, julgada pelo TJMG, reverteu sentença de primeiro grau que

Observa-se que esses impedimentos abrangem os credenciamentos de médicos e advogados por instituições públicas, salvo quando precedidos do certame licitatório.

(b) Aceitar ou exercer cargo, função ou emprego remunerado, inclusive os de que seja demissível *ad nutum*, nas entidades constantes da alínea anterior – ao vereador servidor público (ou seja, empossado em cargo ou emprego oriundo de concurso público em quaisquer dos níveis da Federação) será possibilitado o exercício das duas atividades concomitantemente, se houver compatibilidade de horários. Se não houver compatibilidade, será afastado do cargo ou emprego, facultando-se-lhe a escolha da remuneração/subsídio.[44] A disposição em análise veda enfaticamente a assunção de cargo em comissão ou análogo – exoneráveis *ad nutum* – em quaisquer das entidades citadas, desde que na circunscrição territorial da qual é parlamentar, não havendo incompatibilidade em relação aos outros níveis da Federação ou outros Municípios, desde que presente a compatibilidade de horários. A vedação também abrange, elementarmente, as concessionárias e permissionárias de serviços públicos em contratos de quaisquer naturezas. Essa proibição objetiva evitar o acúmulo de funções/cargos/atividades que possa acarretar um irremediável conflito de interesses, ferindo a necessária autonomia para o exercício da representação popular e princípios constitucionais consagrados, como os princípios da moralidade, finalidade e imparcialidade.

(c) Deixar de tomar posse nos prazos definidos pela lei orgânica municipal – normalmente as leis orgânicas definem o prazo de 15 dias, a partir do dia 1º de janeiro, para a posse, salvo justificativa aceita pelo Plenário, sob pena da perda do mandato; o que também se encontra estampado no art. 8º do Decreto-lei 201/1967.

Também sob pena de perda do mandato, não poderá o vereador, desde a posse:

(a) Ser proprietário, controlador ou diretor de empresa que goze de favor decorrente de contrato com pessoa jurídica de direito público, ou nela exercer função remunerada – inicialmente, cumpre analisar o que seja *favor decorrente de contrato com pessoa jurídica de direito público*, e a sua abrangência. Favor "não é só liberalidade; é o que se faz a um

---

concedeu a segurança pretendida a vereador que teve seu mandato extinto pelo Presidente da Câmara pelo fato de ter firmado contrato com o Município. A declaração do Presidente foi embasada no art. 8º do Decreto-lei 201/1967, o que foi considerado legal pelo Tribunal de Justiça.

44. Art. 38, III, da CF.

sem ser obrigado a fazer a todos".[45] Nessa ótica, compreende os mais diversos incentivos que a Municipalidade pode conceder aos empreendedores a fim de impulsionar o desenvolvimento local.[46] Para melhor hermenêutica dessa norma em relação à realidade local, compreendem-se os favores concedidos por pessoa jurídica de direito público municipal, até mesmo porque o objetivo do impedimento previsto nesta disposição é evitar o tráfico de influência política para a obtenção de vantagens, o que seria mais factível em nível local. *Ser proprietário ou controlador* engloba a detenção da maioria do capital da empresa ou sociedade, em quaisquer das formas que possa assumir, enquanto a *função de direção* requer o exercício do poder de decisão em alguma das suas áreas organizacionais ou de atuação. Da mesma forma, não poderá o parlamentar local exercer qualquer função remunerada nessas empresas, a qualquer título, alcançando também as raras situações em que o empregador seja uma pessoa física.[47]

(b) Ocupar cargo ou função de que seja demissível *ad nutum* ou patrocinar causas nas entidades referidas na alínea "a" do inciso I do art. 54 da CF (vedações que incidem após a diplomação) – a proibição da ocupação após a posse soma-se à existente incompatibilidade da sua aceitação e exercício após a diplomação. Não obstante a terminologia diferenciada, os efeitos jurídicos são praticamente os mesmos. Importa referir o patrocínio de causas nas pessoas jurídicas já referidas, uma vez que sua prática pode conduzir ao crime de advocacia administrativa, com o uso indevido da influência política, afrontando abruptamente o princípio da imparcialidade. Não pode o edil patrocinar causa em que tais pessoas jurídicas tenham algum interesse.[48]

(c) Ser titular de mais de um cargo ou mandato público eletivo – o sistema político brasileiro não permite o acúmulo da titularidade de mais de um cargo ou mandato público eletivo, devendo o agente político fazer a escolha, sob pena da perda do mandato. Esta problemática foi melhor analisada quando tratamos da licença dos vereadores.

45. Pontes de Miranda, *apud* José Nilo de Castro, *Direito Municipal Positivo*, p. 95.
46. A concessão desses incentivos deve estar disciplinada em lei municipal e pode abranger a isenção de impostos, a doação/concessão de áreas e a realização de obras de infra-estrutura, nos termos do respectivo contrato, normalmente submetido à aprovação do Parlamento.
47. Com esse entendimento a Consulta 701.702 do TCE/MG, feita pela Câmara Municipal de Liberdade, no ano de 2005.
48. Art. 321 do CP brasileiro.

(d) Adotar procedimento declarado incompatível com o decoro parlamentar – *decoro* significa "recato no comportamento, decência, acatamento de normas morais, dignidade, honradez, seriedade nas maneiras, compostura, postura requerida para exercer qualquer cargo ou função".[49] A idéia de decoro traduz o comportamento requerido pelo corpo social aos seus representantes, abrangendo tanto suas condutas de homem público como suas ações na vida privada que repercutam na imagem do Poder Legislativo perante a sociedade.[50] Identifica-se com a idéia de moral pública, num portar-se dignamente como mandatário da população. Como a expressão "decoro parlamentar" é conceito legal indeterminado, é fundamental que os regimentos internos das Câmaras Municipais definam situações e comportamentos que tipifiquem afronta ao decoro. Isso porque o decoro parlamentar vai variar no tempo e no espaço, ou seja, sofrerá alterações conforme as mudanças da própria sociedade, e significará a observância a usos e costumes que poderão variar de Município a Município.[51] Porém, a Constituição Federal, a fim

---

49. Antônio Houaiss e Mauro de Salles Villar, *Dicionário Houaiss da Língua Portuguesa*, p. 922.

50. Os direitos à privacidade e à intimidade são direitos de personalidade, consagrados na Constituição de 1988 como direitos fundamentais do cidadão. Da mesma forma, os direitos das minorias devem ser preservados – o que significa dizer que se o vereador integrar alguma delas não poderá ser penalizado por isso. Assim, somente poderão ser considerados atentatórios ao decoro parlamentar aqueles comportamentos da vida privada que atinjam a imagem da Câmara de Vereadores publicamente e de forma inconteste. Externar preferências religiosas e sexuais, por exemplo, desde que comedidamente, não vai significar atentado ao decoro parlamentar.

51. Eis como preceitua o Regimento Interno da Câmara Municipal de Sertão/RS: "Art. 14. São deveres do vereador, importando o descumprimento em conduta incompatível com o decoro parlamentar: I – agir de acordo com a boa-fé; II – respeitar a propriedade intelectual das proposições; III – manter lisura para as votações em Plenário; IV – eximir-se de manipular recursos do orçamento para beneficiar, injustificadamente, setores sociais ou econômicos de seu interesse; V – não perceber vantagens indevidas, tais como doações, benefícios ou cortesias de empresas, grupos econômicos ou autoridades públicas; VI – não tolerar a falsidade de documentos; VII – coibir condutas ofensivas à imagem da Câmara de Vereadores que comprometam a credibilidade do Parlamento junto à sociedade; VIII – não portar arma em Plenário da Câmara de Vereadores; IX – não recorrer à agressão física ou moral; X – denunciar qualquer infração a preceito deste artigo.
"Parágrafo único. Também é incompatível com o decoro parlamentar: I – o abuso das prerrogativas asseguradas ao vereador; II – a percepção de vantagens ilícitas ou imorais; III – comportamento vexatório ou indigno capaz de comprometer a dignidade do Poder Legislativo Municipal; IV – atos atentatórios à Câmara de Vereadores e às instituições vigentes; V – transgressão reiterada aos preceitos deste Regimento Interno; VI – a prática de irregularidades graves no desempenho do

de identificar um núcleo comum ao conceito de *decoro*, de observância obrigatória a todos os Parlamentos em todos os níveis da Federação, identificou duas condutas incompatíveis com o decoro (art. 55, § 1º): percepção de vantagens indevidas e abuso das prerrogativas parlamentares. A primeira resgata a imparcialidade, a pureza, o comprometimento, a honradez, a probidade, a honestidade que devem caracterizar a conduta do parlamentar local, não se deixando comprometer por interesses ou vantagens escusas. *Vantagens indevidas*, utilizando-se de um racional critério de exclusão, serão aquelas não previstas na Constituição, na lei orgânica, no regimento interno e demais normativos da Câmara Municipal. Não pode o vereador se deixar conduzir por vantagens outras que não aquelas que lhe são devidas pelas normas que regem o exercício da vereança. A segunda tipificação traz para o texto constitucional um importante *lugar-específico* do mundo jurídico,[52] calcado na idéia de vedação ao abuso de direito, de proibição da chicana.[53] Não obstante as prerrogativas dos vereadores se constituam em direitos, estes não podem cometer abusos no seu exercício. O abuso de um direito tende a adentrar o campo da ilicitude. Por fim, compete às Câmaras efetuar uma maior delimitação do que seja afronta ao decoro parlamentar, partindo do núcleo traçado pela Constituição Federal.

(e) Deixar de comparecer, em cada sessão legislativa, à terça parte das sessões ordinárias, salvo licença ou missão autorizada – a sessão legislativa constitui o período anual de funcionamento das Câmaras, excetuando-se o período de recesso. Durante a sessão legislativa o vereador tem de comparecer, minimamente, a mais de dois terços das sessões/ reuniões ordinárias, salvo a obtenção de licença pelo Plenário – o que já foi visto neste trabalho. Por isso, as sessões ordinárias sob licença devem ser excluídas da base de cálculo, que deve ser feito contabilizando-se as demais sessões. A periodicidade e o número das sessões ordinárias devem estar definidas no regimento interno.[54]

---

mandato ou de encargo dele decorrentes; VII – perturbação da ordem nas sessões da Câmara ou nas reuniões das comissões."

52. "Os lugares-comuns específicos não passam de argumentos que são encontrados em todos os ramos do Direito e dão o alcance real ao raciocínio jurídico que não quer limitar-se à citação de textos. Alguns afirmam princípios gerais do Direito, outros constituem máximas ou adágios, formulados em Latim; outros, por fim, indicam valores fundamentais que o Direito protege e põe em prática" (Chäim Perelman, *Lógica Jurídica*, p. 121).

53. Chäim Perelman, *Lógica Jurídica*, p. 127.

54. A periodicidade das sessões varia consoante as particularidades e singularidades locais. A Câmara de Sertão/RS reúne-se ordinariamente todas as semanas,

(f) Perder ou ter suspensos os direitos políticos e sofrer condenação criminal em sentença transitada em julgado – essas situações acarretam a perda do mandato eletivo, juntamente com aquelas situações previstas pela Constituição em que a Justiça Eleitoral também pode decretar a perda ou suspensão dos direitos políticos. Como essas questões se entrelaçam, vamos analisá-las em conjunto. A Justiça Eleitoral tem competência para analisar as questões pertinentes ao processo eleitoral até a diplomação dos candidatos, ressalvando-se a impugnação do mandato eletivo, que poderá ser interposta até 15 dias após a diplomação (art. 14, §§ 10 e 11, da CF).[55] Nesses termos, a Justiça Eleitoral poderá decretar a perda do mandato do vereador. Quanto às outras duas possibilidades, importa ressaltar que o art. 15 da CF elenca as situações de perda ou suspensão dos direitos políticos (o ordenamento constitucional não prevê situações de cassação), estando a condenação criminal transitada em julgado, enquanto durarem seus efeitos, dentre as situações de suspensão. Assim, a suspensão dos direitos políticos é gênero do qual a condenação criminal transitada em julgado é uma das suas espécies, razão pela qual o inciso VI do art. 55 da CF seria desnecessário, pois já estaria abrangido pelo inciso IV. Enquanto durarem os efeitos da condenação transitada em julgado, mesmo durante o período de suspensão condicional da pena, os direitos políticos estarão suspensos.[56] Se o trânsito em julgado ocorrer antes do registro da candidatura, este não será efetivado; se após o registro e antes da diplomação, esta não se concretizará,[57] e, se concretizando, poderá ocorrer sua cassação;[58] após a posse do agente político municipal, como decorrência da suspensão dos seus direitos políticos, deve ser declarada a extinção do mandato. Por fim, salientam-se as demais situa-

---

nas segundas-feiras, de 1º de março a 15 de dezembro. Assim, o somatório dessas reuniões plenárias semanais no decorrer da sessão legislativa anual, excluindo-se as sessões sob licença, constituirá o número a partir do qual incidirá a proibição de faltar a mais de um terço. No Município de Passo Fundo/RS as sessões ordinárias ocorrem duas vezes por semana (segundas e quartas-feiras), seguindo-se o mesmo raciocínio.

55. Pode-se citar a impugnação de candidatura, com base em argüição de inelegibilidade, que pode até mesmo trazer a nulidade do diploma, se já expedido; da mesma forma a investigação judicial eleitoral, que, se julgada procedente, acarretará a inelegibilidade do candidato, e se após a eleição, a impugnação do mandato eletivo ante a Justiça Eleitoral, podendo acarretar a cassação do diploma. Tais procedimentos encontram guarida na Lei Complementar 64/1990.

56. TSE, REspE (Recurso Especial Eleitoral) 12.745, de 1996, e RMS 466, de 2006.

57. Ag. 6.024, de 2007, do TSE.

58. TSE, RCED (Recurso contra a expedição de Diploma) 759, de 2007.

ções que também acarretam a perda ou suspensão dos direitos políticos (art. 15 da CF) e a respectiva perda do mandato eletivo: cancelamento da naturalização por sentença transitada em julgado (perda), incapacidade civil absoluta (suspensão), recusa de cumprir obrigação a todos imposta ou prestação alternativa (perda) e condenação por improbidade administrativa (suspensão).

Quanto aos procedimentos para a perda do mandato, há dois caminhos apontados pela Constituição Federal: a declaração da Mesa Diretora (extinção) e a manifestação do Plenário da Câmara Municipal (cassação). A primeira situação justifica-se naqueles casos em que a vedação exsurge por si, sem a necessidade de procedimento específico para sua comprovação. Já no segundo caso a manifestação do Plenário é de insubstituível importância para a mensuração da falta cometida. Em qualquer das situações deve-se observar o devido processo legal, assegurando-se a ampla defesa e o contraditório. Eis importante manifestação do jurista José Nilo de Castro: "A cassação de mandato é ato constitutivo. A extinção é ato declaratório. Os atos normativos (leis, decretos legislativos, resoluções) de que participou o vereador impedido e incompatível, no processo legislativo, mesmo sendo seu voto decisivo, são todos válidos. Não há como contagiar as deliberações do Colegiado com as máculas do mandato do vereador impedido. Como são igualmente válidos os atos normativos de cuja feitura participa suplente irregularmente convocado".[59]

Por essas razões é que as vedações decorrentes do excesso de faltas em cada sessão legislativa, da perda ou suspensão dos direitos políticos e da decretação da Justiça Eleitoral constituem fatos a respeito dos quais a manifestação do Plenário é despicienda. Basta a declaração de extinção do mandato pela Mesa Diretora da Câmara Municipal. A estas se devem acrescer as situações previstas no art. 8º do Decreto-lei 201/1967, não derrogado pela Constituição Federal de 1988: falecimento, renúncia por escrito, condenação por crime funcional ou eleitoral e deixar de tomar posse no prazo estabelecido pela lei orgânica sem motivo justo aceito pela Câmara.

Observa-se a incongruência do legislador ao não elencar a condenação criminal em sentença transitada em julgado dentre as situações que requeiram apenas a declaração da Mesa Diretora para a perda do mandato, uma vez que tal situação, caracterizada pela certidão do trânsito em julgado da sentença, por si só, bastaria para que a Mesa declarasse a

59. José Nilo de Castro, *Direito Municipal Positivo*, p. 99.

perda do mandato, tal qual ocorre com a declaração da Justiça Eleitoral.

Isso se evidencia ainda com maior ênfase pelo fato de se requerer apenas a declaração da Mesa Diretora quanto à perda do mandato, já que toda e qualquer condenação criminal transitada em julgado acarreta, por conseqüência, a suspensão dos direitos políticos enquanto durarem os efeitos da condenação (art. 15 da CF). O próprio art. 8º do Decreto-lei 201/1967 apresenta a condenação por crime funcional ou eleitoral como causa para a extinção do mandato. Devido a essas considerações é que, da mesma forma como ocorre em relação ao prefeito municipal, e com fundamento no princípio da razoabilidade, deve a Mesa da Câmara declarar a extinção do mandato do vereador quando ocorrer a condenação criminal com trânsito em julgado da sentença.[60]

As demais situações já referidas requerem a manifestação do Plenário, com o respectivo processo de cassação do mandato. Para tanto, se não houver a estipulação legal de procedimentos específicos na legislação municipal, observar-se-á o disposto no Decreto-lei 201/1967. Em razão das particularidades que envolvem as maiorias nas Câmaras Municipais, que em muito divergem das maiorias na Câmara dos Deputados e no Senado, até mesmo em razão do número de parlamentares, a jurisprudência tem entendido que o *quorum* de votos para a cassação de mandatos dos agentes políticos locais é de dois terços, o que deve ser observado nas legislações locais que venham a ser construídas para esse fim.[61]

60. Importante referência é o seguinte julgado do STF: "*Ementa:* Eleitoral – Recurso contra expedição de diploma – Condenação criminal transitada em julgado após a posse do candidato eleito (CF, art. 15, III) – Perda dos direitos políticos: conseqüência da existência da coisa julgada. A Câmara de Vereadores não tem competência para iniciar e decidir sobre a perda de mandato de prefeito eleito. Basta uma comunicação à Câmara de Vereadores, extraída nos autos do processo criminal. Recebida a comunicação, o presidente da Câmara de Vereadores, de imediato, declarará a extinção do mandato do prefeito, assumindo o cargo o vice-prefeito, salvo se, por outro motivo, não possa exercer a função. Não cabe ao presidente da Câmara de Vereadores outra conduta senão a declaração da extinção do mandato – Recurso extraordinário conhecido em parte e nessa parte provido" (Tribunal Pleno, RE 225.019-GO, rel. Min. Nelson Jobim, j. 8.9.1999).

61. Normalmente os acórdãos a esse respeito afirmam a necessidade do cumprimento do Decreto-lei 201/1967. Entretanto, como este trabalho segue o posicionamento que defende a autonomia política das Municipalidades em sentido amplo, até mesmo para definir as compatibilidades e procedimentos de cassação, o fundamento para o *quorum* de dois terços para a cassação de mandatos de agentes políticos locais encontra-se nas particularidades que envolvem as maiorias locais, extremamente instáveis, necessitando-se, para ato extremo como este, não somente de uma maioria simples, mas de maioria qualificada: "*Ementa:* Direito público não-especificado –

6.3 Suplência e filiação partidária

O suplente de vereador não é detentor de um direito subjetivo ao mandato. Tem uma expectativa de direito que se transforma em direito subjetivo nos casos das licenças que requeiram o chamamento do suplente e quando ocorrer a vacância do mandato do titular – ou seja, nos casos de extinção ou cassação do mandato.

Mesmo sendo uma expectativa de direito, é renunciável, vedando-se a retratação após o comunicado ao Plenário em sessão da Câmara, tal qual ocorre com a renúncia do vereador titular do mandato. Aliás, a retratabilidade somente é aceita antes do recebimento da renúncia escrita pelo presidente ou da respectiva comunicação ao Plenário – entendimento, este, defendido por José Nilo de Castro, do qual esta obra comunga. Se feita oralmente, uma vez consignada em ata, também será irretratável. Por óbvio, a renúncia deve ser inequívoca, não possibilitando dúvidas a seu respeito.[62] Uma vez consumada, o respectivo suplente será convocado a assumir a vaga. Porém, deve-se consignar importante posicionamento do STJ no sentido da desnecessidade da aceitação do pedido de renúncia, já que se trata de ato unilateral do parlamentar.[63]

Ainda no que tange à renúncia, salienta-se o § 4º do art. 55 da CF, fruto da Emenda Constitucional de Revisão 6/1994, que também se aplica aos vereadores. De acordo com esta disposição, após o recebimento de denúncia contra o parlamentar, o pedido de renúncia do vereador alvo da denúncia fica sujeito a condição suspensiva, somente produzindo efeitos se a decisão no respectivo processo for pela improcedência. Se

Administrativo – Cassação de mandato – Vereador – Falta de decoro parlamentar – Recepção do art. 5º, VI, do Decreto-lei n. 201/1967 – *Quorum* qualificado de dois terços dos integrantes da Câmara necessário – Preliminares suscitadas pelo apelante e pelo procurador de justiça rejeitadas. O ato de recebimento da denúncia pela maioria absoluta dos presentes no Plenário não possui nenhuma mácula. Já a sessão de julgamento que culmine na cassação do mandato do agente político somente poderia ser decidida por dois terços dos membros da Casa Legislativa – Inteligência do art. 5º, VI, do Decreto-lei n. 201/1967, recepcionado pela Carta Política e Social de 1988 – Sentença de improcedência que merece reforma – Precedente do egrégio STJ a amparar a irresignação, pois foram apenas 11 os votos favoráveis à cassação, quando eram necessários, ao menos, 14 votos favoráveis – Preliminares rejeitadas – Apelo provido" (TJRS, 3ª Câmara, AC 70009257452, rel. Des. Nelson Antônio Monteiro Pacheco, j. 17.3.2005).

62. TJRS, 1ª Câmara, AC 38.278, rel. Des. Pio Fiori de Azevedo, j. 1.9.1981.

63. STJ, REsp 831/1995: "Renúncia de mandato eletivo, por ser ato jurídico unilateral, não está condicionada à aceitação por parte daquele a quem é dirigida, surtindo todos seus efeitos no momento em que é manifestada. O presidente da Câmara Legislativa é competente para receber o pedido de renúncia de mandato".

a decisão for pela procedência da denúncia, com a respectiva cassação do mandato, o pedido de renúncia será desconsiderado e, conseqüentemente, arquivado.

Restam algumas considerações sobre a fidelidade partidária, pois seu não-cumprimento pode acarretar a perda do mandato eletivo do seu titular, o mesmo ocorrendo com os suplentes. Na Resolução 22.526, publicada em 8.5.2007, fruto da Consulta 1.398, o TSE, com fulcro nos princípios constitucionais e no art. 108 do Código Eleitoral, afirmou que o mandato pertence aos partidos políticos, e não à pessoa do agente político, até mesmo porque no certame eleitoral os candidatos se elegem com os votos dos partidos e somente podem participar das disputas mediante a filiação a uma agremiação partidária. Aliás, o próprio § 1º do art. 17 da CF traz a obrigatoriedade de os partidos transcreverem nas suas organizações normas de disciplina e fidelidade partidária. Por sua vez, o art. 26 da Lei 9.096/1995 trata da perda do cargo ou função exercida no Parlamento pelo parlamentar que deixar a legenda do partido que o elegeu. Em complemento a esta decisão, o Tribunal fixou os marcos temporais de 27.3.2007 para a validade da decisão para os mandatos proporcionais e 16 de outubro para os majoritários. Como conseqüência, a desfiliação partidária de vereador ou a mudança de agremiação política terão como resultado a perda do mandato, conservado pelo partido político, com a chamada do respectivo suplente. No caso de ocorrer o mesmo com o suplente, este perderá a expectativa de direito de assumir provisória ou permanentemente o exercício do mandato, que passará ao suplente respectivo. A decretação da perda do mandato deverá ocorrer através da Justiça Eleitoral.[64]

---

64. V. a Resolução 22.610 do TSE, que disciplina os procedimentos para a perda do cargo, bem como de justificação de desfiliação partidária. O partido político deve pedir a decretação da perda do mandato no prazo máximo de 30 dias da desfiliação; e, não o fazendo, nos 30 dias subseqüentes poderão assim proceder quem tenha interesse jurídico (suplente) e o Ministério Público. Considera-se justa causa para a troca de agremiação partidária a incorporação, fusão ou criação de partido, a mudança ou desvio do programa partidário e a discriminação pessoal. Há a possibilidade da apresentação de documentos e de arrolar testemunhas. Esses procedimentos serão preferenciais perante o TRE e deverão ser ultimados no prazo máximo de 60 dias, abrangendo as desfiliações consumadas após o dia 27 de março para os mandatos pelo sistema proporcional e 16 de outubro para os mandatos pelo sistema majoritário.

7

OS LIMITES DE GASTOS DAS CÂMARAS MUNICIPAIS E O REPASSE DE RECURSOS PELO EXECUTIVO

Há limites de gastos oriundos da Constituição Federal e da Lei de Responsabilidade Fiscal que devem ser observados por todas as Câmaras Municipais de Vereadores, incidentes sobre seus gastos e sobre os subsídios dos edis. São os seguintes:

(a) Remuneração dos vereadores não superior a 5% da receita municipal – esta redação, original do texto da Constituição (art. 29, VII),[1] deve ser compreendida de acordo com as alterações ocorridas nos demais artigos do texto constitucional. Ou se faz uma interpretação sistêmica dos dispositivos constitucionais, ou não se estará fazendo uma hermenêutica jurídica adequada. Por *remuneração* devem ser entendidos os subsídios, por força da alteração ocorrida no § 4º do art. 39 da CF, entendendo-se por *receita* o montante composto das receitas tributárias próprias somadas às transferências constitucionais dispostas nos arts. 158 e 159 da CF.

(b) Subsídios de 20% a 75% dos subsídios dos deputados estaduais – conforme já visto, devem ser observados os limites do art. 29, VI,[2] da

---

1. CF, art. 29, VII: "VII – o total da despesa com a remuneração dos vereadores não poderá ultrapassar o montante de 5% (cinco por cento) da receita do Município: (...)".

2. CF, art. 29, VI: "VI – o subsídio dos vereadores será fixado pelas respectivas Câmaras Municipais em cada legislatura para a subseqüente, observado o que dispõe esta Constituição, observados os critérios estabelecidos na respectiva lei orgânica e os seguintes limites máximos: a) em Municípios de até 10.000 (dez mil) habitantes, o subsídio máximo dos vereadores corresponderá a 20% (vinte por cento) do

CF, que variam conforme o número de habitantes de cada Município. Quanto maior o número de habitantes de um Município, maior será a tendência à maior complexidade na atuação parlamentar. É por essa razão que Municípios com até 10.000 habitantes não poderão definir subsídios aos edis que superem em 20% os subsídios dos deputados estaduais, assim como será possível a Municípios com mais de 500.000 habitantes estipular subsídios de até 75% da referência estadual aos vereadores. Uma população maior tende a requerer dedicação maior dos seus parlamentares. Também reforça esta disposição constitucional a maior capacidade que têm os Municípios com maior população de despender subsídios mais elevados para os membros da Câmara Municipal.

(c) O total da despesa da Câmara não pode extrapolar os percentuais de 5% a 8% do somatório das receitas tributárias e transferências – os limites para a estipulação dos subsídios dos vereadores permanecem, nos termos do art. 29-A da CF.[3] Normalmente, quanto maior a população, maior a arrecadação, sem o acréscimo proporcional nas despesas do Parlamento. Por isso que o percentual é decrescente para os Municípios com maior população, a fim de evitar gastos exacerbados do Poder Legislativo. O total da despesa exclui os gastos com inativos e pensionistas e não poderá extrapolar os percentuais estipulados em relação à recei-

subsídio dos deputados estaduais; b) em Municípios de 10.001 (dez mil e um) a 50.000 (cinqüenta mil) habitantes, o subsídio máximo dos vereadores corresponderá a 30% (trinta por cento) do subsídio dos deputados estaduais; c) em Municípios de 50.001 (cinqüenta mil e um) a 100.000 (cem mil) habitantes, o subsídio máximo dos vereadores corresponderá a 40% (quarenta por cento) do subsídio dos deputados estaduais; d) em Municípios de 100.001 (cem mil e um) a 300.000 (trezentos mil) habitantes, o subsídio máximo dos vereadores corresponderá a 50% (cinqüenta por cento) do subsídio dos deputados estaduais; e) em Municípios de 300.001 (trezentos mil e um) a 500.000 (quinhentos mil) habitantes, o subsídio máximo dos vereadores corresponderá a 60% (sessenta por cento) do subsídio dos deputados estaduais; f) em Municípios de mais de 500.000 (quinhentos mil) habitantes, o subsídio máximo dos vereadores corresponderá a 75% (setenta e cinco por cento) do subsídio dos deputados estaduais".

3. CF, art. 29-A: "O total da despesa do Poder Legislativo Municipal, incluídos os subsídios dos vereadores e excluídos os gastos com inativos, não poderá ultrapassar os seguintes percentuais, relativos ao somatório da receita tributária e das transferências previstas no § 5º do art. 153 e nos arts. 158 e 159, efetivamente realizado no exercício anterior: I – 8% (oito por cento) para Municípios com população de até 100.000 (cem mil) habitantes; II – 7% (sete por cento) para Municípios com população entre 100.001 (cem mil e um) e 300.000 (trezentos mil) habitantes; III – 6% (seis por cento) para Municípios com população entre 300.001 (trezentos mil e um) e 500.000 (quinhentos mil) habitantes; IV – 5% (cinco por cento) para Municípios com população acima de 500.000 (quinhentos mil) habitantes".

ta efetivamente realizada no exercício anterior. Essa receita é computada somando-se: (c.1) receita tributária própria (impostos, taxas, contribuição de melhoria e contribuições sociais[4] e dívida ativa lançada); (c.2) transferência ao Município por compensação – Lei Complementar 87/1996; e (c.3) transferências constitucionais (Fundo de Participação dos Municípios, imposto de renda retido, imposto territorial rural, imposto sobre produtos industrializados para exportação, imposto sobre o ouro, imposto sobre circulação de mercadorias e serviços e sobre a prestação dos serviços de transporte interestadual e intermunicipal e imposto sobre a propriedade de veículo automotores).

(d) Gasto com folha de pagamento inferior a 70% da receita – este limitador está previsto no § 1º do art. 29-A da CF[5] e deve incidir sobre os percentuais do *caput* do mesmo artigo, conforme a metodologia de cálculo já exposta na alínea anterior, e não sobre o que estiver fixado em termos de despesa no orçamento da Câmara Municipal para o exercício financeiro. Salienta-se que os percentuais do *caput* do art. 29-A são limitadores para a construção da peça orçamentária, e que muitas vezes o montante consignado no orçamento não alcança os percentuais máximos, até mesmo porque sua definição deve levar em conta as necessidades do Parlamento.[6] O TCE/RS tem considerado como incluída na folha de pagamento toda despesa ordinária com pessoal que ocorre regularmente, independentemente da sua natureza indenizatória ou remunerató-

---

4. As contribuições previdenciárias para regimes próprios de previdência pública devem estar excluídas da base de cálculo, pela sua vinculação a um fim específico.

5. CF, art. 29-A, §§ 1º-3º:

"§ 1º. A Câmara Municipal não gastará mais de 70% (setenta por cento) de sua receita com folha de pagamento, incluído o gasto com o subsídio de seus vereadores.

"§ 2º. Constitui crime de responsabilidade do prefeito municipal: I – efetuar repasse que supere os limites definidos neste artigo; II – não enviar o repasse até o dia 20 (vinte) de cada mês; ou III – enviá-lo a menor em relação à proporção fixada na lei orçamentária.

"§ 3º. Constitui crime de responsabilidade do presidente da Câmara Municipal o desrespeito ao § 1º deste artigo."

6. A título exemplificativo, um Município com 5.000 habitantes não poderá, independentemente do montante fixado no orçamento, ultrapassar os 70% do montante de 8% da receita tributária e de transferências (já visto – art. 29-A) com gastos com a folha de pagamento. Se assim não fosse, o texto constitucional estaria induzindo as Câmaras Municipais a gastos muitas vezes desnecessários, a fim de não ultrapassar tal limite. Não pode tal percentual de 70% incidir sobre o total da despesa fixada para a Câmara no orçamento, salvo se esta ocorreu consoante os limites máximos.

ria, englobando os subsídios, as remunerações dos servidores, encargos sociais, verba de representação do presidente, subsídios de sessão extraordinária no período legislativo ordinário, vale-alimentação e gastos com inativos. Excluem-se deste critério, por não constituírem despesas ordinárias, as diárias e as sessões extraordinárias durante o recesso.

(e) Despesa com pessoal inferior a 6% da receita corrente líquida – este limitador advém do art. 18 da Lei Complementar 101/2000 – Lei de Responsabilidade Fiscal. A despesa com pessoal tem seu foco nas parcelas de cunho remuneratório, excluindo-se as indenizatórias, como os contratos de terceirização, pensões, diárias, ajudas de custo, verbas de representação, custo de transporte em representação, estagiários, auxílio-creche, assistência médica prestada ou custeada, as definidas no § 1º do art. 19 da Lei de Responsabilidade Fiscal, sessões legislativas extraordinárias dos vereadores, inativos, vale-refeição (depende do definido em lei municipal) e vale-transporte (também depende da lei municipal, mas a tendência é considerá-lo de cunho indenizatório). Já o cômputo da receita corrente líquida deve observar o art. 2º, IV, da Lei de Responsabilidade Fiscal.[7]

Quanto ao repasse mensal de valores do Executivo ao Legislativo, devem ser observados observar a redação do art. 168 da CF dada pela Emenda Constitucional 45/2004 e os §§ do art. 29-A.[8] Isso porque o texto

7. Lei de Responsabilidade Fiscal:
"Art. 2º. (...): (...) IV – receita corrente líquida: somatório das receitas tributárias, de contribuições, patrimoniais, industriais, agropecuárias, de serviços, transferências correntes e outras receitas também correntes, deduzidos: a) na União, os valores transferidos aos Estados e Municípios por determinação constitucional ou legal, e as contribuições mencionadas na alínea 'a' do inciso I e no inciso II do art. 195, e no art. 239 da Constituição; b) nos Estados, as parcelas entregues aos Municípios por determinação constitucional; c) na União, nos Estados e nos Municípios, a contribuição dos servidores para o custeio do seu sistema de previdência e assistência social e as receitas provenientes da compensação financeira citada no § 9º do art. 201 da Constituição.

"§ 1º. Serão computados no cálculo da receita corrente líquida os valores pagos e recebidos em decorrência da Lei Complementar n. 87, de 13 de setembro de 1996, e do Fundo previsto pelo art. 60 do Ato das Disposições Constitucionais Transitórias.

"§ 2º. Não serão considerados na receita corrente líquida do Distrito Federal e dos Estados do Amapá e de Roraima os recursos recebidos da União para atendimento das despesas de que trata o inciso V do § 1º do art. 19.

"§ 3º. A receita corrente líquida será apurada somando-se as receitas arrecadadas no mês em referência e nos 11 (onze) anteriores, excluídas as duplicidades."
8. CF, art. 168: "Art. 168. Os recursos correspondentes às dotações orçamentárias, compreendidos os créditos suplementares e especiais, destinados aos órgãos

constitucional passou a consignar a expressão "duodécimos", conduzindo a uma fração proporcional e constante, a ser repassada mensalmente à Câmara Municipal, até o dia 20 de cada mês – o que tem sido repetido nas leis orgânicas municipais, até mesmo em observância à simetria constitucional. Além disso, o não-repasse até o dia 20 de cada mês ou o repasse inferior à proporção oriunda da proposta orçamentária tipificarão o cometimento de crime de responsabilidade pelo prefeito municipal.

Nesse sentido, o Executivo Municipal deve observar as dotações consignadas no orçamento municipal à Câmara de Vereadores, repassando os respectivos valores em proporções mensais, não obstante a necessidade de ajustes diante da realização de algumas despesas de capital e do pagamento de parcelas remuneratórias que incidam em determinados meses, como é o caso do 13º salário. Tais especificidades resultarão em repasses maiores em determinados meses e menores em outros.[9] Fora tais situações, o repasse deve ser proporcional às dotações, sob pena de crime de responsabilidade do prefeito municipal. O não-cumprimento de tais obrigações possibilita à Câmara a interposição de mandado de segurança para obter o repasse, como também a representação contra o prefeito ao Tribunal de Justiça, pelo cometimento de crime de responsabilidade.

Naturalmente, a Câmara Municipal poderá fazer a "devolução" dos recursos que não forem utilizados no decorrer do exercício financeiro, porém terá a obrigação de fazê-lo no seu término. Por fim, este trabalho comunga com o posicionamento do TCE/RS exarado na Informação 19/2005, que aponta a necessidade de diminuição dos valores dos repasses proporcionalmente à redução que efetivamente ocorrer na arrecadação municipal, concebendo-se esta mediante a análise dos denominados recursos livres, ou seja, aquelas receitas sem um fim específico, também denominadas receitas não-vinculadas.[10] Ocorrendo arrecadação a me-

dos Poderes Legislativo e Judiciário, do Ministério Público e da Defensoria Pública, ser-lhes-ão entregues até o dia 20 (vinte) de cada mês, em duodécimos, na forma da lei complementar a que se refere o art. 165, § 9º"; e CF, art. 29-A, § 2º: " § 2º. Constitui crime de responsabilidade do prefeito municipal: I – efetuar repasse que supere os limites definidos neste artigo; II – não enviar o repasse até o dia 20 (vinte) de cada mês; ou III – enviá-lo a menor em relação à proporção fixada na lei orçamentária".

9. O pressuposto é da construção da peça orçamentária consoante os limites constitucionais vigentes às Câmaras de Vereadores – questão, esta, devidamente estudada neste capítulo. No caso de o Parlamento encaminhar proposta orçamentária ao Executivo que não observe os limites legais, deve o Executivo fazer as adequações necessárias a fim de suprir tal deficiência.

10. Estes recursos livres são formados, precipuamente, pelas receitas próprias da Municipalidade e pelas transferências constitucionais.

nor desses recursos livres, o repasse ao Parlamento deverá ser menor, proporcionalmente à redução. Diante da manutenção do que fora inicialmente previsto para a construção da peça orçamentária ou da ocorrência de excesso de arrecadação, o Executivo deverá observar o constante na peça orçamentária, sem acréscimos. Este posicionamento reforça importantes princípios esculpidos na Constituição e na Lei de Responsabilidade Fiscal.

8
O REGIMENTO INTERNO
E O PRINCÍPIO DEMOCRÁTICO

8.1 As sessões legislativas e as sessões da Câmara. 8.2 As comissões legislativas: 8.2.1 As comissões permanentes – 8.2.2 As comissões temporárias. 8.3 A Mesa Diretora.

O regimento interno constitui-se num conjunto de normas de direito público que disciplinam a organização e o funcionamento da Câmara Municipal de Vereadores, especificando os procedimentos passíveis de serem utilizados pelos parlamentares no cumprimento do seu mister constitucional. São normas internas em forma de resolução, muitas vezes denominadas *interna corporis*, alçadas à condição de normas jurídicas pelo art. 59 da CF, hierarquicamente comparáveis às leis – entretanto, com a especificidade de a sua competência abranger exclusivamente a organização da estrutura e das atividades do Parlamento.[1]

Originam-se da competência de auto-organização de cada função estatal, corolário do princípio constitucional da independência e harmonia entre os Poderes da República. Não podem outras funções estatais adentrar esta competência exclusiva dos corpos legislativos.

Nesse sentido, salienta-se o posicionamento de Cristiano Viveiros de Carvalho: "Trata-se, portanto, de: (a) normas de prescrição autônoma

---

1. "O regimento é elaborado exclusivamente pela Câmara, votado e aprovado pelo Plenário, em forma de *resolução*, promulgada e publicada pelo presidente, sem qualquer interferência do prefeito. Sua modificação também se faz por este processo, observando-se sempre o disposto na lei orgânica municipal a respeito (CF, 29, XI)" (Hely Lopes Meirelles, *Direito Municipal Brasileiro*, 16ª ed., p. 687).

da Câmara respectiva; (b) que não se submetem a controle de legalidade, mas apenas ao de constitucionalidade; e (c) que têm âmbito de independência e exclusividade sobre determinadas matérias, vale dizer, a Constituição lhes estabelece uma reserva de competência material exclusiva, assim como faz, por exemplo, com a lei complementar".[2]

Também se ressalva o posicionamento do Min.o Celso de Mello, ao distinguir as normas regimentais vinculantes daquelas que necessitam de um ato maior de interpretação do próprio Legislativo, cabendo ao Judiciário a interferência para garantir o cumprimento somente das primeiras normas, e não das segundas, pois poderia conduzir a uma interferência do Judiciário em matéria exclusiva do Parlamento.[3]

Como norma jurídica especial, os regimentos internos das Câmaras de Vereadores estão sujeitos, minimamente, a duas ordens de controle: (a) material – em relação ao disposto na lei orgânica municipal e na Constituição Federal, uma vez que não poderão conter normas que afrontem princípios e regras constitucionais; (b) de efetividade – as normas dos regimentos internos configuram um direito dos vereadores quanto ao seu cumprimento, razão pela qual o mandado de segurança, não obstante o grande debate doutrinário e jurisprudencial a respeito deste tema, consubstancia-se em instrumento adequado para dar eficácia jurídica e efetividade às disposições regimentais quando se configurar um direito líquido e certo do vereador.

Por mais que se deva ter cuidado para não ocorrer a interferência indevida de um Poder em outro, não se pode admitir as normas do regimento interno como um campo intransponível de controle ao Judiciário quando afrontarem princípios e normas constitucionais, como os direitos fundamentais; ou, então, quando forem desconsideradas, limitando ou suprimindo os espaços de manifestação de minorias parlamentares.

"Parece mais razoável exacerbar-se, justamente nesses momentos em que sobressai uma corrente política majoritária, o grau de obrigatoriedade das normas regimentais destinadas à proteção da minoria, uma vez que apresentam os maiores riscos de uma atuação política baseada no arbítrio, tendente ao esmagamento e à desconsideração das opiniões dissonantes."[4]

2. Cristiano Viveiros de Carvalho, *Controle Judicial e Processo Legislativo: a Observância dos Regimentos Internos das Casas Legislativas como Garantia do Estado Democrático de Direito*, p. 121.
3. Idem, ibidem.
4. Idem, p. 119.

O descumprimento das normas regimentais pode acarretar a nulidade dos atos do presidente, da Mesa Diretora e do próprio Parlamento enquanto colegiado, podendo alçar tal mácula ao processo legislativo, desconstituindo sua decisão final. A nulidade do processo legislativo importa a desconsideração de todos os efeitos produzidos a partir da nulidade, inclusive da votação de proposições em Plenário.

As normas regimentais são condições para a efetivação do próprio Estado Democrático de Direito, pois disciplinam o funcionamento do "jogo democrático", vinculante às maiorias e minorias. A simples necessidade de *quorum* qualificado para sua instituição e alteração – normalmente, dos terços dos votos dos vereadores em dois turnos de votação – denota sua importância nos procedimentos legislativos, como manifestação inequívoca de uma ampla maioria parlamentar. Em face dessa legitimidade, conferida pelo *quorum* de votação e pelo processo legislativo especial dos regimentos internos, é que suas normas devem ter eficácia e efetividade, nem que para isso seja necessária a intervenção do Judiciário.

8.1 As sessões legislativas e as sessões da Câmara

As sessões legislativas, em número de quatro na legislatura, são caracterizadas pelo funcionamento regular da Câmara Municipal no decorrer do ano, do qual se exclui o período do recesso. Compete aos regimentos internos definir o início e o término dessas sessões, como também o início e o término do recesso parlamentar. As sessões da Câmara são as reuniões do vereadores em Plenário, e podem ocorrer durante as sessões legislativas ou em recesso. As sessões da Câmara são: ordinárias, extraordinárias e solenes.

Por conseqüência, o regimento interno deve definir a periodicidade das sessões ordinárias da Câmara, os respectivos dias da semana e horários da sua realização, o que deve levar em conta a complexidade e a demanda dos trabalhos legislativos. O número de sessões da Câmara na quinzena ou semana deve ser o suficiente para que os trabalhos legislativos transcorram com normalidade, especialmente para que as proposições que necessitem da manifestação do Plenário possam recebê-la dentro dos prazos regimentais de tramitação.[5]

5. É por essa razão que as Câmaras de Vereadores dos Municípios de pequeno porte normalmente definem o número de uma sessão da Câmara por semana ou quinzena, enquanto os Municípios maiores realizam duas ou mais sessões por semana.

As sessões ordinárias da Câmara, disciplinadas no regimento interno, são aquelas que se realizam em dias e horários predeterminados, sem a necessidade da convocação específica dos parlamentares. Há um *quorum* mínimo de presença exigido para seu funcionamento, geralmente de um terço dos vereadores, com exceção da ordem-do-dia, onde o *quorum* sobe para maioria absoluta. Normalmente têm a duração de três a quatro horas, constituindo-se de quatro partes distintas: (a) expediente – espaço da sessão destinado às mais diversas manifestações dos parlamentares, sem vinculação a um assunto predeterminado. Pode ter um espaço mais delongado, para um grande orador, seguido da manifestação de um número determinado de vereadores, em tempos menores; (b) pauta – destinada ao debate das proposições sujeitas à manifestação do Plenário, antes do seu encaminhamento às comissões. É o primeiro enfrentamento dos parlamentares com matérias recém-encaminhadas pelo Executivo, pela população (iniciativa popular) ou pelos próprios vereadores. As manifestações estão vinculadas aos projetos constantes na pauta; (c) ordem-do-dia – parte da sessão da Câmara voltada ao debate final e à votação das proposições sujeitas à apreciação do Plenário. As manifestações, nesta fase, somente podem ser feitas se pertinentes às matérias constantes da ordem-do-dia; (d) explicação pessoal – normalmente esta fase encerra a sessão da Câmara, consignando um espaço livre de manifestação ao parlamentar acerca da sua atuação na sessão ou sobre um assunto qualquer.

As sessões extraordinárias, por sua vez, podem ocorrer tanto durante a sessão legislativa quanto no recesso. Caracterizam-se pela sua convocação específica, determinada e vinculada às proposições que necessitem da apreciação do Plenário. É comum as sessões extraordinárias prescindirem das fases do expediente e da pauta, uma vez que se centram nas proposições que necessitam ser votadas.

Já as sessões solenes são destinadas à realização de homenagens e entrega de condecorações, dentre outros fins análogos. Por tal natureza, é normal prescindir de um *quorum* de presença mínimo para sua realização, pois não há a votação em Plenário de proposições. Quando há, geralmente é de um terço dos vereadores.

Há Câmaras que prevêem a realização de sessões especiais, onde também não há a votação de matérias em Plenário, a fim de concretizar atividades que não sejam enquadradas nas sessões ordinárias, extraordinárias ou solenes. É o caso da ouvida de secretário municipal convocado a explanar acerca de determinada matéria aos parlamentares. O *quorum* de presença normalmente é de um terço dos vereadores.

Por fim, há regimentos internos que disciplinam a realização de sessões secretas, cuja proposta deve ser apresentada e aprovada pela maioria absoluta ou qualificada dos vereadores.[6] Por mais que ainda subsistam tais disposições, é difícil fundamentá-las no arcabouço normativo principiológico da Constituição Federal, que deve se refletir nos Municípios. Haverá alguma matéria, na Municipalidade, que possa trazer riscos à segurança nacional? Naturalmente, não. Tal pergunta exsurge porque somente em situações extremas se poderia cogitar de tal possibilidade, também extrema, de supressão de direitos da cidadania.[7] Poderá – isso, sim – ocorrer a análise de questões extremamente polêmicas, que envolvam emoções e sentimentos de considerável parcela da população. Tais polêmicas e conflitos podem conduzir à realização de sessões secretas? A resposta é *não*. Nos casos extremos em que o aparato policial não seja suficiente para garantir a segurança dos vereadores se poderá até mesmo recorrer ao esvaziamento do Plenário, mas não à realização de sessões secretas. Isso porque tais sessões não possibilitam qualquer controle social das posições adotadas pelos representantes da população, já que suas atas são arquivadas e lacradas. Se houver a votação de uma matéria, somente será conhecido o resultado final, sem qualquer registro do caminho percorrido para tal desfecho.

O mister de representar a população traz consigo o ônus da assunção de posições. Aliás, a atividade política é marcada pela tomada de posições, e o conhecimento dos posicionamentos tomados pelos vereadores e respectivas agremiações partidárias é condição essencial para o controle da sociedade sobre o espaço público de decisões. Escaramuças para se ocultar posições tomadas não são admissíveis nos colegiados legislativos num Estado Democrático de Direito. Tais instrumentos e artimanhas remontam aos períodos de exceção, onde a apropriação dos espaços públicos de decisão por interesses obscuros era uma prática constante. Não há como coadunar a realização de sessões secretas com os princípios que norteiam o Estado Democrático de Direito consignado na Constituição Federal.

As sessões da Câmara – especialmente as ordinárias e as extraordinárias – têm uma dinâmica própria, com instrumentos específicos de uso dos vereadores. É o caso dos apartes, francamente utilizados,

---

6. A título exemplificativo, citam-se as Câmaras de Vereadores do Rio de Janeiro, de São Paulo e de Passo Fundo.
7. Em situações excepcionais, como as investigações de comissão parlamentar de inquérito, poderá haver necessidade de reuniões secretas, desde que devidamente fundamentada.

e que permitem a um vereador solicitar ao orador a oportunidade de manifestar seu posicionamento, seja ele favorável, seja ele contrário ao daquele que se encontra na tribuna. Por óbvio, o aparte pode ou não ser concedido pelo orador, sendo possível o regimento interno vetar o uso do aparte em determinados momentos da sessão. O espaço da comunicação das lideranças partidárias também é outro instrumento específico, caracterizando-se pela possibilidade de o líder utilizá-la ou concedê-la a outrem em qualquer momento da sessão – expediente, pauta, ordem-do-dia ou explicação pessoal –, sem qualquer vinculação a um assunto predeterminado.

A fim de organizar as atividades em cada sessão, é normal a construção de uma agenda, entregue a cada parlamentar antes do seu início, com as fases de cada sessão e respectivas matérias.

Como as sessões legislativas têm um tempo de realização, o mesmo ocorrendo com cada uma das suas fases (expediente, pauta, ordem-do-dia e explicação pessoal), o regimento interno pode prever as situações em que é possível sua prorrogação, especialmente para não sobrestar a análise de determinadas proposições que requeiram a manifestação do Plenário.

8.2 As comissões legislativas

As comissões legislativas são os espaços destinados ao estudo pormenorizado das proposições sujeitas à apreciação do Plenário como também para a análise de matérias específicas, afetas aos interesses locais. São instrumentos caracterizados pela heterogeneidade partidária, uma vez que sua composição deve observar a proporcionalidade da representação dos partidos políticos na Câmara Municipal, conforme os critérios estabelecidos no regimento interno.[8]

8. Eis o que dispõe o Regimento Interno da Câmara de Vereadores de Sertão/RS:
"Art. 50. A representação numérica das bancadas será determinada obedecendo ao critério da proporcionalidade qualificada.
"§ 1º. Pela proporcionalidade qualificada, verifica-se a ordem de distribuição e de escolha das bancadas, observando-se os seguintes critérios: I – divide-se o número de vereadores de cada bancada pelo número de comissões; II – a ordem de escolha das bancadas se fará pela ordem decrescente dos coeficientes; III – um partido não poderá indicar o segundo membro para uma comissão quando não houver indicado membros para todas as comissões; IV – quando houver empate terá preferência o partido que ainda não estiver representado nas comissões e, como segundo critério, a legenda que tenha obtido o maior número de votos no processo eleitoral.

As comissões são dirigidas pelo seu presidente ou vice, no caso da ausência do primeiro, escolhidos pelos membros da comissão, a quem compete a coordenação dos trabalhos. As manifestações das comissões são consignadas em pareceres, emanados pelo vereador que receber a indicação do presidente para este propósito.[9] O parecer, uma vez votado e aprovado na comissão, constitui-se no seu posicionamento oficial; se reprovado, será indicado outro relator, a fim de externar o posicionamento da comissão.[10]

Os pareceres devem ser escritos e emanados nos prazos definidos no regimento interno, dividindo-se em três partes: (a) exposição da matéria em exame; (b) conclusão do relator, com seu posicionamento acerca da conveniência da aprovação ou rejeição da matéria e, se for o caso, apresentando propostas de alteração; (c) decisão da comissão, com os votos dos seus partícipes, favoráveis ou contrários ao parecer.[11]

Assim, reforça-se o importante papel desempenhado pelas comissões no estudo aprofundado das matérias sujeitas à sua análise, ressaltando-se a necessidade do devido assessoramento técnico para que essa atribuição possa ser bem desenvolvida. Ademais, as comissões exercem importante papel enquanto elo do Parlamento com a comunidade, permitindo a interação com os mais diversos segmentos e atores sociais.[12]

8.2.1 As comissões permanentes

As comissões permanentes são aquelas que funcionam ininterruptamente durante a sessão legislativa, de acordo com a periodicidade de

"§ 2º. Havendo acordo unânime entre as respectivas composições partidárias, a composição das comissões permanentes poderá ser diversa do estabelecido neste artigo."

9. Excetua-se a comissão representativa, que, devido à sua atuação no período do recesso, assume prerrogativas também administrativas.

10. O Regimento Interno da Câmara de Sertão/RS (art. 71), por exemplo, macula de nulidade o parecer que não se ativer à análise da matéria em questão, que não tiver posicionamento favorável ou contra do relator ou que não for assinado pela maioria absoluta dos membros da comissão.

11. Em muitos regimentos há a figura do *voto favorável com restrição*, que deve ser devidamente fundamentado pelo vereador que o externar. Afinal de contas, se há restrições, estas devem ser registradas, sob pena de se configurar um expediente para obnubilar posicionamentos.

12. As comissões podem realizar as mais diversas atividades de envolvimento social, como audiências públicas, seminários, fóruns de debates, dentre outras ações, a fim de apreender os mais diversos posicionamentos existentes na sociedade.

reuniões definida no regimento interno. Têm atribuições de caráter eminentemente técnico-legislativo, analisando as proposições atinentes à sua competência, podendo realizar estudos de matérias afins, desde que previsto regimentalmente.

O número dessas comissões varia de acordo com o número de vereadores, já que todos devem participar, pelo menos, de uma comissão permanente, com exceção do presidente da Câmara. A periodicidade das suas reuniões será definida consoante o trabalho legislativo, ressaltando-se a interdependência dos trabalhos legislativos em relação aos trabalhos realizados pelas comissões.[13]

Normalmente há uma comissão focada na análise da legalidade das matérias sujeitas à apreciação do Plenário; outra no estudo das questões orçamentárias; e um número variável de comissões, de acordo com o número de vereadores, para exame das mais diversas políticas públicas locais. Tal delineamento organizacional deve estar consignado no regimento interno.

8.2.2 As comissões temporárias

Comissões temporárias são aquelas que não têm funcionamento contínuo e permanente durante a sessão legislativa, criadas para um fim específico, cuja extinção ocorre com o término da legislativa, com a expiração do prazo para seu funcionamento ou quando tenham alcançado seus objetivos. As regras para a criação e o funcionamento dessas comissões devem estar dispostas no regimento interno, o que se soma à grande autonomia de autoconformação das suas atividades.

A participação das agremiações partidárias ou blocos parlamentares também deve observar a proporcionalidade. Mesmo diante de disposições regimentais díspares, que variam em cada Câmara Municipal, é possível uma classificação das comissões temporárias normalmente disciplinadas nos regimentos internos: (a) comissão especial; (b) comissão representativa; (c) comissão parlamentar de inquérito; (d) comissão de ética parlamentar; (e) comissão processante.[14]

---

13. Câmaras de Vereadores com nove parlamentares poderão sustentar o trabalho de três comissões permanentes, formadas por três vereadores cada. Já as Câmaras com número maior de parlamentares poderão ter um número maior de comissões, por consequência.

14. Conforme já ressaltado, o número e os tipos de comissões temporárias devem estar definidos no regimento interno, que também deve definir os critérios para sua constituição.

As comissões especiais destinam-se ao estudo de matérias consideradas relevantes não amparadas nas competências das comissões permanentes ou cuja excepcionalidade e importância justifiquem estudo mais detalhado. Também podem ser utilizadas para a emissão de pareceres às propostas de emenda à lei orgânica municipal ou de alteração do regimento interno, nos termos do processo legislativo especial.

A comissão representativa é um instrumento de representação da Câmara durante o período de recesso, deliberando sobre a gestão do Parlamento, o encaminhamento possível às proposições protocoladas e a convocação para um período extraordinário. Tem uma periodicidade de reuniões durante o recesso, definida no regimento interno.

A comissão de ética parlamentar, nos termos do regimento interno ou regulação específica, será responsável pela apuração das condutas dos vereadores que possam acarretar infração ao decoro parlamentar. Seguem os procedimentos prévia e especificamente definidos na norma de regulação, podendo até mesmo sugerir a imputação de sanção ao parlamentar faltoso, como a advertência e a suspensão temporária do mandato.

A comissão processante, por sua vez, tem a finalidade de apurar as denúncias contra prefeito, vice-prefeito e vereador, neste último caso desde que a comissão de ética parlamentar tenha apontado pela perda do mandato, e em qualquer situação mediante denúncia aprovada pelo Plenário, que pode estar respaldada nos trabalhos de uma comissão parlamentar de inquérito ou em outro conjunto probatório.

As comissões parlamentares de inquérito/CPIS são instrumentos de investigação de possíveis irregularidades na Administração Municipal direta e indireta, corolário do dever de fiscalizar das Câmaras Municipais. Seu campo de abrangência inclui o Executivo e o Legislativo e têm amplos poderes investigatórios, motivo pelo qual a Constituição Federal conferiu-lhes os poderes próprios das autoridades judiciais. Tais poderes devem ser compreendidos em vista daqueles conferidos ao juiz criminal, no âmbito da investigação, excetuando-se aqueles restritos à jurisdição penal: "Por poderes instrutórios próprios das autoridades jurisdicionais deve-se entender que estejam excluídos aqueles de cunho assecuratório de provimento jurisdicional final, como o seqüestro e a decretação de indisponibilidade de bens, arresto e hipoteca judiciária, dentre outros. (...). Ademais, parece igualmente certo que algumas medidas probatórias autorizadas aos magistrados penais ainda não serão extensíveis às CPIs em face da chamada reserva de jurisdição. Seria o caso, por exemplo, da busca domiciliar, da interceptação telefônica em sentido próprio (escuta) e da decretação de prisão de qualquer pessoa (salvo em flagrante delito).

(...) exclui do campo de atuação parlamentar a prática de atos jurisdicionais em sentido estrito, como julgar, decidir, condenar, absolver ou aplicar o Direito no caso concreto".[15] O alcance das atividades de uma CPI, em razão dos poderes próprios das autoridades judiciais, é bastante discutido na doutrina e na jurisprudência. Porém, é possível apresentar alguns atos que podem ser externados pela comissão, desde que necessários para a investigação de fato determinado:[16] (a) requisitar documentos e expedir mandado de busca e apreensão, quando efetivamente necessário para as investigações, excluindo-se a busca domiciliar;[17] (b) intimar e tomar o depoimento de testemunhas, sob compromisso, e realizar acareação; (c) intimar e ouvir indiciados, quando existentes; (d) requisitar a oitiva de autoridades administrativas, inclusos os secretários municipais; (e) requisitar a quebra de sigilo bancário, fiscal e telefônico, desde que devidamente fundamentada e aprovada na CPI, cabendo aos seus integrantes o ônus e a responsabilidade da sua devida guarda e uso;[18] (f) realizar inspeções com seus integrantes, e perícias técnicas; (g) requerer informações ao Tribunal de Contas e demais órgãos públicos.

15. Paulo Ricardo Schier, *Comissões Parlamentares de Inquérito e o Conceito de Fato Determinado*, pp. 95, 96 e 99. O autor faz a citação direta de Rogério Lauria Tucci (p. 98) na obra *Comissão Parlamentar de Inquérito – Atuação, Competência, Caráter Investigatório*, a qual se transcreve: "Daí por que nada mais lhe incumbe do que: (a) ordenar a realização de diligências reputadas necessárias; (b) promover a convocação de ministro de Estado, para prestação de definidos esclarecimentos; (c) tomar o depoimento de qualquer autoridade federal, estadual ou municipal; (d) inquirir testemunhas, sob compromisso; (e) requisitar, de repartições ou outros órgãos públicos, informações ou documentos de qualquer natureza; (f) determinar a locomoção de seus membros para o local em que se torne indispensável a sua presença; e (g) solicitar ao Tribunal de Contas as inspeções e auditorias entendidas imprescindíveis à conclusão de seus trabalhos".

16. Alexandre Issa Kimura, *CPI: Teoria e Prática*, p. 57: "Em síntese, poderes próprios das autoridades judiciais são aqueles necessários e úteis à investigação do fato determinado. Não há extensão de todos os poderes típicos das autoridades judiciais, mas unicamente aqueles que se relacionam com a investigação".

17. Alexandre Issa Kimura, *CPI: Teoria e Prática*, p. 87: "(...) somente a busca pessoal pode ser efetivada, já que este órgão parlamentar não ostenta poderes para ordenar busca domiciliar, cuja forma e requisitos para efetivação dessa medida, como visto, encontram-se expressamente regulados na Constituição da República (art. 5º, XI)".

18. A inexistência de fundamento para a quebra do sigilo bancário, fiscal e telefônico conduz à nulidade da decisão da CPI. É fundamental a apresentação dos motivos que justifiquem tal medida de caráter excepcional. Nesse sentido os MS 23.964, publicado em 21.6.2002, e 24.029, publicado em 22.3.2002, ambos do STF.

Mesmo diante da liberdade de definição de contornos às CPIs na lei orgânica e no regimento interno das Casas Legislativas, as disposições oriundas do § 3º do art. 58 da CF e da Lei federal 1.579/1952 devem ser compulsoriamente observadas, das quais se extraem os seguintes critérios vinculantes a todos os entes federados para a criação dessas comissões:[19]

(a) Requerimento de um terço dos vereadores – a criação de CPIs constitui verdadeira exceção ao princípio da maioria que vige nos Parlamentos. Basta a assinatura de um terço dos vereadores para que a presidência providencie a constituição da comissão. O requerimento não deve ser levado à apreciação do Plenário, da mesma forma que não é possível à lei orgânica ou ao regimento interno definir outros critérios, como a aprovação pela maioria simples, absoluta ou qualificada dos vereadores, sob pena de inconstitucionalidade.[20] O princípio da minoria, neste caso, deve ser resguardado, em razão da principiologia constitucional.[21] Entretanto, o funcionamento da comissão, nos termos das disposições regimentais, observará o princípio da maioria, até mesmo porque a minoria não pode subjugar a vontade da maioria nas demais definições das atividades da comissão.[22]

(b) Fato determinado – as CPIs, como bem assevera José Nilo de Castro, não podem ser utilizadas com o fim de realizar uma devassa na Administração Pública. É imprescindível a definição do fato ou fatos

19. O art. 29 da CF remete à observância do disposto no § 3º do art. 58, o que também se reforça pela obrigatoriedade de a organização das funções estatais em nível municipal seguir a mesma organicidade definida constitucionalmente para as funções estatais da União e dos Estados. Eis o equilíbrio e o controle que as funções estatais exercem uma sobre as outras – neste caso, o Legislativo sobre as demais funções estatais.

20. "(...) o simples requerimento é já decisão constitutiva da comissão pela vontade da Constituição, e não há como desconstituir esta decisão de um terço pela vontade da maioria em deliberação plenária, até por dois terços" (José Nilo de Castro, *A CPI Municipal*, p. 44).

21. Inúmeras são as declarações de inconstitucionalidade de disposições de leis orgânicas que prevêem a necessidade da aprovação do Plenário para a constituição de CPI. Podem ser citados os exemplos das Leis Orgânicas de Santa Cruz do Sul, Sertão e Chuí, em que tiveram as referidas disposições declaradas inconstitucionais pelo TJRS. A Mesa Diretora da Câmara Municipal, diante de disposições como estas, não deve cumpri-las, em virtude de sua manifesta inconstitucionalidade.

22. O que não poderá ocorrer, por um dever de razoabilidade, é a estipulação de um *quorum* de votação da maioria qualificada para as decisões na comissão; porém, tanto maioria simples como a absoluta são critérios aceitos para a tomada de decisões.

a serem apurados, vedando-se objetivos demasiadamente genéricos. A existência de indícios consubstanciados em algum meio de prova acerca de irregularidades recrudesce importância de investigação do fato e a própria comissão. Por esta razão, Paulo Ricaro Schier[23] aponta as duas dimensões do fato determinado: (b.1) limite formal, já que não se pode constituir CPI para apurar fato abstrato, genérico ou indeterminado; (b.2) necessidade de demonstração do fato no requerimento, como condição de controlabilidade.[24] Entretanto, por mais que o fato determinado esteja minuciosamente especificado, é possível à CPI investigar fatos correlacionados, conexos e pertinentes ao que fora predeterminado.[25]

(c) Prazo certo – no requerimento devem constar o prazo de duração da CPI e a respectiva possibilidade de prorrogação, nos termos em que estiver disciplinado na lei orgânica ou no regimento interno. O § 3º do art. 58 da CF derrogou o § 2º do art. 58 da Lei 1.579/1952, uma vez que o dispositivo constitucional apenas menciona a necessidade de prazo previamente definido para o funcionamento das CPIs, que poderá ultrapassar a sessão legislativa em curso.[26] No caso de inexistir disciplina local acerca dos prazos da CPI, esta seguirá o disposto no seu requerimento, desde que razoável, com a possibilidade de prorrogação com a assinatura de um terço dos vereadores, observando-se dois limitadores: (c.1) a prorrogação não poderá ultrapassar o prazo definido para os trabalhos da CPI; (c.2) a CPI não poderá ultrapassar a legislatura na qual foi constituída.

A Lei 1.579/1952 aplica-se às CPIs criadas em nível local, uma vez que se trata de lei nacional, de competência da União, que disciplina materialmente e processualmente a matéria: "A incidência da Lei 1.579/1952 às comissões parlamentares de inquérito, em nível dos Estados-membros e dos Municípios, decorre do próprio poder que detêm os Legislativos Estaduais e Municipais no constituírem as comissões, cujo funcionamento, porém, para se lhes ter a eficácia, exige preceitos nor-

23. Paulo Ricardo Schier, *Comissões Parlamentares de Inquérito e o Conceito de Fato Determinado*, p. 179.
24. O § 1º do art. 35 do Regimento Interno da Câmara dos Deputados assim enuncia *fato determinado*: "Considera-se fato determinado o acontecimento de relevante interesse para a vida pública e a ordem constitucional, legal, econômica e social do país, que estiver devidamente caracterizado no requerimento de constituição da comissão".
25. V. STF, HC 7.123-RJ, 5.5.1994.
26. Este posicionamento também é defendido por Jander Maurício Brum, *CPI: Comissão Parlamentar de Inquérito Federal, Estadual e Municipal*, p. 49.

mativos capazes de tutelar a ação destes Poderes estaduais e municipais, no exercício de suas respectivas competências".[27]

Esta lei nacional, por natural, deve se interpretada à luz do texto constitucional, o que fundamenta os critérios acima elencados para a criação das CPIs. A legislação penal é indicada como referência para o funcionamento dessas comissões, tanto que o não-comparecimento justificado de testemunha acarreta sua intimação pelo respectivo juiz criminal, nos termos do Código de Processo Penal, podendo fazer-se acompanhar de advogado. Também há a tipificação criminal da obstaculização do funcionamento de CPI, através dos mais diversos meios, inclusos os depoimentos que falseiem a verdade conhecida pelo depoente, o que, neste caso, pode acarretar até mesmo sua prisão em flagrante.[28] Essas tipificações não incluem o direito ao silêncio, prerrogativa que pode ser utilizada por qualquer depoente a fim de evitar a auto-incriminação, sem maiores conseqüências jurídicas no âmbito da sua liberdade.[29]

As CPIs equiparam-se aos inquéritos administrativos desenvolvidos no seio da Administração Pública, o que implica o cumprimento obrigatório do princípio do devido processo legal, de acordo com as dispo-

27. José Nilo de Castro, *A CPI Municipal*, p. 36.
28. Para Alexandre Issa Kimura a prisão em flagrante por falso testemunho é a única espécie de prisão cautelar possível por CPI, ressalvando-se os casos em que o depoimento possa acarretar a auto-incriminação. O direito ao silêncio é resguardado, especialmente diante da auto-incriminação e do dever de guardar sigilo por razões profissionais.
29. A respeito do direito ao silêncio registra-se o importante acórdão do STF no HC 79.812 (rel. Min. Celso de Mello, j. 8.11.2000, *DJU* 16.2.2001): "O privilégio contra a auto-incriminação – que é plenamente invocável perante as CPIs – traduz direito público subjetivo assegurado a qualquer pessoa que, na condição de testemunha, de indiciado ou de réu, deva prestar depoimento perante órgãos do Poder Legislativo, do Poder Executivo ou do Poder Judiciário. O exercício do direito de permanecer em silêncio não autoriza os órgãos estatais a dispensarem qualquer tratamento que implique restrição à esfera jurídica daquele que regularmente invocou essa prerrogativa fundamental Precedentes. O direito ao silêncio – enquanto poder jurídico reconhecido a qualquer pessoa relativamente a perguntas cujas respostas possam incriminá-la (*nemo tenetur se detegere*) – impede, quando concretamente exercido, que aquele que o invocou venha, por tal específica razão, a ser preso, ou ameaçado de prisão, pelos agentes ou pelas autoridades do Estado. Ninguém pode ser tratado como culpado, qualquer que seja a natureza do ilícito penal cuja prática lhe tenha sido atribuída, sem que exista, a esse respeito, decisão judicial condenatória transitada em julgado. O princípio constitucional da não-culpabilidade, em nosso sistema jurídico, consagra uma regra de tratamento que impede o Poder Público de agir e de se comportar, em relação ao suspeito, ao indiciado, ao denunciado ou ao réu, como se estes já houvessem sido condenados definitivamente por sentença do Poder Judiciário".

sições do art. 5º, LV, da CF.³⁰ Nesses termos, o contraditório e a ampla defesa são resguardados a todos quantos sejam alvo das investigações dessas comissões, constituindo-se num imperativo que, se não observado, pode conduzir à nulidade dos trabalhos parlamentares. Dar concretude ao princípio do devido processo significa notificar o indiciado ou seu advogado,³¹ ouvir as testemunhas solicitadas,³² permitir o acompanhamento do advogado,³³ facilitar o acesso a documentos e depoimentos³⁴ – dentre outras práticas rotineiras que garantam o devido processo e, conseqüentemente, o contraditório e a ampla defesa.

As CPIs surgem para investigar possíveis irregularidades em curso, normalmente adstritas à Administração direta – Executivo e Legislativo. No caso de necessidade de a investigação adentrar governos ou legislaturas passadas, isso será possível desde que tenha pertinência com as irregularidades investigadas. Não obstante o entendimento de importantes publicistas em sentido contrário, calcados na competência do Tribunal de Contas para auxiliar no controle externo e, com muito mais ênfase, após a consubstanciação desse controle pela Câmara Municipal,³⁵ entende-se tal possibilidade, com fulcro na autonomia investigatória do

---

30. CF, art. 5º, LV: "LV – aos litigantes, em processo judicial ou administrativo, e aos acusados em geral são assegurados o contraditório e a ampla defesa, com os meios e recursos a ela inerentes; (...)".

31. TJMG, Processo 000239418-7/00(1), mandado de segurança, acórdão de 8.8.2002, que traz a nulidade de CPI que ultimou seus trabalhos sem a notificação dos indiciados, pela inexistência do contraditório. Ressalta-se a existência de entendimentos no sentido de que a convocação do investigado já o faz conhecedor das investigações – logo, com o direito de apresentar a defesa que achar pertinente. O que é externado no TJRS, 2ª Câmara Cível, Processo 59619901, julgado em 16.6.1996. A fim de garantir a efetividade do princípio do devido processo legal, entende-se, neste trabalho, que a notificação do indiciado ou indiciados é de crucial importância, seja no início dos trabalhos da CPI, com seu roteiro, seja diante das demais situações em que isso se fizer necessário, como a oitiva de testemunhas e a juntada de documentos, dentre outras.

32. Em Ap. e reexame necessário 70004030110 (j. 8.5.2002), da 4ª Câmara Cível, o TJRS resguardou o direito da oitiva de testemunhas, que fora indeferido, em consonância aos princípios da ampla defesa e do contraditório.

33. Desnecessariamente – pois a principiologia constitucional já o garantia –, houve a alteração, em 2003, da Lei 1.579/1952, que acresceu o § 2º ao art. 3º, permitindo que o depoente esteja acompanhado de advogado mesmo em reunião secreta de CPI.

34. Em acórdão proferido em 21.1.02, no Processo 000223225-4/00, o TJMG declarou a nulidade dos trabalhos de CPI que obstaculizou o acesso, pelo acusado, a documentos instrutórios do processo.

35. José Nilo de Castro entende não ser possível investigar fatos ocorridos em governos passados.

Legislativo e nos princípios constitucionais da moralidade, responsabilidade e impessoalidade.[36]

Eis os procedimentos de uma CPI: (a) requerimento, propondo sua criação; (b) criação, com sua composição observando o princípio da proporcionalidade partidária, que se constitui num direito subjetivo das agremiações e blocos partidários, salvo se não factível; (c) publicação da relação de dos vereadores integrantes e do respectivo requerimento de criação; (d) instalação, com a posterior ciência ao prefeito e demais acusados e interessados, com a cópia do requerimento e roteiro dos trabalhos; (e) processo de instrução, ouvindo-se os indiciados, as testemunhas, as autoridades pertinentes, podendo-se, para tanto, requisitar documentos e demais informações pertinentes, como, também, realizar perícias, tudo sob o possível acompanhamento dos advogados dos investigados; (f) conclusão em relatório final, cuja aprovação será consubstanciada em resolução do Plenário.

Os trabalhos da CPI serão públicos, salvo em situações excepcionais, devidamente fundamentadas, onde poderá ocorrer a realização de sessões secretas. Da mesma forma, o manejo de informações oriundas da quebra de sigilo também deverá ocorrer com os devidos cuidados, a fim de não acarretar a exposição indevida de informações que adentrem os direitos de personalidade dos indiciados.

Uma vez concluídos os trabalhos da CPI, esta deverá aprovar o parecer conclusivo, que será materializado sob a forma de projeto de resolução, para a apreciação final do Plenário. Nesse projeto de resolução haverá o indicativo dos posteriores encaminhamentos dos trabalhos da CPI, ressalvando-se que, mesmo diante da sua rejeição pelo colegiado, nada obsta ao encaminhamento das conclusões e respectivo conjunto probatório ao Ministério Público e ao Tribunal de Contas.

8.3 A Mesa Diretora

A Mesa Diretora é o órgão de direção dos trabalhos desenvolvidos pela Câmara de Vereadores, nos termos da lei orgânica e do regimento

---

36. A autonomia investigatória da Câmara Municipal é que possibilita investigar fatos ocorridos em governos passados, correlatos às investigações de irregularidades do governo em curso, sem afronta ao princípio da separação das funções estatais. Ao contrário, agindo-se dessa forma, há o resguardo da espacialidade de cada expressão do Poder do Estado. Sem essa conexão entende-se não ser possível que CPI investigue irregularidades de governos pretéritos, pois essa competência seria dos parlamentares da legislatura passada. Porém, havendo conexão, exsurge um imperativo de investigar as irregularidades até as suas raízes, mesmo que as contas já tenham obtido a aprovação do Parlamento no exercício do controle externo.

interno, abrangendo o exercício de todas as funções legislativas. Sobre a Mesa Diretora recai a responsabilidade do gerenciamento da Câmara Municipal em todas as suas dimensões, possibilitando os meios e instrumentos para que os parlamentares possam cumprir suas obrigações. O mandato dos seus integrantes varia de um a dois anos, o que depende da conformação legislativa em cada Municipalidade.

A definição de quem compõe a Mesa Diretora, a forma da sua escolha (chapa ou cargo), suas competências e a possibilidade da sua recondução em mandato sucessivo decorrem da autonomia de conformação de cada Câmara Municipal, uma vez que o § 4º do art. 54 da CF não incide em relação aos Estados e Municípios.[37] Cada Legislativo Municipal tem autonomia para definir os contornos da sua organização, o que inclui a Mesa Diretora.[38]

A proporcionalidade partidária na composição da Mesa Diretora significa apenas uma diretriz, sem caráter normativo, pois dependerá das

37. Não se há de cogitar de aplicação da simetria, pois o § 4º do art. 57 da CF incide somente em relação à Mesa Diretora no Congresso Nacional, não se firmando enquanto princípio constitucional aplicável aos Estados e Municípios.
38. Eis o disposto no art. 33 do Regimento Interno da Câmara de Vereadores de Sertão/RS: "Art. 33. Compete à Mesa: I – tomar todas as providências necessárias à regularidade dos trabalhos legislativos; II – designar vereadores para missão de representação da Câmara; III – propor ação direta de inconstitucionalidade de lei ou ato normativo municipal; IV – promulgar emendas à Lei Orgânica; V – aplicar sanções disciplinares, conforme disposições deste Regimento; VI – divulgar o trabalho dos vereadores, conforme este Regimento ou disposições expressas em resolução; VII – a iniciativa de projetos que disponham sobre a organização dos serviços da Câmara, criação, extinção e alteração de cargos e fixação dos respectivos vencimentos e vantagens dos servidores da Câmara; VIII – a iniciativa de projeto de lei que fixe os subsídios dos vereadores a cada legislatura e também do prefeito, vice-prefeito e secretários municipais; IX – a iniciativa de projetos de lei dispondo sobre a abertura de créditos suplementares ou especiais, mediante anulação parcial ou total de dotações da Câmara; X – vedar gastos não compatíveis com o exercício da função legislativa; XI – por meio de ato, nomear, promover, comissionar, conceder gratificações, licenças, pôr em disponibilidade, exonerar, demitir, aposentar e punir servidores da Câmara, nos termos da lei; XII – expedir normas e medidas administrativas; XIII – ordenar as despesas da Câmara Municipal; XIV – devolver à Prefeitura eventual saldo de caixa existente na Câmara Municipal, ao final do exercício; XV – elaborar a proposta orçamentária da Câmara Municipal a ser incluída no plano plurianual, lei de diretrizes orçamentárias e lei orçamentária anual; XVI – gerenciar administrativa e financeiramente a Câmara Municipal; XVII – apresentar prestação de anual a cada um dos vereadores, por escrito, e relatório-geral de atividades da Câmara Municipal, perante o Plenário; XVIII – gerir a segurança do prédio que guarnece a sede da Câmara Municipal, bem como de seus membros; XIX – exercer as demais atribuições que lhe forem afetas por este Regimento Interno".

articulações firmadas pelas agremiações e blocos partidários. Sua eficácia é imensamente contida, pois as circunstâncias fáticas podem conduzir a disputas onde a vitória de um arranjo político poderá significar a exclusão do outro. Eis a diferença da incidência da disposição "representação proporcional dos partidos ou dos blocos parlamentares" às Mesas Diretoras e às comissões. Para estas trata-se de um princípio a ser observado, sob pena de desconstituição do processo de formação das comissões, cujos critérios de proporcionalidade devem constar no regimento interno como um direito subjetivo dos vereadores. A incidência de circunstâncias capazes de minimizar sua efetividade são proporcionalmente muito menores que no caso da composição das Mesas Diretoras.[39]

A cessação das funções dos membros da Mesa Diretora ocorre nas seguintes situações: (a) morte; (b) posse de nova Mesa; (c) renúncia; (d) perda do mandato; e (e) destituição, nos termos estabelecidos no regimento interno. Por conseguinte, o processo de escolha do substituto ou ascensão de outrem será definido pelo próprio regimento, pois dependerá da forma como a Mesa estiver constituída.

Ao presidente compete presidir a Mesa Diretora e conduzir a gestão da Câmara Municipal, em todas as suas dimensões, figurando como ordenador de despesa, passível de responsabilização através do processo de tomada de contas efetivado pelo Tribunal de Contas do Estado. O presidente tem também a incumbência de representar a Câmara Municipal, devendo abster-se, ao máximo, das disputas político-partidárias internas e em relação ao Executivo, já que seu papel muitas vezes se assemelha ao de um magistrado. Isso não significa a renúncia do seu papel de agente político, vinculado a uma agremiação partidária, mas a ponderação do seu exercício. É por essa razão que as leis orgânicas normalmente vedam a participação do presidente nas comissões permanentes e temporárias (salvo a comissão representativa ou de representação), como também restringem sua participação na votação das proposições sujeitas à apreciação do Plenário.[40]

---

39. CF, art. 58 e § 1º:
"Art. 58. O Congresso Nacional e suas Casas terão comissões permanentes e temporárias, constituídas na forma e com as atribuições previstas no respectivo regimento ou no ato de que resultar sua criação.
"§ 1º. Na constituição das Mesas e de cada comissão, é assegurada, tanto quanto possível, a representação proporcional dos partidos ou dos blocos parlamentares que participam da respectiva Casa."
40. É normal as leis orgânicas disporem sobre o voto do presidente da Câmara de Vereadores quando o *quorum* de votação for pela maioria qualificada ou absoluta,

Por fim, a Mesa Diretora e seu respectivo presidente devem agir segundo as disposições do regimento interno e demais instrumentos normativos da Câmara Municipal. No caso de decisões que não encontrem o anteparo nesses dispositivos, especialmente durante as sessões da Câmara, a Mesa poderá decidir por si ou submeter a matéria ao Plenário, conforme dispuser o regimento interno, utilizando-se do regime do precedente para decisões análogas que venham a ser tomadas no futuro.

além dos casos em que ocorrer o voto secreto; quando o voto for pela maioria simples o presidente utilizará do voto de desempate.

BIBLIOGRAFIA

ALEXY, Robert. *Teoria dos Direitos Fundamentais*. São Paulo, Malheiros Editores, 2008.

ALMEIDA, Fernanda Dias Menezes de. *Competências na Constituição de 1988*. São Paulo, Atlas, 2002.

ANDRADE, Nilton de Aquino. *Contabilidade Pública na Gestão Municipal*. São Paulo, Altas, 2002.

ARISTÓTELES. *Ética a Nicômaco*. São Paulo, Martin Claret, 2001.

ÁVILA, Humberto. "A distinção entre princípios e regras e a redefinição do dever de proporcionalidade". Disponível em *http://www.direitopublico.com. br/pdf_4/DIALOGO-JURIDICO-04-JULHO-2001-HUMBERTO-AVILA. pdf*.

_____. *Teoria dos Princípios – Da Definição à Aplicação dos Princípios Jurídicos*. 8ª ed. São Paulo, Malheiros Editores, 2008.

BANDEIRA DE MELLO, Celso Antônio. *Curso de Direito Administrativo*. 25ª ed. São Paulo, Malheiros Editores, 2008.

BARNES, Jonathan. *Filósofos Pré-Socráticos*. São Paulo, Martins Fontes, 1997.

BASTOS, Aureliano Cândido de Tavares. *A Província*. Brasília, Edição facsimilar do Senado Federal, 1997.

BASTOS, Evandro de, e BORGES JR., Odilon (orgs.). *Novos Rumos da Autonomia Municipal*. São Paulo, Max Limonad, 2000.

BOBBIO, Norberto. *Igualdade e Liberdade*. Rio de Janeiro, Ediouro, 1997.

BONAVIDES, Paulo. *Curso de Direito Constitucional*. 22ª ed. São Paulo, Malheiros, 2008.

BORGES JR., Odilon, e BASTOS, Evandro de (orgs.). *Novos Rumos da Autonomia Municipal*. São Paulo, Max Limonad, 2000.

BRUM, Jander Maurício. *Comissão Parlamentar de Inquérito: Federal, Estadual e Municipal*. Rio de Janeiro, Aide Editora e Comércio de Livros, 2001.

CANOTILHO, José Joaquim Gomes. *Constituição Dirigente e Vinculação do Legislador*. Coimbra, Livraria Almedina, 2001.

_____. *Direito Constitucional e Teoria da Constituição*. Coimbra, Livraria Almedina.

CARNELUTTI, Francesco. "Verdade, certeza e dúvida". *Anuário Ibero-Americano de Direitos Humanos* 2001/2002. Rio de Janeiro, Lumen Juris.

CARRAZZA, Roque Antonio. *Curso de Direito Constitucional Tributário*. 24ª ed. São Paulo, Malheiros Editores, 2008.

CARVALHO, Cristiano Viveiros de. *Controle Judicial e Processo Legislativo: a Observância dos Regimentos Internos das Casas Legislativas como Garantia do Estado Democrático de Direito*. Porto Alegre, Sérgio Antônio Fabris Editor, 2002.

CASTRO, José Nilo de. *A CPI Municipal*. Belo Horizonte, Del Rey, 1994.

_____. *Direito Municipal Positivo*. Belo Horizonte, Del Rey, 2006.

CASTRO NUNES, José de. *Do Estado Federado e sua Organização Municipal*. Rio de Janeiro, Editora Leite Ribeiro e Maurillo, 1920.

CHAUÍ, Marilena. *Dos Pré-Socráticos a Aristóteles*. São Paulo, Cia. das Letras, 2002.

CORRALO, Giovani. *A Autonomia Municipal como Norma de Direito Fundamental na Constituição Brasileira*. Tese (Doutorado em Direito), Faculdade de Direito/UFPR. Curitiba, 2006.

_____. *Município: Autonomia na Federação Brasileira*. Curitiba, Juruá, 2006.

COSTA, Nelson Nery. *Direito Municipal Brasileiro*. Belo Horizonte, Del Rey, 2006.

COULANGES, Fustel de. *A Cidade Antiga*. São Paulo, Martin Claret, 2001.

CRETELLA JR., José. *Direito Administrativo Municipal*. Rio de Janeiro, Forense, 1981.

CUSTÓDIO FILHO, Ubirajara. *As Competências do Município na Constituição Federal de 1988*. São Paulo, Celso Ribeiro Bastos Editor, 2000.

D'AQUINO, Ivo. *O Município: sua Conceituação Histórica e Jurídico-Constitucional*. Florianópolis, Imprensa Oficial do Estado de Santa Catarina, 1940.

DISESSA, Orestes Bianco. *Autonomia Municipal: Cláusula de Peculiar Interesse*. São Paulo, Ed. RT, 1951.

FAORO, Raymundo. *Os Donos do Poder*. 1º vol. São Paulo, Globo, 2005.

FERRARI, Regina Maria Macedo Nery. "A defesa e a proteção do meio ambiente no contexto da Federação Brasileira". *Revista Diálogo Jurídico* I-6. Salvador, CAJ/Centro de Atualização Jurídica, setembro/2001 (disponível em *http://www.direitopublico.com.br*, acesso em 5.1.2004).

FERREIRA FILHO, Manoel Gonçalves. *Do Processo Legislativo*. São Paulo, Saraiva, 2001.

GARGARELLA, Roberto. *La Justicia Frente al Gobierno: sobre el Carácter Contramayoritario del Poder Judicial*. Barcelona, Ariel, 1996.

GASPARINI, Diógenes. *Direito Administrativo*. São Paulo, Saraiva, 2005.

GILISSEN, John. *Introdução Histórica ao Direito*. Lisboa, Fundação Calouste Gulbenkian, 1995.

GODOY, Mayr. "Alargamento da autonomia municipal: superação do princípio da simetria com o centro como impositivo". Disponível em *www.netcariri. com.br/admpub/auto.html* (acesso em 15.1.2004).

HEIDEGGER, Martin. "El concepto de tiempo". Disponível em *http://www. heideggeriana.com.ar/comentarios/nietzsche_in_heidegger.htm*.

_____. "O conceito de tempo histórico". Disponível em *http://www.heideggeriana.com.ar/textos/concepto_tiempo_historico.htm*.

HINOJOSA, Eduardo. *Historia General del Derecho Español*. Madri, Tipografia de los Huérfanos, 1887.

HOUAISS, Antônio, e VILLAR, Mauro de Salles. *Dicionário Houaiss da Língua Portuguesa*. Rio de Janeiro, Objetiva, 2007.

JUSTEN FILHO, Marçal. *Curso de Direito Administrativo*. São Paulo, Saraiva, 2005.

KIMURA, Alexandre Issa. *CPI: Teoria e Prática*. São Paulo, Juarez de Oliveira, 2001.

KRELL, Andréas Joachim. "Subsídios para uma interpretação moderna da autonomia municipal na área de proteção ambiental". *Revista Interesse Público* 10/27-42. Sapucaia do Sul, 2001.

MARTINEZ, Asunción García. *El Procedimiento Legislativo*. Madri, AGISA, 1987.

MEDINA, Paulo Roberto de Gouvêa. "O princípio da separação dos Poderes e as interferências legislativas na ação administrativa". *RTDP* 29/163-167. São Paulo, Malheiros Editores, 2000.

MEIRELLES, Hely Lopes. *Direito Administrativo Brasileiro*. 34ª ed. São Paulo, Malheiros Editores, 2008.

_____. *Direito Municipal Brasileiro*. 16ª ed. São Paulo, Malheiros Editores, 2008.

_____. *Licitação e Contrato Administrativo*. 14ª ed., 2ª tir. São Paulo, Malheiros Editores, 2007.

MELO FILHO, Urbano Vitalino. "Perspectiva dos Municípios na Federação Brasileira". In: BASTOS, Evandro de, e BORGES JR., Odilon (orgs.). *Novos Rumos da Autonomia Municipal*. São Paulo, Max Limonad, 2000.

MENDES, Gilmar Ferreira. "Questões fundamentais de técnica legislativa". *RTDP* 1/255-271. São Paulo, Malheiros Editores, 1993.

MONTORO, Eugênio Franco. *O Município na Constituição Brasileira*. São Paulo, Editora da Universidade Católica, 1945.

MORAES, Alexandre de. *Direito Constitucional*. São Paulo, Atlas, 2002.

_____. *Direito Constitucional Administrativo*. São Paulo, Altas, 2006.

NICZ, Alvacir Nicz. *Estudos de Direito Administrativo*. Curitiba, JM Editora, 1995.

Ordenações Filipinas. São Paulo, Saraiva, 1957; Universidade de Coimbra (disponível em *http://www.uc.pt/ihti/proj/filipinas/ordenacoes.htm*, acesso em 26.10.2007).

PERELMAN, Chäim. *Lógica Jurídica*. São Paulo, Martins Fontes, 2000.

PEREZ, Marcos. *Institutos de Participação Popular na Administração Pública*. Dissertação de Mestrado/USP. São Paulo, 1999.

RIBEIRO, Maria Teresa de Melo. *O Princípio da Moralidade da Administração Pública*. Coimbra, Livraria Almedina, 1996.

RODRIGUES, Alcides Redondo. *Orçamento Municipal: Questões Candentes*. Rio de Janeiro, Instituto Brasileiro de Administração Municipal/IBAM, 1999.

SANTOLIM, César. "Parecer 33/2000". TCE/RS. Aprovado pelo Tribunal Pleno em 5.7.2000. Disponível em *http://www.tce.rs.gov.br/Pareceres_ASC/ Pareceres_de_2000/pdf/par33-00.pdf* (acesso em 7.11.2006).

SCHIER, Paulo Ricardo. *Comissões Parlamentares de Inquérito e o Conceito de Fato Determinado*. Rio de Janeiro, Lumen Juris, 2005.

SILVA, José Afonso da. *Curso de Direito Constitucional Positivo*. 31ª ed. São Paulo, Malheiros Editores, 2008.

_____. *O Prefeito e o Município*. Brasília, SERFHAU.

SOUZA, Antônio Francisco de. *Conceitos Indeterminados no Direito Administrativo*. Coimbra, Livraria Almedina, 1994.

STRECK, Lênio. *Jurisdição Constitucional e Hermenêutica: uma Nova Crítica do Direito*. Porto Alegre, Livraria do Advogado, 2002.

_____. *Verdade e Consenso: Constituição, Hermenêutica e Teorias Discursivas*. Rio de Janeiro, Lumen Juris, 2006.

SUNDFELD, Carlos Ari. "Princípio da impessoalidade e abuso do poder de legislar". *RTDP* 5/152-178. São Paulo, Malheiros Editores, 1994.

SUPERIOR TRIBUNAL DE JUSTIÇA. *Jurisprudência*. Disponível em *http:// www.stj.gov.br/portal_stj/publicacao/engine.wsp*.

SUPREMO TRIBUNAL FEDERAL. *Jurisprudência*. Disponível em *http:// www.stf.gov.br/portal/principal/principal.asp*.

BIBLIOGRAFIA

TÁCITO, Caio. "Desvio de poder legislativo". *RTDP* 1/62-68. São Paulo, Malheiros Editores, 1993.

TRIBUNAL DE CONTAS DO ESTADO DO PARANÁ. *Informações e Pareceres*. Disponível em *http://www.tce.pr.gov.br*.

TRIBUNAL DE CONTAS DO ESTADO DO RIO GRANDE DO SUL. *Informações e Pareceres*. Disponível em *http://www.tce.rs.gov.br*.

TRIBUNAL DE JUSTIÇA DO ESTADO DO PARANÁ. *Jurisprudência*. Disponível em *http://www.tj.pr.gov.br*.

TRIBUNAL DE JUSTIÇA DO ESTADO DO RIO GRANDE DO SUL. *Jurisprudência*. Disponível em *http://www.tj.rs.gov.br*.

TRIBUNAL SUPERIOR ELEITORAL. *Jurisprudência*. Disponível em *http://www.tse.gov.br/internet/index.html*.

VIEIRA, José Roberto. *Medidas Provisórias em Matéria Tributária: as Catilinárias Brasileiras*. Tese de Doutorado. PUC/SP. São Paulo, 1999.

VILLAR, Mauro de Salles, e HOUAISS, Antônio. *Dicionário Houaiss da Língua Portuguesa*. Rio de Janeiro, Objetiva, 2007.

WEBER, Max. *Economia e Sociedade*. vol. 2. Brasília, UnB, 1999.

GRÁFICA PAYM
Tel. (011) 4392-3344
paym@terra.com.br